西方历史的瞬间

李永炽 著

 上海三联书店

图书在版编目（CIP）数据

西方历史的瞬间 / 李永炽著 . —上海：上海三联书店，2015.1
ISBN 978-7-5426-4992-8

Ⅰ.①西⋯　Ⅱ.①李⋯　Ⅲ.①西方国家–历史–通俗读物
Ⅳ.① K109

中国版本图书馆 CIP 数据核字（2014）第 266913 号

西方历史的瞬间

著　　者 / 李永炽

责任编辑 / 陈启甸
装帧设计 / 曲晓华
监　　制 / 吴　昊

出版发行 / 上海三联书店
（201199）中国上海市都市路 4855 号 2 座 10 楼
http://www.sjpc1932.com
邮购电话 / 021-24175971
印　　刷 / 三河市兴达印务有限公司
版　　次 / 2015 年 1 月第 1 版
印　　次 / 2015 年 1 月第 1 次印刷
开　　本 / 710mm × 1000mm　1/16
字　　数 / 268 千字
印　　张 / 19

ISBN 978-7-5426-4992-8
K · 300　定价：38.00 元

认识西方世界
——介绍《西方历史的瞬间》

子敏

东方人读西方历史，可以知道"另外那半个地球"的许多事情，使我们对人类的认识，完整得像一个没有缺口的球体。读西方历史应该是很有趣味的，很有意思的。

西方人跟东方人的不同，除了"人种"差异以外，还有一个最大的差异，那就是西方人跟东方人彼此有不同的"过去"。那"不同的过去"，就是历史。研究西方史，帮助我们了解西方人。

英国作家莎士比亚跟其他的许多西方作家，都喜欢把人间比喻成一个舞台。同样，我们也可以把地球比喻成一个舞台。不过，更恰当的比喻，应该说地球是一个大戏院，同时有两个舞台在演戏，一个是东方舞台，一个是西方舞台。我国的汉朝在东方舞台热热闹闹地演戏的时候，罗马帝国也在西方舞台热热闹闹地演戏。

现在我们的世界似乎变小了，东西方的接触已经不再算是新鲜事，全世界似乎只合演一出戏。但是也就因为这样，我们不得不更关心怎么样才能够把这出戏合演好。东方演员应该多了解西方演员，西方演员也应该多了解东方演员。东方人应该读读西方历史，正像西方人应该读读东方历史一样。知己知彼，合作努力，为人类接引光明。

李永炽先生的这本《西方历史的瞬间》，可以说是他的前一本书——《中国历史的瞬间》的姐妹篇。这本书按照时代顺序，在西方历史中找出一百多个题目，为每一个题目写一篇文章。为了帮助读者多了解西方世界，所以对于文化、社会方面的事情谈得比较详尽，而且特别重视有趣味的细节。这是一般课本所比不上的。书中的文字，都是用我们日常的简明口语写成的，这是为了避免一般历史书"难读"的毛病。一般的历史书，因为作者的散文并不好，所以往往给人"历史书难读"的印象。《西方历史的瞬间》里的散文可不是这样。

这本书虽然是以西方历史的全部内容作为内容，但是对于15、16世纪的事情谈得多些。这是因为那个时代正是西方世界向外求发展的时代，最能够说明"世界为什么变成今天这个样子"。

另外一个重要的时代，也是这本书里谈得比较多的，就是19世纪。19世纪是东方世界从沉睡中醒来、民族主义逐渐抬头的世纪。这里头，可能就藏着"世界将来要变成什么样子"的答案。

这本书里有两篇"谢鲜声"先生的文章，即《〈耶稣和他的弟子〉读后》和《圣诞节考》。这两篇文章跟本书的性质相近，而且跟西方文化有密切的关系。李先生因为这两篇文章都在他为《国语日报》主编的"史地周刊"上发表过的，特地收入本书。这是要特别向谢先生道谢的。

我们希望这本《西方历史的瞬间》能成为人人可读、人人爱读的历史读物。我们相信，读者读这本书会有双重的阅读乐趣——他一边在读历史，一边也在欣赏流畅的散文。

目 录

西亚古国中的赫梯帝国　/ 1

古代的海上王国腓尼基　/ 3

古希腊的城邦　/ 5

雅典的政治　/ 7

古希腊与波斯的战争　/ 9

雅典民主政治的组织　/ 12

古希腊时代的斯巴达　/ 14

雅典的衰微　/ 17

马其顿的崛起　/ 19

亚历山大大帝与亚里士多德　/ 21

古希腊市民的生活　/ 23

雅典人的一天　/ 27

古希腊的工商业　/ 29

古希腊的诗　/ 31

古希腊的哲学　/ 32

古希腊的艺术　/ 34

罗马建国的传说　/ 36

罗马共和时期的政治组织　/ 37

罗马统治异族政策 / 39

罗马与迦太基 / 40

罗马的发展 / 42

罗马的社会 / 44

奥古斯都的和平 / 46

奥古斯都的宗教政策 / 48

奥古斯都的法律 / 50

古罗马的骑士 / 52

古罗马的市民 / 54

古罗马的妇女 / 55

古罗马的儿童 / 57

罗马人的一天 / 59

古罗马的叙事诗与讽刺诗 / 61

古罗马的散文 / 64

古罗马的思想家 / 66

古罗马的建筑 / 68

罗马统治下的巴勒斯坦 / 70

圣诞节考 / 73

耶稣和他的弟子 / 77
《耶稣和他的弟子》读后 / 79
基督使徒圣保罗 / 81
尼禄、图密善与基督教 / 83
罗马的地下坟场 / 86
罗马的基督教美术 / 88
古日耳曼社会 / 90
日耳曼民族大迁移 / 92
中世纪的骑士 / 95
中世纪的农村 / 99
中世纪农民的生活 / 102
中世纪的大学 / 104
欧洲的宗教改革 / 106
文艺复兴的雕刻 / 109
文艺复兴时代的佛罗伦萨 / 111
15、16世纪意大利的绘画 / 113
文艺复兴时代的北方绘画 / 115
文艺复兴时代的艺术家 / 117

15 世纪的人文主义者与国家 / 119

文艺复兴时代的科学与技术 / 122

哥白尼与伽利略 / 124

阿兹特克帝国的历史与社会 / 128

科尔特斯与阿兹特克帝国的征服 / 131

南美印加帝国的兴亡 / 134

皮萨罗与印加帝国的征服 / 138

环绕世界的麦哲伦 / 140

平托与卡蒙斯 / 143

西班牙王腓力二世与荷兰 / 147

荷兰的东印度公司 / 149

17 世纪荷兰人在东南亚的活动 / 152

16、17 世纪英国的对外发展 / 155

17 世纪的英国政治 / 158

17 世纪前半叶的法国政治 / 160

法国的路易十四时代 / 162

彼得大帝与俄国 / 165

德·朗布依埃侯爵夫人的沙龙 / 168

18 世纪前期的沙龙 / 170

18 世纪后期的沙龙 / 172

法国大革命的特征 / 174

贵族革命与中产阶级革命 / 176

法国大革命中的民众革命 / 179

法国大革命时期的吉伦特派与山岳派 / 180

法国大革命时的妥协政治 / 182

罗伯斯庇尔与法国恐怖政治 / 184

拿破仑的崛起 / 187

拿破仑帝国的成立 / 189

法国的复辟时代 / 191

法国 1830 年七月革命 / 193

19 世纪 40 年代的法国产业革命 / 195

维也纳体制与德意志 / 197

德国的关税同盟 / 200

1848 年德国的法兰克福国民议会 / 202

马志尼与少年意大利党 / 205

1848 年罗马共和国之梦 / 209

1848年奥地利的民族运动 / 212

英国工业革命与印度的开发 / 214

19世纪的印度 / 217

印度士兵起义 / 219

19世纪英国统治下的埃及 / 222

20世纪初叶的埃及独立运动 / 225

19世纪的越南与法国 / 227

19世纪的奥斯曼帝国与欧洲 / 229

俄土战争 / 232

19世纪拉丁美洲的独立 / 234

19世纪的法国古典派美术 / 237

19世纪的技术革命 / 239

19世纪的铁路 / 242

19世纪的运河 / 244

19世纪造船业的发展 / 246

"三国同盟"与"三国协约" / 248

日俄战争后远东的国际局势 / 252

第一次世界大战的导火线萨拉热窝事件 / 255

萨拉热窝事件与列强 / 257
威尔逊与第一次世界大战 / 259
第一次世界大战末期的德国 / 263
德国皇室的解体 / 266
魏玛共和国的成立 / 268
威尔逊与巴黎和会 / 271
德国与《凡尔赛条约》 / 274
华盛顿会议的召开 / 276
国际联盟及其试练 / 279
经济恐慌与纳粹党 / 282
希特勒的崛起 / 284
罗斯福总统的"新政" / 287

西亚古国中的赫梯帝国

公元前 2000 年,有一支印欧民族侵入小亚细亚,建立赫梯帝国。公元前 1531 年,赫梯军队侵入巴比伦,掠夺而归,成为当时西亚三大王国之一。

赫梯帝国分为旧王国时期(公元前 1750 年至公元前 1430 年)和新王国时期(公元前 1430 至公元前 1200)。旧王国从早期的拉巴尔那一世(Labarnash I)起,已经成为一个强国,他的孙子穆尔西里一世(Murshilish I)便是掠夺巴比伦的国王。在它的旧都波格斯凯(Boghaz Keui)挖掘出的两百条法典,是用赫梯楔形文书写的。这部法典已能充分反映出赫梯帝国政治与社会的特色。从这部法典可以知道,旧王国时代的赫梯帝国是一种联邦性质的国家。国王并不是专制君主,他的权力需受贵族会议的限制。赫梯帝国曾经一度衰微,公元前 15 世纪中叶,新王国成立,第六代国王苏庇路里乌玛一世(Suppiluliuma I)在位时最强盛。他将埃及势力从叙利亚逐出,并且征服了米坦尼(Mitanni)王国的大部分土地,建立了西亚最强大的帝国,领土从小亚细亚中东部到叙利亚和幼发拉底河中游一带。

新王国没有贵族会议,是由专制君主和官吏组成的专制国家。公元前 13 世纪末叶,赫梯帝国在陆地上遭受来自东方和西方的蛮族的侵略,在海上受到入侵的"海人"的掠夺,因此逐渐衰微,终于崩溃。逃到叙利亚的赫梯人在叙利亚北部创立了许多小国,这些小国到公元前8世纪末叶逐渐被亚述人消灭。

小亚细亚盛产银、铅、铜等矿物。小亚细亚山中也蕴藏有丰富的铁矿。大概在公元前13世纪左右，赫梯人已经懂得熔解铁矿和制造铁器的技术，小亚细亚地区曾经挖掘出许多铁剑、铁牌以及神和动物的铁像。但是，当时铁仍然是一种很贵重的金属。根据公元前13世纪初赫梯王哈图西里三世（Hattushilish Ⅲ）给埃及法老拉美西斯二世（Ramses Ⅱ）的信来看，当时赫梯帝国似乎已有制铁工厂。拉美西斯二世的皇后是哈图西里三世的女儿，两国之间缔结了互不侵犯条约，所以埃及皇后才写信给赫梯王要求赠送贵重的铁给埃及。

从这点看来，赠送一些良铁给友好国家的君主是表示友善的意思，但是铁的熔解和铁器的制造对赫梯帝国来说是军事机密，不能透露给外国。帝国崩溃以后，赫梯人已经无法独占制铁技术了。亚述人因而学得这项技术，而且最早组织了拥有铁制武器的军队。从这点看来，西亚要到公元前1000年才进入铁器时代。

古代的海上王国腓尼基

"腓尼基"的原意是造船者。腓尼基人本来住在波斯湾附近，从事渔业，公元前28世纪才迁移到地中海东岸的叙利亚。公元前1500年，腓尼基人在叙利亚建立起提尔城（Tyrus），公元前1100年又建立了西顿城（Sidon），开始积极从事海上贸易。腓尼基地形狭长，从黎巴嫩山到地中海沿岸，缺乏平原，物产也不丰富；但是海岸有良港，黎巴嫩山区又出产木材，很适合海上贸易的发展。腓尼基人所建的城市本来都臣服于埃及，埃及势力衰落后才独立，并且以提尔城为中心，积极从事海上贸易。

公元前10世纪中叶，提尔王希兰与以色列的所罗门王联盟，从以色列王国获得了通过红海的权利，独占了阿拉伯西南方和非洲一带的贸易。有些学者推测，腓尼基商人曾远赴印度进行贸易。他们也出大西洋到达英国经商，从英国带回了锡。不过，腓尼基船最活跃的地方还是地中海一带。腓尼基人在地中海沿岸及岛屿上建立了许多殖民地城市，这些城市都是腓尼基重要的商业据点。其中最重要的是西西里的巴勒莫和迦太基。公元前538年，腓尼基被波斯灭亡。公元前200年，它的殖民地城市迦太基也被罗马攻占。

腓尼基人当时已经能够制造双层甲板、两排划桨的平船，比只有单层甲板的埃及船更进一步。腓尼基人利用这种船只把提尔出产的紫色染料、布类，以及西顿的玻璃制品运到国外，并且在各地开采矿产，以开采得来的金属与外国人交易。他们还把自己出产的玻璃和东方的纺织品运到西班牙和英国，交换银子和锡。据说他们还曾远赴波罗的海，为的是取得琥珀。他们也组织商队，从陆路取得阿拉伯的象牙、黄金、珍珠、香料，亚美尼亚（Armenia）的酒类，亚述的木棉、麻，埃及的麻，和各地的奴隶，并且把这些物品或人口运送到其他地方。他们的交易常伴有强制、欺骗和掠夺的行为，但是从另一方面来说，腓尼基人海上陆上的交易，对当时的文化交流和地理知识的扩展有很大贡献，古希腊人受惠尤多。

腓尼基人为了商业上的需要，吸收了埃及象形文字、楔形文字和克里特文字，创造出二十二个辅音字母。腓尼基文字传播到各地之后，就成为希伯来文字、阿拉伯文字、希腊文字的范本。腓尼基人书写文字是从右到左横写，希腊人把它改为从左到右横写。在文字的传播上，腓尼基人的贡献是很了不起的。

腓尼基不是一个喜欢政治的民族。他们没有创立共同的国家，每一城市都各自组成一个小王国，由国王、神职人员以及为数很少的贵族执行政务，必要时，各城市才联合起来。和西亚的古代王国一样，腓尼基人信奉多神教，但是他们最重视的还是巴力神（Baal）。他们祭祀巴力神的仪典是非常残酷的，常将活生生的孩童投入火里作为祭品。据说，迦太基在公元前307年遭受西西里王攻击的时候，曾将城里两百多名孩童投入火中，以消解巴力神的愤怨。

古希腊的城邦

公元前1100年左右,希腊人侵入迈锡尼城以后,希腊半岛便进入大混乱的黑暗时代,并延续了二三百年之久,直到公元前8世纪中叶,情势才逐渐好转。在这二三百年间,希腊半岛建立了许多被称为"城邦"的小国家。大多数城邦都以便于攻守的山丘为中心,集聚民众,组成国家。这些城邦大都有守护神的神殿和民众的公共场所——广场,有的拥戴贵族中最有势力的人做国王,但不久又归于贵族们的集体统治。

这些城邦有的是迈锡尼王国灭亡后独立的小国家,有的是希腊人征服希腊半岛后分裂形成的。这些城邦有的由一个村社(Demos)构成,有的由数个村社结合组成,但以后者组成的小国家(城邦)为数较多。"村社"(Demos)这个词本来是"别离"的意思,后来演变为"村"或"村民",最后演变为"民众",现在我们所使用的"民主"(Democracy)一词,便是从这儿衍生出来的。

希腊的这些城邦中,像斯巴达,只是民众聚落居住的地方;像雅典,住在以山丘为主之城寨里的主要是推行政治和负责祭祀的贵族,所以城寨是宗教与政治的中心。在当时的城邦中,斯巴达和雅典的领域最为广大,其他城邦有的据一个岛屿组成一个独立国,有的一个岛屿还分成若干小国。

总而言之,从公元前1100年到公元前800年之间,希腊半岛由于政治上的混乱,加上山丘连绵,联系不易,形成了许多小城邦。城邦内部王权的衰落，也导致了贵族政治的建立。

因此，从公元前800年到公元前600年左右，大致可说是贵族政治的时代。在这时期，一般小农大都有两三个奴隶，农忙时也雇人帮助，兄弟间也常发生遗产分配上的争执，以致请求贵族裁判，如果裁判不公，还可以严厉指斥贵族。从这一点看来，小农和贵族似乎没有阶级上的差异。贵族与农民间的不同就是拥有奴隶数目的多寡与世袭土地的大小。不过，当时城邦的领土大都很狭小，这狭小的土地还要分给许多贵族和自由民，从这点看来，希腊贵族并不是非常富裕的。但贵族之所以会成为贵族，主要是因为他们有可以夸耀的祖先，而且是防卫城邦的主要人物。当时希腊人并不使用战车，贵族们都是骑士，也只有贵族们能养马，因为希腊气候干燥，缺乏养马的牧地，所以一般农民都无法养马。能养马的骑士在战场上往往比步兵得惠多，立功勋的机会也多。战争时，他们俘虏敌人作为奴隶，并抢夺敌人的家畜及其他东西，增加自己的财富；平时就让奴隶耕种自己的田地，生产橄榄油和葡萄酒，然后用船载出国外发卖。在这种状况下，贵族的势力就逐渐超过自由民，形成了贵族政治的时代。

从公元前750年到公元前550年左右，希腊人积极从事殖民活动，从地中海海岸到黑海沿岸，都有他们的殖民地。但这些殖民地又都成为新的城邦，所以这些殖民地并不是附属于母国的。据说，当时希腊人常有因政争失败而在海外觅地设殖民市、组织新城邦的。譬如，爱琴海沿岸的锡拉（Thera）城邦，于公元前630年左右最先在北非的昔兰尼（Cyrene）设立殖民市，昔兰尼后来脱离锡拉而独立。除了在北非之外，希腊还在黑海沿岸、法国南部海岸、西西里岛、意大利半岛南部设立了许多殖民地。希腊人积极从事殖民地活动，主要是城邦内部人口膨胀以及希腊利于向海上发展、从事贸易的结果。

雅典的政治

在古希腊的所有城邦中,最典型的代表是雅典和斯巴达。雅典是承继迈锡尼文明的城邦,斯巴达是多利安人(Dorian)侵入希腊后在征服地所建的城邦,它承继了多利安人武勇的精神。

雅典最先实施的是王政政治,国王是统治者、立法者兼祭祀官,具有最高的权威。公元前1066年,因多利安人的入侵,王权逐渐衰微,终于进入了贵族政治时代,大约持续了五百年。贵族政治初期,由旧王室的人担任世袭的执政官(archon)。公元前752年之后,执政官任期由世袭改为十年。公元前683年,执政官改为九人,任期一年;并以其中一人为王,掌管祭祀;由其中六人掌管司法。

雅典的王政时代实施土地公有制,后来逐渐产生了土地私有的观念,于是有势力的人逐渐拥有较广大的土地,一般农民的权利逐渐下降。但是在公元前8世纪到7世纪之前,雅典积极推展对外贸易,因此在工商业中产生了新的阶层,开始向贵族争取自己的权利与利益。终于,在公元前7世纪后半叶,这些新阶层获得了市民权。所有雅典人从十八岁起便有参政权,而且有服兵役的权利;其下则为只获有个人自由的外国人和奴隶。在贵族政治持续当中,由于人口增加、贸易发展及货币制度的实行,新兴阶层和贵族的争执越来越厉害。因此,公元前594年,贵族出身的执政官梭伦(Solon)开始实行政治改革,主要措施包括:降低币值,使市民容易还债;命令把没收的土地归还原来的土地所有者；解放奴隶；依财产的多寡把人民分为四个阶级，划定各阶级的权利，并给平民参政权，提高了平民的地位；居住在雅典的外国人也获得了某种程度的市民权。这次改革奠定了雅典人的政治权利，但不久之后，雅典却出现了一些实行独裁政治的僭主，与平民不断发生争执，反而促成了平民与贵族的接近，使民主思想越来越普及。公元前500年，执政官克里斯提尼（Cleisthenes）为了预防僭主的出现，实行了"陶片放逐法"（Ostracism），每年由市民投票一次，以便把危险人物放逐国外十年。这种方法大约实施了一百年，其后因为产生了许多弊端，终于废除。

古希腊与波斯的战争

公元前6世纪,近东地区已被波斯统一。公元前521年波斯王大流士一世即位后,波斯已成空前的大帝国,专制体制也告完成。希腊社会却完全不一样,仍然城邦并立,甚至有许多城邦还借外国势力来维持自己的势力。在这种情况下,波斯和希腊一旦发生战争,对希腊是很不利的,但最后希腊终于克服了这些难关。

公元前500年,伊奥尼亚的希腊城市因反抗波斯的统治,发生叛变。虽然很快就被平定了,但是因为这些城市曾向希腊本土求援,雅典亦派了二十艘军舰支援,大流士一世便借这口实,派遣军队,准备去惩罚希腊。公元前490年夏天,大流士一世遣军从爱琴海海路攻打希腊。波斯军队在一位被雅典市民放逐的僭主指引之下,在雅典东北约二十七公里的马拉松海岸登陆。

敌军当前,雅典的政情非常复杂。当时的雅典市民中有许多倾向于带领敌军入侵的僭主,市民的步伐无法一致,坚守城寨是非常危险的。在这危机当中,雅典出了一位名叫米尔提亚德斯(Miltiades)的人物,呼吁民众组织武装步兵来对抗波斯的骑兵和弓箭手。这支步兵只有九千人左右,后世称之为"马拉松战士"。战斗开始的时候,他们在米尔提亚德斯的率领下,采取密集战术,在箭雨中向敌人迫近,展开了白刃战。结果,希腊方面据说只死了一百九十二人。波斯军战败后,惊慌地搭船回到近东。

此战后，米尔提亚德斯因为第二年远征失败而致仕。这时候，希腊出了一个名叫特米斯托克洛斯（Themistocles）的天才政治家。他从马拉松之战以前便相信雅典将来必向海上发展，遂着手建设比雷埃夫斯（Piraeus）军港。公元前486年，薛西斯一世（Xerxes I）继大流士一世就波斯王位，准备报马拉松战败之仇。公元前483年，雅典境内发现了蕴藏丰富的银矿，按照惯例，除了国家需要的以外，剩余的银子应该分配给市民。但经特米斯托克洛斯的游说，剩余的银子被用在建造大舰队上。

马拉松之战以后，"陶片放逐法"开始活用，僭主派的有力人士相继被放逐。特米斯托克洛斯的政敌雅里斯底德（Aristides）也被通过这种方法放逐了。这时，拥有两百艘船只的雅典已经成为希腊最大的海军国。

公元前481年秋天，雅典、斯巴达等希腊本土和爱琴海的城邦组成了抗敌大同盟。但并非所有的城邦都加入其中，有的城邦坚守中立，有的却倾向波斯。公元前480年春天，薛西斯一世率领波斯大军从北方侵入，陆军向通往希腊中部的温泉关（Pass of Thermopylae）进攻。当时守卫温泉关的是斯巴达人，在这次战役中，斯巴达王及全军三百人全部战死。波斯军通过温泉关后，如潮水般向希腊中部侵入。雅典人不分老幼都疏散到附近的萨拉米斯岛（Salamis），希腊舰队也集结于该岛和希腊本土间的狭隘水道上。9月底，波斯军包围了萨拉米斯的希腊舰队，激战后，薛西斯一世大败，率领军队仓皇逃回小亚细亚。

第二年，波斯陆军又在雅典北方的普拉提亚（Plataea）被斯巴达人率领下的希腊联军打得大败而归，充分证明了武装步兵密集战术的有效性。之后，希腊海军在伊奥尼亚海边歼灭了波斯海军，于是小亚细亚西岸的希腊城市纷纷脱离波斯独立。波斯人也就放弃了他们征服希腊的计划。

希波战争后，希腊城邦为了防备敌人再度入侵，并确保希腊的优势，由爱琴海沿岸及海岛城邦组成了以雅典为首的提洛同盟（Delos Alliance）。同盟城邦的资金都放在爱琴海的中央小岛——提洛岛的阿波罗神殿里，同盟会议也在这里召开。参加同盟的城邦都需要提供舰队与船员，否则以缴纳货币代替。雅典由此掌握了制海权。

雅典民主政治的组织

公元前6世纪时，经梭伦的改革，雅典市民按土地生产的多寡分为四个阶级，然后按阶级给予参政权和军事上的义务。执政官由第一阶级的人士担任；第一、第二阶级的人可作骑士；第三阶级的农民可担任武装步兵和下级官职；第四阶级是贫困的市民，可参加公民大会。到克里斯提尼时，又有所谓十部族制（Phylai），由这十部族制产生了将军（Strategos），每年由各部族选出一名，共十名；并设立五百人议事会（Boule），由每部族选出五十人充任其职。到希波战争后的伯里克利时代，雅典的民主政治已经成熟。

古代民主政治的基本原理是市民间无治者与被治者之分，因此，官吏的任期都有一定，大都一年，不能连任。但是，像十位将军那样需有经验的重要官职却可连任，譬如伯里克利便担任这职务达十五年之久。本来是国家最高官职的九执政官在梭伦时已开放给第三等级，第四等级的市民在法制上不能担任这个职务。但一般说来，高级财政官员都由第一等级的市民担任，以免贿赂横行。官职的选任都由抽签决定，选举偶尔才举行。大理石制的抽签器已有若干被发掘出来。抽中的人无论是谁，都可担任执政官。执政官的重要性因而逐渐下降，不经抽签产生的将军职位已经成为事实上的最高官职。有关造船等方面的官吏当然不由抽签选任。

官吏任满一年后，有义务提出这一年来的行政报告；市民们也可以就此自由弹劾。官职本来是名誉性质的，所以就任的官员都没有报酬。国家的最高决策机构并不是官员们，而是公民大会。公民大会之外，还有五百人议事会。议事会议员由三十岁以上有志于此者抽签决定，但一生中只能担任两次。议事会除预先提出公民大会的议案之外，还要做许多工作。公民大会原则上只讨论议事会的议案。议事会议员虽然没有资财的限制，但是大都由中等以上的市民来担任。公民大会则所有的市民都应参加，每年至少要召开四十次以上，至于市民是否都很热心参加，因无可靠资料，不得而知。会议场地在距离雅典卫城很近的山丘上，后来改在雅典卫城的狄奥尼索斯神殿附属剧院。公民大会的决议大都刻在大理石上。对一个议案的赞成与否，是不是靠举手来决定，不得而知；不过，出席会议的人都可自由发言。当时没有司法官，一切案件都由市民组成的民众法院审理，但担任司法职务的市民需满三十岁，有罪无罪，由秘密投票决定。但到公元前4世纪，审判人员隶属哪一法庭由抽签决定。

古希腊时代的斯巴达

古希腊时代，除雅典外，斯巴达也是典型的希腊城邦之一。当时，斯巴达城邦共有三个社会等级。最高的是以征服者多利安人为中心的极少数市民或贵族，称为斯巴达人（Spartiatae），大约一万人，享有参政权。其次为自由人，但无参政权，这一等级称为边民（Perioeci），共有十二万人。这些边民有的是多利安人，有的是最早投降的原地居民，他们大都是拥有土地的农民以及手工业者。他们之下是奴隶，约有二十万人，当时称为"黑劳士"（Helots）。他们替斯巴达人耕种土地，向市民缴纳一定数目的年贡。斯巴达市民能全力接受军事训练，共同起居，"黑劳士"等级的贡献最大。

这种社会制度据说在公元前800年就已完成。当时，斯巴达人已聚居在拉科尼亚（Laconia）平原的斯巴达，建立了名叫斯巴达的城邦。公元前800年左右，斯巴达的政治制度也大致完成。在政治上，该城邦有两个国王，是世袭的，但没有权力，大权掌握在由国王和市民选出的二十八位贵族所组成的长老会议手中；偶尔也召开公民大会，来决定长老会议的提案，但一般市民没有向长老会议提案的权利，修正长老会议议案的权利也受到限制。

斯巴达和雅典不一样，它没有参加殖民活动，仍然和以前一样，采取侵略的军国主义政策。公元前8世纪末叶，斯巴达征服了西边邻邦麦西尼亚（Messenia），把它的居民划归为"黑劳士"等级，把它的土地分配给市民，这次战争被称为第一次麦西尼亚战争。由此，斯巴达成为古希腊诸城邦中最大的一个。公元前650年到公元前630年，麦西尼亚人反抗斯巴达，发生了持续二十年的第二次麦西尼亚战争。这次战争使斯巴达市民的贫富不均现象越来越严重，终于发生了党争。党争之后，斯巴达重新分配土地，确立了市民间的经济平等，也巩固了他们对"黑劳士"等级的统治权。

这时候，监察官（Ephor）掌握了国家的最高行政权力，完成了市民间的民主政治。监察官每年由全体市民选举五人担任，但不得连任。这五名监察官对所有的官员和市民有处罚权，而且掌管财政，担任公民大会议长，借以主持国政。斯巴达在这时期也确定了两个国王与五个监察官的关系。每个月，国王都要向监察官宣誓尊重国家体制，监察官也向国王表示：如果国王尊重国家体制，他们也就尊重国王。当时，国王只拥有军队的统帅权，国王出征的时候，一定有部分监察官随行，以便监视国王的政治行为。监察官任期期满的时候，必须作一年来的政务报告，这时，市民可以控告他。监察官每年就职后，便需完成向"黑劳士"等级宣战的手续，这表示斯巴达市民是可以随意杀害"黑劳士"等级的人。总而言之，从第二次麦西尼亚战争以后，斯巴达长老会议的权力已逐渐衰退，到公元前6世纪中叶，由公民大会选出的监察官已掌握了国家的公民大会。

斯巴达人在献身军事和政治而成为国家的一个全能市民之后，才算是一个真正的人。斯巴达也实施义务教育，这在当时的城邦中可说是独一无二的。大致说来，一个市民生下来后不久，便由母亲带去接受国家的体格检查。合格的人便入国籍，由母亲抚育；体弱或残废的婴孩便被抛在山里，任由他自生自灭。孩童满七岁便须离开母亲进入国家的教育机构，接受严格的体能教育，过集体生活。他们的课业有体操、赛跑、剑术、投球、角力、掷标枪、拳击、舞蹈等，平时薄衣粗食，洗冷水澡，赤足走路，还要接受其他训练。在文学方面，他们充其量只学荷马的诗和军歌。谈话需简单明了。到二十岁时,他们才列籍市民,可以参加公民大会,但没有发言权,也没有选举权。这时,他们可以结婚,但不能脱离军营的集体生活。到三十岁以后,才能参政,才算是一个比较自由的人。斯巴达的女孩子也要接受严格的体能训练,目的在于生产壮健的孩子。她们从很小的时候就接受赛跑、掷枪、跳跃等训练,二十岁以后可以结婚。一个婚后的妇女是不是贤妻良母,全看她是不是有刚强的意志。譬如,当时有一个女人当孩子出征时教训他说:"你要带着你的盾牌回来,否则就死在它的上面。"又有一个女人,当别人告诉她,她的五个孩子全死在战场上的时候,她说:"这不是我要问的,我要知道的是我们胜利还是失败。"当她知道获得胜利以后,就显得非常高兴。还有一个女人,当孩子告诉她剑太短的时候,她却说:"你可以再向前跨一步啊!"

斯巴达人也许实施一种共妻制度。兄弟们经常同娶一个妻子,组成一个家,这也许是为避免土地的分割。为了生产壮健的婴孩,斯巴达允许人民把妻子借给别人,也允许人民向别人借妻子。

斯巴达除了实施军国政策和军国教育之外,也实施闭关政策。斯巴达的市民不能自由到外国旅行,外国人也不能随便进入斯巴达,不然的话,便要被驱逐出境。因此,从公元前6世纪中叶起,外国工艺品便很少输入。其他城邦这时已推行货币经济,斯巴达却禁止贵重金属制成的货币流通,而以铁串和铁板来代替货币。

雅典的衰微

自波斯战争以后,希腊形成了雅典和斯巴达对立的局面。公元前431年,雅典与斯巴达之间发生了长达二十七年的伯罗奔尼撒战争。在此期间,雅典为了对抗斯巴达,曾实施坚壁清野政策。不幸,公元前430年,雅典发生了瘟症,仅两年工夫,雅典人口便被病魔夺去了三分之一,将军伯里克利也被这次瘟疫夺去了生命。

自此以后,雅典便陷入党派之争,产生了一些煽动政治家,有的借鼓吹战争取得大权,有的靠呼吁和平掌握政权,雅典政治极为混乱。此外,雅典时常向提洛同盟国课征赋税,使得提洛同盟国逐渐叛离了雅典,雅典的势力日渐下降。

公元前415年,雅典市民在亚西比德(Alcibiades)的煽动下,居然答应出兵远征西西里。载着六千步兵的舰队要出发时,发生了一件奇异的事,一夜之间,雅典街道上赫尔墨斯神像的头部都不见了。市民们怀疑是亚西比德所为,因此,远征军到达西西里后不久,亚西比德就被召还,要被处以死刑。他逃亡到斯巴达,劝斯巴达出兵援助西西里的叙拉古。斯巴达听从他的建议,出兵援助叙拉古。公元前413年,雅典远征军全军覆没。这次战争失败后,雅典政治由民主政治逐渐走向寡头政治,亚西比德再度掌握雅典政权。这时,波斯也有意恢复在伊奥尼亚的统治权,意图利用斯巴达来打击雅典。公元前408年,斯巴达在波斯的经济援助下,成立了一支大舰队。斯巴达与雅典的舰队首先在伊奥尼亚发生海战，亚西比德率领的雅典海军吃了大败仗。公元前405年秋天，雅典从黑海沿岸输入谷类的粮道被斯巴达海军切断，雅典城被包围。雅典终于在公元前404年向斯巴达无条件投降。战后，雅典在斯巴达的武力干涉下，于公元前404年成立了三十人的寡头政治。公元前403年，雅典虽然又恢复民主政治，但此后已无法再现伯里克利时代的光荣。伊奥尼亚也落入波斯的统治之中，希腊已无法恢复对这个地方的主权。

马其顿的崛起

希腊本土城邦林立，不断发生战争。城邦内部贫富对立，党争不时发生。此时，奥林匹斯山另一边的马其顿已经产生了一个在社会上与政治上都跟城邦完全不同的国家。马其顿人在当时的希腊人看来属于夷狄之民，现在则认为他们是希腊人的一个分支。因为他们身居边远地区，所以还保持着古老的社会制度。马其顿的最高统治者是国王，国王也是军队的统帅。国王之下有地主阶级的贵族，他们是国王的从者，也是骑兵。贵族底下有广大的自由农民，从军时隶属步兵。贵族们的军事会议在国王即位时有鼓掌承认新王的权利。

雅典跟其他希腊城邦因过度砍伐林木造成林木不敷应用的时候，马其顿是希腊本土造船木材的最佳供应地。伯罗奔尼撒战争末期，马其顿已逐渐具备了国家的形态，当时的国王很虚心地吸收希腊文化，并聘请许多艺术家到新都培拉（Pella）来。之后，马其顿因王位之争而陷于混乱局面。公元前 359 年，腓力二世即位，再度统一了马其顿。

腓力二世在军事上与外交上都有非凡的才干。他即位后立刻施展自己的才华，重建马其顿，进行改革。他改革的目标放在军事制度与战术上。他把当时单打独斗的骑兵编为骑兵队，把步兵编成长枪方阵。因为曾被送到泰伯斯（Thebes）作人质，他学得了泰伯斯所发明的斜线战阵（将全武装步兵编成纵队，置于左翼，轻装步兵与骑兵编成的中锋与右翼置于后方，与当时中、左、右三军并排的战阵不同），并加以修改。他把手持长枪的骑兵队置于攻击位置,而把步兵放在后方。他还让步兵参加军事会议。在军队训练方面,平时也施以严格训练,趋赴战场的时候,国王也奋不顾身,身先士卒,所以士气高昂。希腊城邦这时已逐渐依靠佣兵作战,当然抵挡不了马其顿的军队。当时,攻城器具已经很进步,腓力二世很快就采用它,因此希腊城邦要固守城池来抵抗马其顿军队显然是不可能的。

腓力二世除了有精锐的军队之外,还获得了一件相当有效的武器。马其顿东边的潘盖翁山(Mount Pangaion)一带自古以来即以盛产金矿闻名于世。腓力二世很早就占领了这块地方,铸造精美的金币,由此而巩固了马其顿的财政基础,也使它能进一步去干涉希腊的政治。于是,马其顿逐渐确立了在特拉斯(Thrace)及希腊北部德萨利亚(Thessalia)的霸权。公元前348年,马其顿攻下了特拉斯海岸的奥林索斯(Olynthus)城,并予以全面摧毁。

这时,希腊中部发生了因太阳神庙财产引起的"神圣战争"。因此,腓力二世挥军进攻希腊中部。马其顿的势力已逐渐向希腊本土扩张。希腊人对此也极端戒惧。公元前339年,希腊人听从雅典的雄辩家德摩斯梯尼(Demosthenes)的劝告,缔结同盟,共同抵抗马其顿。公元前339年,喀罗尼亚(Chaeronea)之战,希腊联军为马其顿大败。于是在马其顿的领导下组成了马其顿与希腊城邦的"科林斯同盟"。腓力二世也想借希腊联盟领袖的名义,率希腊联军远征波斯,不幸于公元前336年被刺身死。

亚历山大大帝与亚里士多德

腓力二世去世以后，亚历山大年仅二十岁便即位为马其顿王。他遗传了父亲腓力二世坚忍的意志、果敢的实践力和灵活的脑筋运用，从母亲那里遗传了热情的权力欲。他的父亲腓力二世很早就认识到亚历山大这些优美的特性，而施以天下最好的教育。他十三岁时，父亲便聘请当时的大学者亚里士多德做他的家庭教师。

亚里士多德是柏拉图最有成就的学生，直到公元前347年柏拉图去世时，他一直在雅典师事柏拉图约二十年。柏拉图去世后，他才在小亚细亚西岸各地讲学。他只教过亚历山大三年。这时，他曾撰写一部闻名后世的《政治学》，公开批评老师柏拉图的《理想国》，还讨论到当时政治。亚历山大从他那儿得到了伦理学与政治学的启蒙。但是，老师的感化不止于此，他后来远征波斯时，曾不时地写信，而且喜欢读书。他的枕头底下，除了放把短剑之外，还常放着一本荷马的《伊利亚特》。他远征亚洲时，还常让人从希腊送来希腊三大悲剧诗人的作品等。他对希腊文化如此喜爱，也许是得之于亚里士多德的感化。

但是，最值得注意的是他对自然科学的兴趣。留传至今的亚里士多德著作是他离开马其顿在雅典传授学生的讲稿。这些作品决不限于今日所谓的哲学，还遍及于天文学、生物学等知识。他的为学方法与柏拉图很不同，注视经验事实，而后进行归纳研究。他是古今最博学的人，也是能把以前知识系统化的人。

亚历山大远征军中常有学者从军，以便记录第一次看见的动植物与地理。进入埃及时，还送调查队到尼罗河上游调查，获知尼罗河定期泛滥是因阿比西尼亚的季节性豪雨所致。不仅如此，他的远征军还带有探险旅行的性质，对希腊化时代的地理学等自然科学的发展有极大的贡献。这大概也是受到亚里士多德的影响。

对当时政治，据说亚里士多德曾留给亚历山大一句忠言："像朋友般，对待希腊人；像处理动植物一样，对待亚洲的异民族。"从他所著的《政治学》来看，这句话也许是真实的。他在《政治学》的开头便说："工具不会自动工作，所以奴隶是不可缺少的。这绝不是违反自然。"而且还说亚洲人民只是男奴隶与女奴隶的群集。这也许就是希腊人购买奴隶的一种理论表现。因此，亚里士多德才会对亚历山大说出那样的忠言。但是，亚历山大对这句忠言采取什么样的态度呢？亚历山大东征时，为了建立自己的专制体制，会采纳波斯的制度和仪式；为统治波斯，曾娶波斯王之女为妃，并命文武将领娶波斯女人为妻；为传播希腊文化，鼓励希腊人移民亚、非两洲。从这些方面看，亚历山大为了政治目的，为了建立横跨欧亚非的大帝国，似乎没有采纳亚里士多德的民族差别待遇政策。

古希腊市民的生活

古希腊时代的雅典居民大致可分为市民、侨居外人和奴隶三种。雅典市民在公元前5世纪中叶以前只需父亲是市民,儿子就可获得市民的资格,但是从公元前5世纪中叶以后,必须父母双方都是市民。市民的最上层由大地主的贵族和大商人构成。伯里克利以前的雅典领袖都出自贵族,后来专心国政的人,生活大抵比较富裕。住在雅典城市的人约占全人口的三分之二,大多从事农业。住在雅典城里的多数居民是小商人、职工和上述几百家的富人。

侨居外人大部分是从其他城市迁来的希腊人和少数的埃及人。在雅典,侨居外人于公元前6世纪为数已相当多,主要是从事工商业。他们当中有许多优秀的人才,如亚里士多德即是。但是,他们都没有市民权。

奴隶在公元前5世纪时为数并不多,除极端的少数之外,每家大抵上只有几个奴隶。这些奴隶大都充当家里的奴婢。他们跟市民并肩从事农耕与技术方面的工作。地方城市的奴隶更少,与主人的关系很密切,其中也有很多是希腊人。在奴隶中,最可怜的是充当矿工的人,他们被锁着在矿坑中工作。但是有的奴隶则从事精神工作,看守孩子或充当巡警。

在雅典,女性的地位很低。她们未婚时受最亲近的亲属保护,结婚后则受丈夫保护,几乎没有自己的权利。良家妇女大都闭居家中,有客人来的时候必须退回到自己的房间。比起其他城邦，雅典妇女中很少出现过名女人，知识水准都很低。雅典对妇女的要求是像个女人，温柔敦厚，善于理家，养育子女。不过，她们在某些方面也相当自由，譬如可以和男人一起参加赛会。

她们所住的家是以围着外墙的中庭为中心而形成，市街就是由这些外墙连接而成。家屋的一楼没有窗，二楼所设的窗只是一些裂缝，以便采光通风。街道大抵有如迷宫，没有门牌，找人可不容易。弯曲没有计划的窄道放满垃圾，也常当厕所使用，下水道全无。

希腊人对神殿等公共建筑极其用心，留下许多壮丽的建筑物，对自己的住处却如此漠不关心。房子是由环绕中庭而建的家屋构成，而且尽量面南，以利采光，房子的入口是一窄小的通路，其旁有一间看门人的房间。中庭的中央建祭祀用的祭坛，对面是主房，主房的前面是柱廊。小户人家的妇女都住在二楼。大户人家在上述环绕中庭的房子后面还有许多妇女用的以另一中庭为中心的房间，其后附有菜园和果树园。

房子墙壁的基础用石子砌成，其上是太阳烘干的砖瓦。屋顶有用瓦盖的，也有只用苇草平敷的。平面的屋顶可做盛夏时的床铺。地板用灰泥压紧制成，公元前5世纪以后有的地板还铺着镶板。家里有许多种类的家具，但很简朴。家具中有叫"克利纳"的长椅，不只可作床用，吃饭时雅典人常躺在长椅上傍桌而吃，也可用来招待客人。门第的高低常依长椅的多寡来决定。每家几乎都没有卫生设备，也没有暖房设施。富裕家庭除澡盆外，据说还有更衣室。厨房有金制、银制或青铜制的器具，但大部分都是陶制的。这些陶器中除巨大坚牢没有装饰的酒瓮和装水和谷物的容器与烹饪用的器皿外，还有很薄的装饰用的器皿。

市街由城墙围住，郊外遍布着许多神域、圣林、游园地与体育场。城中心是神殿并列的山丘与广场。

婴儿出生时，生男的要在门口葡萄枝，生女的要在门口挂羊毛，表示家有产妇。婴儿出生后就置于地上，表示跟大地接触，得大地之力易于养育。而后由父亲抱起孩子，表示孩子是自己的。接着用襁褓裹住孩子，放进卷箕形的摇篮。孩子生下五日后还要举行环绕奔跑的仪式，即由母亲或乳母抱着孩子环绕家炉奔跑，这样孩子就可以得到家中诸神的保护。第十天举行命名仪式，亲戚朋友都会送来祝贺的礼物。希腊人大都没有姓，只有名，在正式的场合，一般都在自己的名上冠以所属村社的名字或父亲的名字，贵族则冠以族名。孩子七岁以前男女都在后屋由母亲养育。有余裕的家庭会雇用乳母，由乳母讲伊索寓言、传说给孩子听，或教孩子唱歌。孩子的玩具主要是陶制玩偶，有的手脚会动，有的用蜡做成。希腊的孩子似乎很闹，过分调皮会挨揍。在学校，老师就用鞭子打。

女孩子留在家里，在母亲监督下，学习家事、裁缝、织衣、刺绣与礼仪。以知识教育而言，只学识字。男孩子七岁就离开母亲到学校上学。这些学校都是小型的私塾，由国家监督。初等教育以文字、音乐、体育为主。文字的学习不单是习字读写，还要背诵荷马的史诗等。音乐是诵唱抒情诗，弹奏竖琴；体育则借运动竞技锻炼体魄。雅典的少年教育似以造就智体兼备的人为主。到十四五岁，初等教育结束，有的到各类店铺学艺，有的就专家学辩论、哲学、自然科学、数学。

十八岁达成年阶段，须服两年兵役，上流阶层的人成为骑士，中等阶层的人以重装步兵被送到边境军区或海外领地接受军事教育。服役期满后还乡，从事自己所希望的职业，但是要到六十岁才解除兵役。此外还可参加民会、出任公职等。

在雅典，男人从三十到三十七岁，女人从十五到十七八岁，是适婚的年龄。结婚时，在荷马时代，由男方赠送礼物给女家；到贵族时期，反由女方带款赴男家，款额多寡在订婚时订契约决定。但是丈夫不能自由运用这些嫁款，离婚时必须归还女方。妻子去世，嫁款由妻子最亲近的血亲承继。离婚可由丈夫随意提出。妻子要离婚可到掌祭祀的官吏那里提出诉讼，但是被丈夫逮回，诉讼即归无效。一般来说，希腊人，尤其雅典人对离婚的人都没有好评，所以希腊人通常不会轻易离婚。

  结婚须选黄道吉日。最好的日子是被称为"结婚月"的1月、2月的冬季，尤以满月（月亮圆满的时候）及其后第四天最吉利。结婚仪式须费时三日。结婚的前一天举行被称为"普洛特雷亚"的仪式，向神献祭，新娘把自己的一撮头发和童年时的玩具献给阿尔忒弥斯女神，进而举行仪式性的沐浴。结婚当天，新娘穿着有刺绣的华丽衣裳，头上披着面纱，戴着花冠。新娘家布满着花，举行婚宴。这时，女人可破例跟男人同席欢宴。新娘戴着面纱坐在女人席上。到宴会的最后，新娘取下面纱，露出脸来，离家的时候就到了。新郎在傧相的陪伴下请新娘坐上车子，带到自己的家。车子是四匹马或二匹马的战车，从公元6世纪末叶起，则是用骡子或牛拉的车子。车后跟着许多唱欢乐之歌的人。到新郎家，新郎的父亲拿着山桃冠，母亲执着火把出来迎接。新娘被引导到家里的炉边。进入洞房后，新婚夫妇一起在房里吃花梨。这时，新郎的一个朋友守住门口，一群少女唱着洞房之歌。第二天，双亲、亲戚、朋友都来送礼物。接着，新娘就冠上丈夫所属的氏族名，成为夫家的一员。

雅典人的一天

在照明设备尚未发达的时代里，雅典人是早睡早起的。在没有时钟的日子里，雅典人都随太阳上升而起床，一天的长短与时刻也都依太阳的位置来决定。大抵言之，希腊人是把太阳下山后到第二天太阳下山时算作一天。

太阳东升或稍前，希腊人便起床，梳洗穿衣。男女的衣服基本上没有什么不同。衣服可分类似衬衣的"奇东"（chiton）和类似长斗篷的"希麻提昂"（himation）两种。

女人的奇东是把比身长多一尺的布料裁成两手长，然后把布料的上半部折叠成肩到腰的长度，于是整块布在纵的方向就成两折，只留下套头的地方空着，其余都缝起。从头部套下穿着，然后在留空的这一边除了双手伸出的地方以外都缝起来，或者用大针别住。这种衣服是从两肩下垂，则且常比身长长些，所以用带系住，把多余部分提到带上，就形成腰褶。褶常藏在上半身的折叠内部，带则依时尚拉高或放低。男人的奇东，上半身没有折叠，也没有腰褶。公元前6世纪以前男人都穿长奇东，波斯战争以后，肩膀大都不缝，而用大针别住，除祭祀以外，衣长只到膝盖。

"希麻提昂"是一块类似披肩的布，外出或寒冷时使用。用时，挂在肩上裹住身体，其方式繁杂多样。

衣服的材料主要是厚厚的毛料，大多是家内手工制的，也有从国外输入的。棉布也很盛行，色彩以白色或原本的布色居多，也有红、绿、蓝、黄，也用刺绣来装饰。

古时的雅典男女都留长发，打结的方式繁多。到公元前5世纪，男人头发打结的方式越来越简单，头发也剪得越来越短；到公元前4世纪时，有一度剪得非常短。女人的发型却有各种各样的形式。

女人的化妆用具极多，有剃刀、镜子、剪刀、肥皂（和今日肥皂不同）、白粉、口红、头饰、香料、项链、眉墨、耳饰、珠宝等等，不一而足。

早上梳洗穿衣后，开始吃早餐。早餐很简单，只吃浸过葡萄酒的几片面包。法庭、议会及其他公事大都从早饭后就开始，所以有公事在身的人须吃完早饭后即外出。

与神殿并列的山丘西北的低地自古即有市民的聚会所和赛马祭祀时使用的广场。广场四周及通到这儿的街道有许多商店和工场。上午，市民们都到这儿来买东西或卖东西。卖东西的人依种类而有一定的场所。买东西的人都是家庭中的男人或男仆。妇女和婢女都不喜欢在市场溜达。市场每月都有特别的日子买卖奴隶。市场也有监督官。

广场里有市政府、法院、议会、公文书馆、神殿等，有公务的人都聚集到这儿。总之，上午是买卖东西、办公、访人的时刻。午餐用过后，没有特别事情的人或涌向体育场作运动、跟人辩论，或涌向角力场参观或参加竞技。

一天过了之后，黄昏时回家吃晚饭。有时邀朋友来共餐，有时应邀外出。晚餐是一天当中最丰盛的。男人都躺在长椅上就餐。餐桌低小，连菜肴一起运进房间，吃完菜后，一起撤下，再用别的餐桌运来别的菜肴。没有客人的时候，男人跟妻子及其他家人一块进餐，女人都坐在椅上。有客人时，就邀客人到叫作"男房"的最华丽的房间用餐，通常是两人躺在一把长椅子上，若有不速之客，则三人躺在一把长椅上。客人脱去鞋子，由奴隶洗脚后，登上长椅，躺着用手抓东西吃。

晚餐用完后，撤下食桌，准备酒宴。酒大都与水混合。人们首先合唱赞歌，向神献酒，然后正式开始酒宴。酒宴的时间有长有短，长的有时到天亮。

古希腊的工商业

公元前7世纪时,古希腊的社会发生了很大的变化。造成这大变化的主要原因是工商业的兴起。

由于希腊人的殖民运动,希腊人的世界已从希腊本土扩大到地中海沿岸,商品交易也逐渐繁盛起来。以前,希腊人对外的交易不是靠腓尼基人运来商品,便是靠半海盗式的抢劫。但是,从希腊人殖民运动开始以后,他们的对外交易已走上和平的交换形式,而且亲自把商品运出去或运进来。据今日发掘的遗迹,当时希腊人曾从埃及输入小麦,并输出陶器。

随着商业发展,手工业也进步神速。铁的熔接技术源自伊奥尼亚(Ionia)。金银与青铜的铸造也很进步。由于工商业的发展,交换媒介——货币也诞生了,据说这是从小亚细亚传来的。最早的货币是金银的合金。公元前7世纪时,雅典南方的埃伊纳岛(Aegina)开始制造小额的银币。从此以后,其他城邦也开始模仿制造。

手工业的发展可从陶器的制造见其一斑。在制造陶器方面,居领导地位的是形势最利于经商的科林斯城邦。这里生产了许多的陶器。

陶器上的图形已经不是几何图形,而是以幻想中的动物作为装饰画。这种图形的陶器,公元前7世纪最盛行。到公元前6世纪,雅典的陶器渐渐取代科林斯而居优势。雅典甚至把它输出意大利。雅典的陶器是在红质的陶土上描绘人物。

这时代手工业的经营形式和商业的具体状态还不十分清楚，但有一点我们可以确定：希腊人从埃及输入小麦，从黑海方面运来小麦、咸鱼和奴隶，输出橄榄油、陶器及其他金属物品。据说，当时有人在地中海进行贸易而成巨富。希腊贵族也间接靠商业行为构筑了他们的财富与地位，但是也有因此而丧失其世袭土地的。对一般平民来说，工商业的发展对他们未必有利，因为贵族土地的增加正表示平民势力的衰退。总而言之，工商业的发展对整个社会阶层有利也有弊，造成社会极大的变迁。平民因财富的增加而逐渐扩大他们的权力，有的却因土地的抵押借债而沦为奴隶。但是，就整个社会来说，由于平民财富的增加，使贵族统治体制逐渐动摇，终于走上民主的道路。奴隶也就成为当时的主要生产工具。

古希腊的诗

古希腊贵族政治时代，流行的是六脚韵的叙事诗。但在公元前 6 世纪的变动时代中，古希腊城邦流行的诗是含有复杂音韵的情诗跟歌咏竞赛优胜者的颂歌。抒情诗的内容非常复杂，有歌咏自然、恋爱和酒的，有寓言、讽刺的，也有将神拟人化的诗。在这些抒情诗人当中有许多女诗人，其中最有名的是萨福。

萨福于公元前 7 世纪末生于莱斯沃斯岛，她是当时的抒情诗人中第一流的女诗人。据说，她曾和一个美少年恋爱，失恋后从悬崖投海自杀。但这是不是事实，很难确定。她周围有许多美丽的少女，她很疼她们。由于这些悲剧性而又美丽的传说，使萨福和她的故乡成为后人向往的人物与地方。

希腊的抒情诗只歌咏自然之美的不在少数，如萨福的诗便说："星星隐起它辉耀的姿态，在明亮的月儿边，当十五晚上，银光普照大地的时候。"这首诗甜美而无感伤的情绪。希腊抒情诗也歌咏奥林匹斯山的神祇，还把它们拟人化，使希腊神话的内容越发丰富、优美。

古希腊的哲学

本文所谈的哲学限在公元前6世纪中叶以前。我国在三国魏时有所谓竹林七贤,在古希腊时代也有七贤。但是,中国的七贤是逃避现实政治、大事清谈的人物,古希腊的七贤则大都是对政治有贡献的人物。希腊七贤是指公元前6世纪初叶到中叶的人物,究竟是哪些人,有各种不同说法。一般所指的是雅典的立法者梭伦、斯巴达的奇伦(Chilon)、科林斯的著名僭主佩里安德(Periander)、米提利尼(Mytilene)的庇塔库斯(Pittacus)和伊奥尼亚的自然哲学之祖泰勒斯(Thales)等。他们的训词留传下来的相当多,内容各色各样,但是,尊崇中庸、主张任何事都应适度的思想最为显著。总之,这七个贤人是公元前6世纪后半希腊市民从激变时期积极投身城邦政治活动的人物中选出的,由此可见当时市民对政治的关心。

七贤之一的泰勒斯,据说曾经劝导伊奥尼亚各城市组成联邦,但他仍以自然哲学之祖留名后世。他认为水是万物的始源,曾经预测公元前585年5月28日将在小亚细亚发生日食,非常准确。据说泰勒斯曾经从事贸易,也许他因此获得了美索不达米亚方面的历来日食纪录,才知道日食是根据一定法则周期发生。

这时期,希腊人已能雕制站立的雕像,起初很受埃及雕刻的影响。神殿建筑也从这时开始用石块兴建。伊奥尼亚式的旋涡状柱头是从美索不达米亚传过来的,字母也是近东传来的。由此看来,泰勒斯的预测日食也许和近东文化有密切的关系。

亚里士多德曾经描述泰勒斯的一段逸事。当时，有一个人嘲笑泰勒斯并不富有，认为学问（或学术）对人生毫无用处。于是，泰勒斯根据天文知识，在冬天的时候预测第二年秋天橄榄会丰收，而用极其便宜的价格把当地的压橄榄器全租过来，到秋天再以高价借给没有压油器榨油的人，因此赚了一大笔钱，成为一个富豪。亚里士多德说完这一段逸事以后说道："学者虽然可以随心所欲成为一个富豪，但泰勒斯告诉世人说，学问的目的不在赚钱，而在其他方面。"

不管这传说是真是假，最重要的是，这传说把世界文化史上划时代的事件寓言化了。这划时代的事件就是自然现象受一定法则支配的认识，以及学术独立于一切实际利益的价值自觉。从这里也可看出古希腊言论思想的自由，因而当时在伊奥尼亚出现了许多哲人，发表他们对宇宙来源的看法。

但是，为什么从公元前600年开始，伊奥尼亚会产生这类自然哲学的东西？最重要的理由是，希腊人的殖民运动和贸易发展累积了各种各类的知识，而且需要航海的天文知识和地图。伊奥尼亚的米利都是当时在殖民方面最活跃的城邦之一，所以相传泰勒斯也曾从事贸易活动。

这种经济发展也许可说是学术产生的前提。但是，在殖民跟交易方面均较希腊人为早的腓尼基人却没有学术和文艺方面的成就，这又是为什么？从经济方面来说，腓尼基人的商业在量方面或货币的使用上都不如希腊人，而且，腓尼基人无法从超自然的神来解放自然现象，也无法让对自然的认识独立于宗教生活、商业利益及其他实际利益，需要自由培养的学术和文艺自然难有大成。反观希腊人，以奥林匹斯诸神为中心的宗教是极其自由的；希腊的商业行为虽然很盛行，但市民们却有尊重适于培育学术的闲暇的风气；希腊人习惯在广场上或宴席上自由讨论各类事物。这些都是希腊容易孕育学术与文艺的主要原因。总而言之，希腊城邦虽然是商业都市，但是大体说来，市民们的生活是相当自由的。

古希腊的艺术

古希腊的艺术发展非常迅速,它的主要原因是:一,希腊人有哲学、文学跟美术的天分,而且有独创性;二,希腊人崇尚自由,敬爱奥林匹斯山的神祇;三,大多数的希腊城邦对艺术家都很优待;四,希腊有许多大理石跟其他美术所需的材料;五,山河、海岛等地理变化涵养了美的思想。

在绘画方面,希腊并没有特别进步,以画家成名的也不多。古希腊初期的画是从埃及经克里特岛学得的瓶画。色彩大都用蓝、黄、黑、红,偶尔也用白色来表现女性的肉体。擅长使用曲线,描绘身穿黑衣的人物。到了公元前5世纪,希腊绘画已有明暗远近之分,而且能在木板上作画,在技术上已经往前推进了一步。科林斯式的绘画是在红陶器上巧妙地表现出黑色的画,从公元前6世纪起,在黑陶器上画红色的画。雅典的画起先是在白色的器物上描绘故事,后来在黑色的绘画上表现其技巧。波斯战争后,希腊到了鼎盛时期,当时出现了一个名叫玻利格诺特的大画家,在神殿上画壁画。这些壁画的画面已有远景、近景之分,远近法的技巧已相当成熟,在构图上也产生了新的变化。总之,希腊画的特色是优美、庄严而富变化,技巧却很单纯。

希腊建筑因为跟宗教有关系,所以发展得非常迅速。政府和建筑师也倾力建造神庙和礼拜堂。希腊建筑的优点是优雅、庄重,而且非常重视整齐、和谐与明朗,力学方面的问题也考虑得非常周详。它的式样不仅影响世界各地,甚至到现在还能表现出它的生命感。古希腊的建筑可从圆柱的比例和装饰品的差异分为三种形式。一为多利克柱式(Doric order),圆柱上没有基石,柱头给人一种庄严单纯的男性感。柱子从下往上到三分之一的地方微微增大,给人一种稳重感。雅典的帕特农神庙及其他神庙用这种式样。二为伊奥尼亚柱式(Ionic order),产生于殖民地,柱头有卷曲装饰,表现出一种轻快典雅的女性风味。三为科林斯柱式(Corinthian order),比上面两种晚出,柱头上装饰莨苕叶形,形式最美丽。这种式样在希腊化时代最为流行。就整个希腊建筑来说,处处都表现出明朗与和谐之美,很可由此看出当时希腊人的性格。此外,这三种式样的不同不仅显现在柱子上,也体现在整个建筑物上,显示出各不相同的风味。多利克柱式盛行于古希腊早期,伊奥尼亚柱式盛行于中期,科林斯柱式则盛行于希腊化时代。

希腊雕刻已由木刻改为石刻,也由雕刻神像发展到雕刻竞赛者。它的特色是能把高远的理想和毫无夸张的写实调和起来,而且把神当作人来看待。和建筑上有伊奥尼亚式样跟多利克式样一样,在雕刻上,这两种式样也互相对立,显示出雅典和斯巴达两城邦的特征。伊奥尼亚式样长于表现优美的感情,故以雕刻女性居多。多利克式样因为表达了意志坚强的力量,而浮现出男性的肉体美。这两种式样互补而完成了希腊的雕刻。

在雕刻的作品方面,伊奥尼亚式样的代表作品是胜利女神像,约完成于公元前550年,表现出迷人的笑容与行走的姿态。在面貌、发式、衣着上都表现了极细腻的技巧。多利亚式样的男性美则表现在若干尊裸体的阿波罗神像上,但以公元前5世纪中叶米隆(Myron)的青铜雕塑"掷铁饼者"最为有名,因为他掌握住了动作的瞬间。此外,雅典的菲狄亚斯(Phidias)是当时的雕刻天才。

罗马建国的传说

根据传说，特洛伊战争有一位特洛伊的勇将埃涅阿斯，在特洛伊城陷落的时候，率领一支难民，越过地中海到达迦太基，然后进入意大利中部的台伯河畔，与当地国王的女儿拉维尼亚结婚。他的后裔西尔维娅传说是战神马尔斯的妻子，在台伯河畔建立了阿尔巴隆加（Albalonga）城，生了一对双生子，分别叫作罗穆鲁斯（Romulus）与瑞摩斯（Remus）。但不久，这双生子的舅父篡夺了王位，把他们抛在台伯河畔，罗穆鲁斯在母狼跟猎人的抚养下长大成人。

后来，罗穆鲁斯在帕拉丁山（Palatinus）建立了一座城市，取名为罗马。他自己也在公元前753年做了罗马的第一代国王，在位四十多年。之后，王政持续了七代两百四十年。这时，伊特鲁里亚人也许已经统治了罗马。罗穆鲁斯传说也许是"罗马"这地名与希腊神话结合后创造出来的。

罗马共和时期的政治组织

公元前510年，罗马贵族与拉丁平原各城市合作，推翻了伊特鲁里亚人的王政统治，建立了罗马人的共和体制。共和初期，罗马的统治阶级是贵族与大地主；政权由王政时期国王的咨询机关元老院掌握，元老院由贵族出身的三百位"元老"组成，掌立法权。此外，还从贵族中选出两位"执政"作为国家的元首，掌国家行政权，每年改选。国家元首由两位执政担任，主要是为防止独裁的产生。但是，当国家遇到战争或其他大事的时候，两位执政的意见不一定一致，因此从其中或从其他贵族中选出一位担任"狄克推多"（Dictator，意为"独裁者"），给予无限的命令权，任期仅六个月或至战争结束，因为任期太长可能会危害到贵族联合政权的共和政体。

罗马在政治组织上最伟大的成就是护民官的设立。这是贵族与平民斗争的结果。罗马的贵族是以前豪门大族的子弟，只有他们有权组织元老院。反之，平民（Plebe）是被征服民族的后代或从其他地方迁徙而来的人，大都是小农和工商业者。他们虽然是自由民，但是不能参加国家的行政和立法，不能担任国家的官吏，没有审判旁听权，却有服兵役与纳税的义务。此外，他们不仅不能获得征服地区的利益分配，也不能跟贵族通婚，根据传统不成文法的审判对他们往往非常不公平。他们所得到的只是身体上的自由与组织人民会议的权利。这种阶层的不平等也表现在经济上。贵族独占了国有奴隶，他们越来越富有。相反，平民虽然有土地私有权，但是因为战争跟借贷的关系，他们只好卖掉土地，而陷入越来越贫的局面。当时的罗马社会可以说是不公平的社会。

在这种情况下，贵族与平民之间的争执一直持续。公元前494年，政府为出兵征讨萨宾人（Sabine），要平民组织军队，他们置之不理。将军曼流斯非常忧虑，遂与平民订约，答应战争结束后拯救他们。但是，贵族在战争结束后不肯履约，平民大怒，在距离罗马四公里的圣山（Mons Sacer）上计划组织一个独立国。元老院大为震惊，遂与平民妥协，允许平民从自己阶层选出护民官（公元前5世纪中叶每年选出十名），保护平民的权利，并一笔勾销平民向贵族的一切借款，解放因借款入狱或变成奴隶的平民。后来，平民不仅获得否决权，可以否决贵族法官的审判和元老院的决策，还进一步于公元前471年获得召集人民会议的权利。公元前450年，"十二铜表法"颁布，平民和贵族在法律之前受平等的待遇，这是平民的又一次胜利。公元前376年，在护民官李奇尼乌斯（Licinius）的努力之下，颁布新法，规定"执政"当中的一位需由平民出任。公元前290年，允许平民与贵族通婚，平民能以和贵族同样的资格参加政治。到这时候，罗马的民主共和政治才算成立，但阶层的斗争并没有因此而终止，反而越来越激烈。

罗马统治异族政策

意大利境内，除罗马人之外，还有许多部族。罗马人能在短期间内统一意大利半岛，除了本身具有优越条件外，对异族的开明统治政策，也是一个非常重要的因素。它给这些异族市民权，这市民权又分为两种：一是有参政权的市民权，一是没参政权的市民权。除罗马直辖区域的人以外，殖民市的人也都属于罗马市民。有参政权的市民区域是以罗马为中心而后逐渐推展，分为若干行政区域，公元前241年共有三十五区，此后就不再增加，新扩张的领土都划在这些行政区里头。解放后的奴隶享有没参政权的市民权，但过几代以后便可得到参政权。

对于半岛内的许多城市，罗马大都采取个别联盟的形式，但城市跟城市之间不能缔结条约。联盟的城市对罗马负有供应军队的义务，享有政治上的自治权，不必向罗马纳税，罗马也没有驻军在这些城市的权利。但这些城市没有军事与外交的自治权，战争时可跟罗马人同分战利品与新领土，因此这些城市对罗马都有极深的信赖感。

罗马与迦太基

迦太基本是腓尼基人在北非的殖民地，逐渐发展以后，成为西地中海首屈一指的海军国，统治了整个非洲的北岸地带。它的势力还达到科西嘉、萨丁尼亚、西西里西部、西班牙南部。这个国家是纯粹的商业国，实施寡头政治。待罗马势力向意大利南方发展的时候，这地中海南北岸的两大势力便发生冲突，当时罗马仍然是一个农业国家，所以这两大势力的冲突可以说是农业国家和商业国家经济上的角逐，也可以说是国民兵和佣兵、陆军和海军的军制竞争。他们在南意大利和西西里的利害冲突是这两个国家武力冲突的导火线。

公元前265年，罗马人已经统一了整个意大利半岛。迦太基人也于公元前264年开始夺取东西西里的希腊城市，西西里的希腊人向罗马请求保护，罗马答应了。于是展开了公元前264年到公元前241年的第一次布匿之战。起初，罗马深深感觉到海军力量不足以抵御迦太基。于是，罗马便以漂到意大利海岸的敌船为蓝本，费两个月的时间，完成了一百二十艘军船，并加紧训练水手，到公元前260年才有赢取海战的自信。于是，罗马人开始对迦太基人采取攻势，虽然常常吃败仗，而陷于窘境，但是他们毫不泄气，终于在公元前241年打败了海上强国迦太基。从这一次战争以后，迦太基丧失了海上霸权，罗马却获得了许多赔款和军舰，还夺取了意大利半岛以外的第一个省份——西西里岛，而成为地中海的一个强国，而非仅仅是意大利的霸主。公元前

238年到公元前231年之间，罗马又从迦太基夺得科西嘉和萨丁尼亚，破半岛北部的高卢人，完全控制了整个意大利。公元前218年还征服东西班牙地方。

公元前218年，迦太基的英雄汉尼拔为向罗马报复，在西班牙养大军，越过比利牛斯山，经过高卢，克服阿尔卑斯山的艰险，进入意大利。公元前216年，汉尼拔在坎尼获得大胜。罗马面临危机，幸好，罗马将军菲比阿斯采取持久战，不愿与汉尼拔正面作战，利用罗马人的制海权，切断迦太基的补给与增援。公元前204年，罗马大军在西庇阿（Scipio）的率领下攻占西班牙，切断汉尼拔的后援，进而直攻迦太基本土。汉尼拔被调回保卫国土。公元前202年，扎马（Zama）一战，汉尼拔大败。迦太基割让西班牙，付了一笔庞大的赔款，同意接受罗马在外交政策方面的指导，而且不许迦太基再向罗马宣战。迦太基已经丧失作为独立国家的资格。这是第二次布匿战争。

汉尼拔打败仗后，转向内政方面，付清了赔款，后流亡到亚洲，最终于公元前183年服毒自杀。西庇阿也因受到接受敌人贿赂的责难，气沮而逝。

公元前149年，罗马借口迦太基违反条约与罗马作战，发动第三次布匿战争，派兵攻打迦太基。迦太基男女老弱都参加防卫战。三年后，迦太基终于力尽国亡。罗马人纵火焚城十七日，迦太基城全部化为焦土，剩余的领土全为罗马所得，生存者都变成罗马人的奴隶。

罗马的发展

从公元前 264 年到公元前 168 年，仅仅一世纪之间，罗马已拥有东起小亚细亚、西至西班牙的广大地方。这是罗马国民以不屈不挠的精神，排除万难的结果。罗马军队起初是由市民组成，后来由于战争连年，将军常常更易，对罗马极为不利，所以，军队就从以前的市民军改为职业性的佣兵，将军也从以前的年年更易改为永久性的职位。于是，军队逐渐拥有政治势力，将军也渐渐成为政治人物，共和国的特色渐次变化。

在社会方面，新阶级兴起，取代了旧贵族和平民。因此，新兴贵族是现在拥有政权的高官及其家族，它的代表者多入元老院，成为政治上的指导人物。此外还有骑士阶级，他们是包税人，从各地包税，而成为罗马的富豪和财政人员。相对于这些新兴阶级的，有无产的小农跟罗马各都市的多数市民；市民之下还有许多奴隶。社会组织的状况发生了变化。

由于对外战争时常发生，罗马从国外获得了许多赔款跟进贡物品，而且为了统一各行政区域起见，罗马开始从农业经济走上货币经济之途，并成为一个商业国。在土地经济方面，大私有地逐渐增加。贵族们瓜分占有了国家的所有地，国家财产形同私有财产。由于从各行政区域大量输入各类物品，本国出产的谷类渐受歧视，罗马的农民也日益穷困。国内耕地从汉尼拔侵入以后已经相当荒芜，大私有地也常常转化为牧场。小自由民的财产渐被收买,农民离开乡村,集中到城市,于是罗马市成为许多无产人民的集聚地,贫富之争也逐渐激烈。由于新阶级的兴起,罗马人的生活日益奢华糜烂。对外战争的胜利造成军人与功臣的骄纵跋扈,法官处理案件亦因贿赂公开而流于不公平。罗马人原有的质朴武勇日益丧失,游惰轻薄之风到处流行。建筑壮丽,衣饰华美,道德沉沦,家庭中新旧思想冲突得异常厉害。

罗马本来以自耕地为农业经营的基础,但是,自从地中海纳入罗马统治以后,便开始实施大土地制度。贵族们都拥有广大的土地。他们把这广大土地分为住宅地跟农场两部分。住宅地有贵族家人或监护人的邸宅,他们利用家内奴隶过着豪华的生活。农场有奴隶的宿舍、仓库、工作场和农地。奴隶三五人为一组,在监视下工作。这些奴隶的工作是种植小麦、葡萄和橄榄,制造葡萄酒、橄榄油及陶器,以及牧畜等等。罗马的工业以制造食品、衣饰、青铜器与建筑为主,都市中从事工业的人都有名叫"柯雷奇姆"(Colegium)的公会,以宗教和社交方式来约束同行的人,但与中世纪的基尔特不同,对工资、工作时间都不加限制,也不实施徒弟制。

在罗马社会经济的发展下,从公元前133年到公元前31年之间,共和体制已进入衰退时期,贵族派(新富豪、旧贵族、元老院议员)与平民派(民主主义者、平民)的抗争已成为统治者与被统治者的对立。元老院的权限逐渐缩小,民权逐渐扩大,社会改革也成为当时的主要政争内容。到公元前100年左右,军人势力逐渐掌握政治实权,形成军人独裁的恐怖政治局面。公元前60年,第一次三头政治展开。公元前43年展开第二次三头政治。公元前27年,共和政治结束,进入帝政时期。

罗马的社会

希腊人除斯巴达之外,大都以工商业为立国的基础,崇尚个人的自由,提倡个人的权利。每个城邦彼此很少联系,看不起外来民族。虽然很早就向海外发展,但是因为国内竞争非常激烈,对外跟对内的政策时时改变,缺乏合作的精神。罗马人虽然也尊重自由和权利,共和时期平民和贵族的斗争非常激烈,但是,他们实施的是以农为主的兵农合一制,重视家庭甚于个人,种族又比家庭重要。因此,罗马人最重视国家,而且一切事务都以国家为前提,意大利内部各城市彼此间也都能合作无间。由于希腊人跟罗马人的习性不同,因此,他们彼此间所表现出来的现象极其不同。在波斯战争后不久,希腊的同盟就破裂了,终于造成雅典、斯巴达与泰伯斯等城邦互争霸权。罗马从布匿战争以后,就团结一致,发挥了爱国精神,终于缔造了前所未有的世界性大帝国。此外,希腊人心胸较褊狭,不肯轻易地把市民权给予居留国内的外国人。罗马对异族却尽量给予市民权和自治权,以便共同享受精神上与物质上的幸福生活。希腊人在文化方面也让个人尽量发展自己长处,因此个人之间的竞争很激烈。罗马人却能跟群众共享一切福利,因而建立了许多剧场、水道、浴场跟市场。从整体看来,希腊人较重情感,喜好华美;罗马人比较理性,走的是坚实的步伐。但是从公元前2世纪以后,罗马的风气已渐颓废,共和时期的自由与权利已经丧失殆尽。

从家庭方面来看，罗马社会是以一夫一妻为原则的，家长有绝对的权力，子女的收入都属父亲所有。家人都把奴隶当物品看待。罗马人非常重视家门，而且崇拜祖先，婚姻的结合主要是不断祖先的香火。同一祖先的本支跟分支总称为铿斯（Gens）。婚姻仪式都在神前举行，如果没有孩子便可离婚。因此，在家庭内，妇女颇受束缚。妇女的美德是温顺静穆，能女红，善烹饪，不过可以出外交际或看戏剧。家里的儿童被看作父亲财产的一部分。女孩子在家里必须接受家事训练。男孩子一方面接受学校教育，一方面还要受武艺和实务的训练。

就社会阶级跟风气来说，罗马初期的社会是由以家庭为基础的氏族所组成，所以土地由社会各阶层所共有，进入历史时代以后，社会就产生了贵族、平民跟奴隶三个阶级。后来由于阶级间的争执，贵族和平民的差别逐渐消失，重新产生了贫富两个阶级。到罗马征服迦太基、希腊跟东方各国以后，奢侈的风气逐渐传入，富人住在堂皇邸宅里，使用几百个奴隶，穿着丝绸的华服，室内铺着刺绣的地毯，食的是金银食器所盛的山珍海味。此外，从共和政治末期，罗马各地建立了广大的剧场、竞技场等。其中有可以容纳二十五万到三十八万观众的竞技场，让猛兽与武士争斗；或放入数千的男女罪人，让猛兽践食；或令几十组剑客在场内械斗。这时，观众都如醉如痴地享受这残酷的镜头，罗马风气的衰退由此可见一斑。

罗马也酷使奴隶、买卖奴隶。奴隶市场有些地方曾一日之间交易了一万个奴婢。据估计，罗马奴隶总数约占全人口的三分之一。富裕家庭养有许多奴隶。他们的工作除打杂以外，还及于教育、书写和医术等，但以从事农业生产的奴隶占大多数。他们晚上住在地下室，白天加脚镣，工作若有怠惰就要受鞭打。在主人残酷虐待下，从公元前198年到公元前73年，曾发生好多次奴隶的叛变，造成罗马社会的极度不安。

奥古斯都的和平

奥古斯都本来是恺撒的养子,原名屋大维,十八岁的时候,恺撒被杀,成为他的后继人。三十五岁时,他成为罗马帝国的统治者,但是在年轻时并未表现得很突出。

他一生都为病痛所苦。他神经质,左脚有点跛,怕太阳直射头部,上战场时常坐担架。虽然这样,就作为一个将军而言,他并不比他的养父恺撒差,也不会比他的盟友,后来又是政敌的安东尼差。在重新统一罗马以前,他的勋业并不十分辉耀。公元前42年,跟暗杀恺撒的普鲁塔克等人决战的时候,他所率领的军队吃了败仗,幸赖安东尼的获胜,才能挽回战局。后来,跟小庞培、安东尼等的战事,是靠他所信赖的将军阿格里帕(Marcus Vipsanius Agrippa)的战绩和敌人的失误才获得胜利。

在政治经历、战绩等方面,他样样都不如安东尼。在这期间,他很能隐藏自己,不肯外露。实质上,他是一个非常冷静残酷的人。他对付政敌决不放松,不肯埋葬曝尸战场的敌人尸体。公元前30年,埃及女王克利奥佩特拉自杀身死以后,屋大维对她儿女的处置相当严酷。他杀了女王和恺撒的孩子,以免以后与自己争取恺撒的继承权;对女王跟安东尼所生的子女却予宽恕,因为安东尼死后,对他的子女无须戒备。这可以说完全是基于冷静的算计。

奥古斯都也颇能了解部属的资质,而因才任用。譬如前面提及的阿格里帕,不只是一个将领,也精于行政,同时对调查帝国的情势跟制作地图贡献极大；另外一个奥古斯都所信赖的梅塞纳斯（Gaius Cilnius Maecenas），则长于财政，也是文艺的保护者，对上演奥古斯都的"黄金世纪"有极大贡献。在这些人员的辅佐下，奥古斯都表示尊重共和政治的传统，而与元老院协调，然后再去巩固自己的实权，以维护自己的荣光。总之，奥古斯都在统一罗马之前，复仇意欲跟冷酷的算计，是他性格上的特点。但到统一罗马，成为帝国元首之后，他那冷酷复仇的性格开始隐遁，而提倡宽仁的政治，把全部的精力放在国家的建设上。

除了宽仁之外，奥古斯都还提倡自由。对共和时代的罗马市民来说，所谓自由是指在祖先习俗所允许的范围内，可以自由行动，并从事政治活动。但奥古斯都时代的自由却与此不同，是基于法律的安定。对这种自由，埃及亚历山大城的船员们曾歌咏道："我们在你（指奥古斯都）的庇荫下生活，在你的庇荫下航海，在你的庇荫下享受自由与繁荣。"亚历山大城的市民本来是罗马的敌人，现在已在歌咏着奥古斯都所带来的和平。小亚细亚发现的一块碑石上刻着："奥古斯都以父神宙斯，全人类的救主，对人类之祈祷予恩惠。地上、海上都享受和平，城市也欣欣向荣，处处都有和谐、繁荣与幸运。"奥古斯都的生日甚至被公开宣扬为诸神赐给人类的福音。"罗马的和平"一词遂远播，所谓"罗马的和平"，其实就是"奥古斯都的和平"。奥古斯都时代的代表诗人维吉尔咏颂"奥古斯都的和平"说："罗马人呀，别忘记，以命令权统治各民族，并讲求和平的法律，宽和地对待投降的人，而打倒傲慢的人。这才是你们的最大成就。"

由此可见，"奥古斯都的和平"远及于罗马帝国所统治的区域。在这范围内，人们得以维护生命、财产，免除军事的压制，并享受自由来往的权利及罗马文化。但是，这和平是罗马人征服各民族所造成的。被统治民族未必全部在讴歌"罗马的和平"。当时有人批评罗马人用"武器与法律"所造成的和平说："罗马人都用'统治'这个错误的字眼来称呼掠夺、谋杀与盗窃。他们把成为废墟的地方称为和平。"

奥古斯都的宗教政策

奥古斯都开创了罗马的和平。但是，对奥古斯都跟罗马人来说，和平不只是人间的事，也是属于神的，而且是女神。这从与奥古斯都神庙相对的"和平女神的祭坛"可得印证。祭坛上的浮雕不只雕有罗马女神、马尔斯（战神）及其他诸神，还雕着奥古斯都和他的家人。这表示奥古斯都自己跟诸神有密切关系，也象征着罗马的建设和它所承受的天命。奥古斯都还在自己的邸宅内祭祀维斯塔女神（灶神），并合祭马尔斯等，甚至把表明他一生的各种德目如胜利、安宁、幸运、合作、和平，当作神来敬仰。他认为过去内乱时代的政治与社会所以混乱是因为道德颓废的缘故，因而认为道德的更新才是和平跟繁荣的基础。为了道德的更新，他认为复兴因受外来宗教与怀疑论打击而衰落的罗马宗教与祭礼最为重要。于是，他竭力保护、培育新的宗教，并在罗马人与属地人民的信仰及效忠上加强自己的地位。

复兴古罗马国家宗教的第一步，就是恢复古罗马的祭司团，以便祭祀特殊的神。为补满构成祭司团所需要的贵族数，他创设了新的贵族。他自己也登记为祭司团的一员，公元前12年，被选为大神官。

其次是修复已荒废的神殿，朱庇特神殿及其他大小八十多个神殿都面目一新。内乱时代的混乱与不安，使幸运女神、和平女神，及富神等深受景仰。奥古斯都奖励这些新的礼拜，并使这礼拜跟自己的权威结合起来，在这些神祇的名字底下加上奥古斯都的称号。公元前27

年他从元老院获得的"奥古斯都"封号，便含有神之尊严的意思。他在埋葬恺撒的地方祭祀恺撒，并在自己邸宅的附近营建堂皇壮丽的阿波罗神殿。阿波罗是他自己家族——尤里乌斯（Julius）家的守护神，他把其奉为罗马的救世主。

恢复祭祀的诸神中有拉瑞斯神，是安家与兴隆的守护神，尤为老百姓所崇拜。公元前12年与公元前7年之间，罗马全市的二百六十五区，每区都设有拉瑞斯与奥古斯都神灵（守护自己幸运的神灵）的祠庙，由各区选出的代表祭祀。罗马市民虽然不是礼拜奥古斯都本人，却把他当作守护者来膜拜。

有礼拜君主传统的近东属地佩加蒙（Pegamon，在小亚细亚）与尼科米底亚（Nicomedia，位于小亚细亚）早在公元前29年就已建立礼拜奥古斯都的神殿，其他城市也相继建立。奥古斯都承认这种礼拜的政治价值，加以接受、推进。礼拜皇帝的仪式，不久之后由东方传入西方。公元前12年，罗马女神跟奥古斯都的祭坛在里昂附近建立，高卢人借此来显示他们对罗马统治的效忠。西方各地也相继模仿。礼拜皇帝的任务大都由城市或部族代表所构成的属地议会负责。

礼拜皇帝是罗马和奥古斯都对属地人民的绝对统治的标志。在意大利，奥古斯都却不许有这种现象产生。如果允许这样，就等于否定他以一个罗马市民获元老院与国民承认的行政官地位与权威，而有被认为是独裁君主的可能。可是，在意大利，他依然被视为使罗马人免除战乱的神性人物和维护和平与安宁的守护神。南意大利人已开始自动礼拜他，但未获政府公开承认。自公元前12年以后，许多意大利都市创立了礼拜奥古斯都的祭祀团或祭司。此外，青年团也在罗马及各都市成立，因其崇奉奥古斯都的人格，而且有助于军事训练，深受奥古斯都的赞许而逐渐推广。

奥古斯都的法律

奥古斯都开创了罗马的和平，还恢复古来的罗马宗教。但是，奥古斯都并不认为单靠宗教的复兴就可以重整颓废的道德，必须再用社会立法来整肃风纪。公元前19年和公元前18年，他制订了一连串的法律。奥古斯都根据这些法律，奖励人民结婚，处罚通奸，限制独身或无子夫妇接受遗产的资格。

在罗马，婚姻自古以来都由父亲决定，政府也加以监视督导。根据法律，父亲如果发现女儿跟人通奸，有权杀这女儿和这男人。丈夫要是在家里抓到奸夫，可以格杀勿论。杀妻也只限于发现妻子与人有染的时候。妻子与人有奸情的时候，丈夫须在六十天之内把妻子带到法庭，如果丈夫不这样做，岳父可以代替出庭。如果岳父也不理，市民中的任何一个人都可以提出控诉。被判定有不贞行为的女人一生都要受到流放的处分，三分之一的财产和一半的现款都要被没收，而且不许再婚。发现妻子不贞而不加纠举的人，也要被处以罚锾。但是，妻子不能纠举丈夫的不贞。丈夫在这方面也不受法律制裁，而且可以跟妓女来往。

六十岁以下的男人和五十岁以下的女人，都有义务要结婚。没有结婚的人，如果在立遗嘱的人死后一百天之内不结婚，就不能接受遗产，也不许他们参加节日的祭礼和赛会。寡妇和离婚的女人，在丈夫死后或离婚后六个月再婚，就可取得财产继承权。未婚的女人和没有孩子的妻子，五十岁以后就要丧失继承遗产的资格；未满五十岁，如果有五万罗马币，不能接受遗产。有元老院议员身份的人，不能娶解放后的婢女或妓女为妻，演员和解放后的奴隶也不能跟元老院议员的女儿结婚。

根据公元9年制订的法律，有三个孩子以上的人，可以优先获得公职。

这些婚姻法的实际效果并不十分显著，聪明的人总是会找到法律的漏洞。有人依照法律进行假结婚，有人为获公职领养他人的孩子，等到获得公职后就把孩子逐出家门。古罗马的历史学家和雄辩者塔西佗（Cornelius Tacitus，约公元50年至公元120年）断定这些法律并没有收到实际的效果，他说："结婚的人没有增加，生育孩子的人也不多。罗马人都觉得不要太多孩子才是幸福。"

奥古斯都为了避免解放后的东方奴隶大量流入罗马市民团，使市民团丧失纯粹性，制订了一些限制解放奴隶的法规，对一个主人遗言解放奴隶的数目有所规定，对主人生前解放奴隶之事更严加管制。对不按正规程序解放的奴隶，都不给予罗马市民权。

奥古斯都为了肃清风纪，制订了一连串与社会风气有关的法律。但是，他自身在婚姻上却难免于丑闻和政治婚姻。他第一次结婚是在公元前43年，娶安东尼妻子的前夫之女克洛迪亚为妻，但克洛迪亚还未到结婚的年龄。不久，他跟安东尼不和，就把克洛迪亚送回。第二次结婚的对象是小庞培妻子的叔母，她已经嫁了两次，而且年纪比他大，这显然是政治婚姻。但在他第一个女儿将要出生的时候，他却跟一个已经怀孕六个月的有夫之妇莉维亚热恋。于是，妻子生下女儿之后，便跟他离婚。公元前38年，奥古斯都跟莉维亚结婚，结婚三个月后就生下一男。这孩子是她跟前夫的儿子。由于谣言满天飞，奥古斯都把这孩子送回莉维亚前夫之处。奥古斯都跟莉维亚没有孩子，但是，两人的感情非常好，直到奥古斯都去世，两人维持了五十一年美满的婚姻生活。

古罗马的骑士

古罗马的骑士，跟元老院议员一样，是一种身份，次于元老院。元老院身份的人，在没有国家财政机构的罗马，经常承包公共土木事业和征税业务，换句话说，政府的财经业务都由他们包办。这种承包工作还远及于罗马的整个版图。

属于骑士身份的人有两种类型。一种是从政治生活引退，专心从事商业或学艺工作的人；另一种是有严密的人事关系，而想从事政治活动的人。后者可以共和政治末期最伟大的文人西塞罗为典型例子，前者则可以西塞罗的朋友阿提库斯为例。

阿提库斯从父亲那里继承了一笔相当数目的财产，加上他从事各种各类的经济活动，积存了庞大的财富，但他始终没有出现在政治舞台上。

阿提库斯为了逃避党派之争，首先在雅典过着"金融资本家"的生活。不过跟元老议员专事投资于意大利"土地"的情形不同，他离开意大利时，把自己拥有的一切不动产全部卖了出去，得免因党派之争而被没收财产的危险。他把他的资本投到东方的塞浦路斯及其他土地上，并且贷款给市民及各类团体，还在马其顿、希腊等地从事广泛的经济活动。不仅如此，他还跟住在罗马的元老院身份的商人有交易上的关系，只要有利可图，他就把资金投注到元老院身份的商人身上。此外，他还奖励斗剑，创立武术训练场，让奴隶学习剑术；又建图书馆，并出版书籍。

他如此积存了财富之后，就回到罗马，优游于党派对立之间，并着意蓄财。他开始从投机事业转向家屋的租贷上。当时，罗马是世界各地涌来大批人口的地方，因此，在罗马从事家屋建筑是颇为有利可图的。不仅阿提库斯积极从事家屋建筑，就是其他骑士阶层的人也一样，在罗马郊外或意大利各地的温泉区购买土地建筑别墅。

当然，这种类型的人也未必完全脱离政治，进行商业上的交易。阿提库斯在苏拉（Sulla，共和政治末期的将军与政治家）的恐怖政治下已预见未来的政治状况，所以才能免除财产的被没收，但是，他的确也是一个没有政治野心的人。

但是，同是出身于骑士身份的西塞罗，却跟阿提库斯的生活方式完全不同。他以雄辩术为武器，有意做政治家。西塞罗有意于政治，自然有其先天的条件。当时的骑士和元老院议员都是统治阶层的人员，而且也都是有土地财产的人。骑士在投身政治生活方面，是跟一般民众完全不同的。骑士活动的主要舞台是商业、金融和承包赋税方面，而且还把它推展到属地。因此，元老院身份和骑士身份的利害关系非常复杂，而且时时发生冲突。在公元前2世纪中叶以后的共和政治末期，骑士与元老院议员已经非常关心如何去掌握法庭的实权，以便取缔对属地的苛敛诛求。

年轻的罗马人从事政治生活的第一步，便是向法庭控告或弹劾有实力的政治家。元老院议员如此，骑士也如此。对骑士，法庭更是政治活动的最重要场所。西塞罗之跃升为政治家是由于公元前70年弹劾威勒斯。

就任某一高级官职的人可以自动成为元老院议员，所以骑士们只要担任官职就可担任元老院议员。这样看来，共和政治末期，从事政治活动的元老院和骑士阶层以及从事商业行为的骑士，都是统治阶级。如果进一步探讨，掌握罗马政权的人只是元老院议员和骑士中的一小部分人士，所以共和政治末期的政治也可以说是寡头政治。

古罗马的市民

元老院跟骑士阶层的人都属于有土地又能参与政治的阶层。不属这两阶层的一般市民则不同,他们在军队也只能升到百人队队长,其他高级将校都由其他两个阶层所把持;在民会中所投的一票也未必按自己的意思投出去。因为一般市民都跟其他阶层的议员或骑士有密切的从属关系。

一般市民对有实力者的从属关系,有种种类型。若当兵,他们只是将军的私人军队。公元2世纪末叶,马略改革兵制以后,罗马的军制已从市民军团制度变为职业军人制。在服军役的时候,市民的生活可获保障。不止如此,战争结束以后,还可期待从将军那里获得赏赐或配给土地。

可是,不当兵,就很可能成为都市中的无产阶层,对这些市民,最重要的就是"面包"跟"杂耍"。公元前133年前后,格拉古曾将土地分配给贫困市民,并以低廉的价格将谷物卖给市民。后来,廉价谷物已渐渐免费供应市民,因此,从共和政治末期到帝国政治初期,首都罗马的一般市民大都可以享受免费供应的面包。另一方面,杂耍,包括戏剧、战车竞赛、斗剑,都由当政者赐给市民,成为他们娱乐生活的主要部分。随着"罗马的和平"的扩大,面包与杂耍也推展到罗马帝国的每一个角落。

由此观之,一般的罗马市民已堕落为期待面包与杂耍的阶层。罗马市民已经明显地划分为治者与被治者。共和政治已名存实亡。

罗马市民之所以成为市民,端看他是否获得了市民权。如果获得市民权,不管住在罗马版图的什么地方都可以说是罗马市民。

古罗马的妇女

　　古希腊时代的妇女大都闭居于家中，罗马的妇女却不同，她们经常出外，在店里或公共场所闲谈，享受休闲的生活。罗马的妻子是丈夫的伴侣，也是贤内助。聚会或晚宴，她们都和丈夫一起参加；对孩子跟奴隶，也跟丈夫平等地分享权利。

　　罗马的妇女，依照法律规定，十二岁就可以结婚。实际上，大都在十五岁时才结婚，男孩子则于二十岁时结婚。结婚是家庭生活中最重要的仪式，所以必须慎重选择日期，罗马人以6月中旬作为吉利的日子。

　　结婚当天，大门上装饰着花环、月桂树和缎带。新娘的头发分成六绺，用缎带绑起来，头带橙色的面纱，盖住脸的上半部。就衣裳来说，新娘都穿着曳地、纯白而不缝边的贴身衣，用毛制的腰扣系住，而后披上红色的外衣，脚上拖着红色的凉鞋。新娘打扮好以后，就等着新郎跟他的家人来迎娶。新郎来了之后，大家一起在客厅或附近的神殿向神上供，供品大都是猪，有时是羊或牡牛。卜师根据供品的内脏宣布婚姻吉利之后，新人交换誓言。掌理神职的已婚妇女提起新人的右手，让他们彼此交握，这刹那是最严肃的时候。然后，新人在所选的十位证人面前在结婚证书上签字。结婚仪式到此才算完毕，接着就是婚宴。到黄昏时候，新娘在新郎的引导下趋赴新郎的家。路上，新娘由三个双亲健在的少年引导，一人拿着火把，另外两个握着新娘的双手。他们的前面又有一群人，吹着笛子，拿着火把。到了新郎的家，新郎抱着新娘走过门槛。到了客厅，新娘就向新居的诸神祈求婚姻生活的幸福。

罗马时代，大部分家庭主妇都是贤妻良母。曾有一个丈夫在妻子的墓碑上刻下这样的话："她爱她的丈夫。她生了两个儿子。她谈吐爽朗，姿态高雅。她看家又织布。"这段话也许是当时罗马主妇的写照。

罗马的妇女在化妆和衣饰上花了许多的时间。早上起床后，漱口刷牙；为了清除口中气味，常衔香锭；牙齿不好的人，便请人用象牙、骨头等装假牙。上层社会的妇女早上也进澡堂，让女奴按摩身体。发油是用鹿骨髓或熊、羊的脂肪做成。发型随时代而不同。化妆台上放满了各种各样的瓶子跟盒子，装着香粉、口红、眉黛、香水等。镜子都用小铜镜，磨得亮亮的。装饰品有耳环、首饰、戒指、手镯之类，与今日没有什么不同。

古罗马的儿童

古罗马的儿童,出生之前就已经受到诸神的保护。孕妇会到"安产女神"的神殿,请神洗清脐带。阵痛激烈时,会呼叫这女神的名字。产婆也在旁边祈祷。产妇周围点着蜡烛,祈祷"光明女神"给母子带来平安。他们相信,若黑暗,恶魔会加害母子。分娩后,产婆便用盆子替婴儿洗濯,然后把婴儿放在父亲的脚边。如果是儿子,父亲便把他抱起,表示这就是自己的儿子,有义务去养育他。但是这并不是单纯的形式上的仪式。贫苦的家庭,若生了女儿,往往不会把她抱起来。如果生了奇形怪状的子女,就把他或她当作天变地动和不吉利的象征,立刻丢弃,并举行求神宽恕的仪式。

出生之后,男婴于第九天取名字,女婴则于第八天取名。在这命名仪式里,亲戚都会出席,并祭祀"八日女神",替婴儿洗浴,挂上"避魔牌"。这小小的圆像牌,富裕家庭是用黄金做的,贫苦的家庭则利用皮质制造。男孩在举行成人仪式(十四岁到十九岁期间举行)的时候,女孩则在出嫁的时候,把这避魔牌连同脱下的孩童衣服一起奉献给"家庭的守护神"。女孩这时也要献出玩偶,玩偶用土、粘石、骨或蜡制成。

婴儿的养育,在共和时代,大都由母亲负责;在帝国时代,大多数家庭都委之于保姆。家庭的礼仪,在共和时期非常讲究;到帝国时代,就趋于放任。长大后,孩子在父亲的照应下,学游泳、马术及操作武器,以锻炼身体，同时还要学习计算与书写诵读。但是，从公元前 2 世纪共和政治末期起，七岁以后的孩童都托给学校教师。大清早，孩子们都啃着面包上学。当时的学校大都只有一个老师，学生在三十人以下，一般没有桌子。学习的内容包括读、写、计算和道德。中等家庭以上的子弟为了进一步接受高等教育，还从文法学者或修辞学者学习。

罗马人的一天

共和时代初期的罗马人，除日出、日没跟正午以外，不知道时间的算法。日钟是公元前263年从希腊输入的，水钟是公元前158年输入。从此以后，白天从日出到日没分为十二等分，晚上从日没到日出也分为十二等分。夏天跟冬天，一小时的长短是不同的。

罗马人黎明即起。跟现在的情形一样，罗马人大都不吃早餐，即使吃也很简单，除了撒有盐或葡萄酒的面包外，再加上橄榄、葡萄干、干酪，以及牛奶或酒跟蜜混合的饮料。餐后开始公私方面的工作与交际，到中午前结束。午餐在第六小时（夏天是现在的十一点半左右）吃，比早餐实在，除早餐的菜单之外，再加上水果、沙拉跟肉类。下午都用在休息跟娱乐之上。

从第八小时起，一般市民会到洗澡场。从共和时代末期起，洗澡已成每天必做的事。从帝国时期开始，罗马建有大洗澡场，入场券非常便宜。洗澡场可以说是一种娱乐中心、社交场所。洗澡场往往附设有操场、庭院、图书馆跟阅览室。

从第九小时起（夏天约是现在的下午三点到四点），开始晚餐。一般家庭都以味道很好的小麦粥为主食。初期罗马人的菜肴，无论在哪一阶层都非常简单，大都不吃肉类，也很少加作料。可是，到了帝国时期，晚餐都喜欢招待客人，而且非常豪华。餐宴往往连续两三个钟头，间有余兴节目与漫谈。餐前小菜有蛋、莴苣、萝卜、沙拉、蘑菇等，有时还加上蜜酒。接着就端出三道到六道正式菜肴，包括地中海及溪池捕来的鱼、各类的鸟肉、山羊肉、羊肉、猪肉等等，最后是点心。

女人跟孩子都坐在椅子上吃东西。男人通常都躺在沙发上，左肘放在枕上，用右手吃东西。一般说来，可敬的绅士跟老年人都吃得很快，为的是能早些上床。

节日的时候，剧场上演戏剧，运动场和圆形竞技场举办各种赛会。这些或由公家或由私人举办，入场券都非常便宜。运动场据说可以容纳十五万观众。当时最受欢迎的运动是四马战车的竞赛，人们都为此而下赌注。半圆形的竞技场，从四楼高的座位看来，有如谷底的沙场一样，斗剑士在那儿进行斗剑比赛。有时则作猎兽比赛，有时把水灌满沙场，举行海战。罗马帝国各地所建的圆形竞技场里，最有名又最大的是罗马的竞技场。

古罗马的叙事诗与讽刺诗

古罗马文学最兴盛的时期是在共和末期（公元前50年）到帝国初期（公元150年）的两百年间。在这期间，尤其在奥古斯都时期，可说是古罗马的黄金时代，优秀的作家非常多。

诗人中，最该先谈的就是撰有哲学叙事诗《物性论》的卢克莱修（约公元前99年至约公元前55年）。《物性论》是罗马文学史上最优异惊人的作品之一。据传说，卢克莱修是在精神错乱的时候写诗，仅四十五岁就自杀身亡。这是不是事实，不得而知，但是，从他的作品看来，他的确有点忧郁不安。他写诗是为了去除人们对诸神与死的恐惧，并借真理之光来拂落无知的暗黑。他认为真理是善的根源、美的灵魂。对他来说，宇宙的科学法则也就是人生和行为的法则。热情真挚的使命感和忧郁的灵魂，使他的作品免于坠入干燥无味的教训诗，得以升华为动人的诗篇。

比卢克莱修约晚一代的维吉尔（公元前70年至公元前19年），是罗马最崇高伟大的叙事诗人，他跟荷马、但丁、莎士比亚一样，是世界上最伟大的诗人之一。最早的作品《牧歌集》，以牧人们的恋情为主题，全篇洋溢着田园的情趣和奇异的美。

第二部作品《农事诗》（四卷）是叙述谷物和气候、葡萄和果树之栽培、牧畜、养蜂的教训诗。诗中可看出他对工作、祖先和田园的敬爱，也表现出他对意大利人舍弃祖传土地，走向浮夸生活的抗议。维吉尔也因《埃涅阿斯纪》（十二卷）这部伟大作品而被称为民族的叙事诗人。这叙事诗的大概情节是，特洛伊的王子埃涅阿斯于特洛伊城陷落后，率领族人和部属前往西方，寻求新的国土。他从特洛伊附近的地中海起程后，在途中遇到了暴风雨，而漂流到迦太基，在迦太基停留一阵子。这时，迦太基女王狄特爱上了他。但是，他为了完成自己的使命，只好舍弃女王，而在拉丁平原登陆，并在这里建立国家——罗马。维吉尔把罗马的民族英雄埃涅阿斯比作在罗马长年内乱之后树起罗马和平的奥古斯都皇帝。他还诚心地赞扬奥古斯都，并向皇帝及罗马国民描述新的世界使命。诗人已自觉自己是"罗马之声"与"新生罗马帝国的建设者"，这种自觉与拉丁文最崇高的美之表现调和，使《埃涅阿斯纪》成为最罗马式的古典作品。

假如说，维吉尔以幻想的深邃的诗魂，有意地逃到过去与理想之中，那么他的诗人朋友贺拉提乌斯（公元前65年至公元前8年）就是以聪敏的心灵与轻巧的笔调描绘当时的现实情形。他的作品是由两种构想展开的，一种是用六脚韵诗体写的教训诗《讽刺诗》（二卷）和《书简诗》（二卷），另一种是抒情诗《歌章》。前两者，主题跟节奏都一样，但是《书简诗》却展现了较圆熟的道德主义人生观。《讽刺诗》与《书简诗》讽刺不公平与贪婪等日常琐事中的愚行，强调自由、幸福、中庸、"无事可惊"等。诗中含有许多为后世所称颂的金玉之言。此外，《书简诗》第二卷的第三书简就是一般所说的"诗论"，可独立出来，是欧洲批评史上的重要经典。至于《歌章》（四卷），不管韵律或节奏都颇富变化，而且技巧成熟，抒情沉静，主题放在酒、恋情、自然、友谊及其他，具有道德主义的色彩。

从罗马人的气质来说，抒情诗本来不是罗马人所擅长的，但跟贺拉提乌斯一样，比他早一代生的卡图卢斯也是成功的抒情诗人。他是罗马诗人中最激情、最有个性的诗人，他的奔放、嫉妒、牢骚、憎恶，跟贺拉提乌斯所完成的结构美与健康的人生批评是一明显的对比。卡图卢斯的诗共有一百一十多篇，大部分是歌咏季节、血亲之死、望乡之类的即兴诗。其中最感人的就是有关他的爱人克罗狄亚（诗中称为蕾丝比亚）的篇章。

罗马的文学大都源于希腊。其中，只有"讽刺诗"能成熟，而成为罗马特有的诗体。最初，讽刺诗都具有教训的内容，后来慢慢加深了攻击个人或讽刺社会的倾向，韵律也统一为六步韵。到公元前2世纪末期，才真正有罗马式的讽刺诗。贺拉提乌斯把对个人的攻击提升到社会批评之上，比他晚一世纪生的尤维纳利斯（公元67年至公元130年）是古罗马最伟大的讽刺诗人，他跟当时在陈腐的神话中找题材，专写不着实际的诗的文学风潮相对抗，而且非常不满当时人的伪善和愚蠢。他写诗便是为了这些。他因写实主义式的描写与作为真诚的道德主义者的自觉，而成为欧洲讽刺诗传统的真正始祖。

古罗马的散文

这里所说的散文,并不是一般所称的散文,是指与韵文相对的无韵文章。罗马散文中最盛行的体裁之一是历史故事。共和政治末期的恺撒(公元前102年至公元前44年)是伟大的将军和政治家,也是足以与西塞罗匹敌的雄辩家,还是一个尽量吸取一切知识的文人。他的作品有《高卢战记》与《内战记》。《高卢战记》以公元前58年到公元前52年的征伐高卢为主题,《内战记》则是描写公元前49年与公元前48年庞培(元老院派)与恺撒(平民派)的战斗。这两件事都是使罗马人的情绪极端昂奋的事件。恺撒是这两个事件的主角。他知道,若以夸张的自赞自夸来描写自己,是一件愚不可及的事;控制自己的情绪来描绘自己,才是获得世人的同情与了解的正确方法。于是,后来就产生了诉诸理性,而非诉诸感情的冷静而客观的文体。这种文体是需要相当技巧的。恺撒是一个真正做到"真正的技巧在于隐藏技巧"这一箴言的代表性作家。

与恺撒大约同一时代的撒路斯提乌斯(Sallustius,公元前86年到公元前34年),著有《朱古达战争》和《喀提林阴谋》。他跟恺撒和恺撒以前的历史编年作家不一样,他不按年代顺序,而按事件的经纬来撰写历史。他把科学方法运用到历史上,而且有意识地解释事件的原因和人物的动机,同时,他也利用文体的改革来提高历史在文学上的水准。这些是他最值得注意的地方。

在罗马历史家中，最杰出的是公元后出生的塔西佗（Tacitus，约公元50年至约公元120年）。他早期的作品有《阿格里可拉传》与《日耳曼尼亚志》。前一本书是他的岳父阿格里可拉的传记，写得慎重优雅，已经成为后世传记的模范。后一本书是描写日耳曼人的地志与风俗。书中，塔西佗对罗马人显示了野蛮人的精神，意图借此警告罗马人。《日耳曼尼亚志》的永恒魅力在于，它用道德观点写历史，却不令人厌倦；用知识性体裁叙述，也不令人觉得干燥无味。

他晚年的作品有《历史》和《编年史》。《历史》是写加尔巴到图密善的事迹。《编年史》是写奥古斯都到尼禄王的历史过程。但是，很可惜，这两部书现在都缺了一部分。不过，从现存部分中也能够充分看出塔西佗特有的成熟的文体，简洁而有力。从他全部作品看来，塔西佗有浓厚的厌世观念，而且讽刺辛辣；主题的处理方式也跟用词一样精彩，具有戏剧性的迫力。他可以说是古代最伟大的"画家"。

在其他的散文领域里，西塞罗相当有名。他的政治性演说和道德方面的随笔都相当出名。他二十五岁就开始在政治场所活动，二十六岁时，便以文章跟当时的权力者苏拉为敌，开始以雄辩闻名。公元前70年，他因弹劾西西里的总督贪污，而博得雄辩家之名。公元前63年，西塞罗任执政官，发表演说，揭发喀提林阴谋，显示了他雄辩之才的最高峰。之后，他常在法庭和议会为正义、为共和政治而奋斗。公元前45年到公元前43年，他一直都为弹劾安东尼而发表演说，最后终于丧失了生命。

古罗马的思想家

在古罗马的思想家中,首先应该谈谈的就是西塞罗。他是一个为自己的政治信念而殉身的思想家。他离开政治跟法庭,从事纯粹著述的时期是公元前55年以及公元前46年到公元前44年。第一个时期,亦即公元前55年的时候,他发表的著作以修辞学上的论文与政治方面的论文为主,尤以政治方面的论文最重要,如《论共和国》、《论法律》。第二个时期,也就是从恺撒取得政权到恺撒被刺杀的三年(公元前46年到公元前44年),除了有关修辞学方面的论文之外,他所发表的大都是伦理思想方面的论文,如《论神性》、《图斯库勒论辩》、《论至善和至恶》。《图斯库勒论辩》是探讨幸福概念的文章,深获伊拉斯谟(Erasmus)的赞誉。此外,《论老年》讨论老年人的焦虑、报酬与慰藉,《论友谊》讨论友谊的本质和原理,《论责任》讨论士绅的基本德性和义务,这些都是相当有名的论文。

跟罗马的一般思想一样,西塞罗的思想也缺乏独创性和深邃,大都是希腊哲学与思想的转述或改写,充其量也只是将希腊思想加以折中、吸收。西塞罗的贡献在于使拉丁文成为能够正确、清晰而生动地表达人们思想的语言,并且使他的文体成为欧洲散文体裁的始源。因此,他的作品大都成为欧洲"庄重严肃"此一概念的源流。

代表罗马思想的另一个哲学家是比西塞罗晚一个世纪的辛尼加(Seneca,公元前4年至公元65年)。和西塞罗一样,他在政治舞台上也以雄辩家著称，而且做到最高的官职——执政官。他做过尼禄王幼时的教师，后来还任尼禄王的顾问，最后由于卷入暗杀尼禄王的事件里被赐死。总之，他和西塞罗一样，悲剧地了结了自己的一生。他的演讲集并没有留传下来，但是有关哲学与伦理方面的随笔数量相当多。他的《论幸福生活》是讨论幸福要根据什么，要如何才能达成；《论人生的短暂》是讨论时间的价值，并说明如何把握它、运用它；《论愤怒》是探讨愤怒的本质，讨论控制它的方法；《论宽仁》是向尼禄王陈述统治者之宽和仁厚的论文。这些论文都是辛尼加比较有名的论文。此外，还有向朋友陈述人生各种形态的随笔《书简集》。

希腊斯多噶学派的哲学构成了辛尼加思想的骨架，但是辛尼加相信造物主的神意，认为认识造物主的神性才是人类精神生活的手段与目的。他说，人类最崇高的道德就是顺从神的理性，道德才是幸福生活的必要条件。而且，他还认为人在世界国家中都是兄弟，但在神的前面则是卑从的，他替基督教思想的普及立下了基础。

最后，我们再看看罗马另外两个奇异的散文作家。一个是佩特罗尼乌斯（Petronius，？至66年）。他是尼禄王和辛尼加的朋友，也和辛尼加一样被尼禄赐死。在最后晚餐的席上，他跟下女一面戏耍，一面让血液从血管流出来，血尽而亡。他的作品《萨蒂利孔》（*Satyricon*）描写了三个不良少年的彷徨与冒险，在写实主义式的描写与颓废的人工美中颇可见现代人的感觉。另外一个是比他晚一个世纪的阿普列乌斯（Apuleius，公元124年至？）。他的小说《变形记》描写一个热衷魔法的青年想变形为鸟，却误变为驴子的情形，也可以说是描写这只驴子寻找玫瑰花瓣以求解毒，恢复人形的冒险故事。雅语与俗语的不自然混合及奇怪的语法随处可见，绅士、贤人、恶男、淫妇、纯真少女等人物交替出现。这是西方最早的小说之一，以"金驴"（The Golden Ass）闻名于后世。

古罗马的建筑

希腊时代的建筑,起初都使用石灰岩,过后不久就广泛使用大理石。在罗马,大理石是用来装饰的,骨架部分都使用水泥与砖瓦,再用石材构筑,建起空间极大的建筑物。从这看来,罗马建筑在计量方面极为精巧,对后代的贡献极大。希腊的建筑,规模比较小,计算与技术都很进步,而且在形式上颇为均衡统一。罗马的建筑在空间构成上比较自由而庞大,具有对外延伸的解放感。此外,罗马人也运用拱门形式来建立广大的建筑物。

拱门的运用早已由伊特鲁里亚民族开其端。意大利从很久以前就传入这种技术的知识,罗马人虽然忠实地继承希腊人的建筑形式,但过不久就开始使用希腊所无的拱门结构。拱门的结构再向前发展就会制出圆形屋顶而成为穹窿建筑。建筑物的上层部分广阔,显得自由不受拘束。这种形式的建筑在罗马发展得极为迅速。譬如,罗马的万神殿(Pantheon)在公元前已建立,后来,哈德良皇帝把它改造成今日所见的大圆形屋顶。圆筒形的墙壁由砖砌成,上面安放着混凝土的圆顶。圆顶中央开有天窗,让光线照射进来。内部墙面的中间部分有装饰窗,中间部分之下竖立着美丽的科林斯式圆柱。总之,罗马建筑是拱门式结构与希腊式柱子混合使用的。此外,运用拱门式结构的还有著名的凯旋门。凯旋门是罗马历代皇帝为纪念其武功而建的。从形式来说,是门;以纪念门来看,其间有许多浮雕,装饰华美。

罗马人的英雄崇拜也表现在这些建筑上，构成了罗马时代的一个特色。其中，君士坦丁大帝的凯旋门最具代表性。大理石和有色石材交混使用获得了美丽的装饰效果。除了凯旋门之外，为了显示皇帝的丰功伟业而有纪念柱。罗马广场所立的图拉真皇帝和马可·奥勒留（Marcus Aurelius）皇帝的纪念柱尤其著名。图拉真的纪念柱是白色的大理石圆柱，高达三十米，树立在方形的石台上。柱的表面浮雕有这皇帝远征达西亚（Dacia）的情形。据传，柱顶本立有图拉真皇帝的青铜像，现在已改为圣保罗像。

罗马统治下的巴勒斯坦

公元前65年，庞培命令部下率军进驻叙利亚。公元前64年到公元前63年，他自己也在叙利亚出现。在这以前，罗马虽然不是跟犹太的历史没有关系，但是，对犹太而言，罗马毕竟是远方的大国。现在，罗马的军队已直接在叙利亚、巴勒斯坦出现，犹太的情况发生了大变化，犹太的历史进入了一个新的阶段。

公元前164年，犹太武装起事，脱离了叙利亚的统治，而在哈斯蒙皇家的统治下享受独立的果实，国威也因而大振。可是，这时候，犹太王国的基础不一定很稳固。犹太教的两大宗派——撒都该派和法利赛派互相敌对，甚至发展为政争，尤其是以贤惠著称的女王亚历山德拉去世（公元前69年）后，她的两个儿子赫坎纳斯二世与亚里士多布斯二世为王位继承问题发生纠纷，终于演变成内乱。

就在这时候，庞培出现在叙利亚。赫坎纳斯和亚里士多布斯争先恐后地带着礼物去拜访他，意图借庞培的势力巩固自己在犹太的地位。这时，法利赛派也派团向庞培请愿，希望庞培废除哈斯蒙王朝，恢复为哈斯蒙家所破坏的祭司制度。庞培经过一段时期的考虑之后，遂支持赫坎纳斯，驱逐在位的亚里士多布斯，占领耶路撒冷（公元前63年），废除犹太的王朝制度，改任赫坎纳斯为大祭司。从此以后，犹太便处于罗马的庇护或统治之下。

这时期，罗马的政治局势不十分安定。这现象也反映在巴勒斯坦。

辅佐赫坎纳斯的安提帕，用种种手段，巧妙地巩固了自己的地位。他的儿子希律逼迫赫坎纳斯放弃大祭司的职位，并得到罗马的后援，自任犹太王（公元前40年）。希律的治世一直延续到耶稣诞生之前。

希律猜疑心很重，残酷地杀害了自己的妻子以及其他近亲。另一方面，他积极地增建神殿，饥馑时还发放私人财物救济饥民，并努力推行仁政。此外，他也非常仰慕希腊文化，以致无法获得犹太人的精神支持，反遭犹太人的反抗。再加上犹太人的反罗马统治，终于使犹太走上了宗教式民族主义的路线。

希律死后，他的领地在奥古斯都的承认之下，按照他的遗嘱，瓜分给三个儿子。阿格拉获犹太与撒玛利亚，希律·安提帕得到加利利和比利亚，腓力获得加利利海东北一带。希律的领地就这样被瓜分了。这也是按照罗马的意向实行的。

这时，犹太民众对希律家的反感表现得非常明显。对民众的这种态度，阿格拉以高压手段来对付。但是，他却于公元6年因政治腐败被奥古斯都夺去领地。这领地也就成为该撒利亚的罗马总督所之地。总督的根据地不选耶路撒冷，而选该撒利亚，是顾虑犹太人的宗教感情。但是，历代总督都以高压态度对付犹太民众，更激起了犹太人反罗马的情绪。公元26年到36年担任总督的彼拉多更以暴政闻名，处死耶稣就在彼拉多担任总督时期。

领有加利利和比利亚的希律·安提帕也做了许多刺激犹太人感情的事，譬如设竞技场、建异教神殿等。他起先跟邻邦亚里达王的女儿结婚，后来又与异母兄弟的妻子希罗底相恋，为了跟她结婚，遗弃了第一个妻子。施洗约翰指责希律·安提帕再婚，被逮捕下狱。就在这时候，希律·安提帕在宴会席上看到希罗底女儿莎乐美跳舞，非常高兴，就发愿说："莎乐美喜欢什么就给她什么。"莎乐美在母亲的指示下，表示要约翰的头。希律·安提帕便杀了施洗约翰。

希律·安提帕跟希罗底的婚姻遭遇了亚里达王的怨恨。亚里达王与希律·安提帕遂发生战事。希律·安提帕为了满足希罗底的欲望，向罗马皇帝加里古拉要求赐他国王称号，因受希律·亚基帕一世的妨碍，反而受黜（公元39年）。耶稣出生于加利利之后，他的大半生都在希律·安提帕的统治下度过。

在希律的三个后继者当中，腓力过得最平稳。他娶希罗底的女儿莎乐美为妻，公元34年去世，遗下的领地曾一度被编入罗马的叙利亚省。公元37年，加里古拉继位为罗马皇帝后，就把它赐给得宠的希律·亚基帕一世。亚基帕一世是希律王的孙子，加里古拉还赐给他犹太王的称号。亚基帕一世向加里古拉控诉希律·安提帕，使他受黜以后，又合并了他的领地。公元41年，加里古拉去世，亚基帕一世支持克劳狄一世即帝位，而获得总督管辖下的犹太等地区。可是，他的治世并不长，公元44年，他突然去世，遗下的领地都改由罗马总督统治。

从先前的总督统治时期开始，犹太便有所谓"热心党"积极活动。这一派人士认为脱离罗马而独立是他们的宗教使命，因此即使采取暴烈的反抗手段也在所不辞。亚基帕一世在位时相当尊重耶路撒冷的祭礼，所以"热心党"的运动逐渐衰落。他死后，每一代总督都很暴虐，犹太人的反罗马感情因而逐渐高昂。终于，在公元66年，由于总督弗洛鲁斯掠夺耶路撒冷神殿的财宝，导致了犹太人的暴动。暴动的声势非常壮大，罗马军虽然获得叙利亚的支援，仍无法攻下据守耶路撒冷的犹太军队。罗马皇帝尼禄只得派遣大军赴犹太。公元70年，耶路撒冷好不容易才被攻下，神殿被焚，全市被破坏。被杀人众甚多，其余有的被捕，有的被带到罗马。从此以后，犹太人就成为没有国家的人民。

当时，在耶路撒冷的基督教徒都逃到约旦河东岸，才得以无事。

圣诞节考

一般人可能认为耶稣基督诞生于公元元年 12 月 25 日。因为代表"公元"的英文 A.D. 是拉丁语 Anno Domini 的缩写，其意正是"我主之年"（in the year of our Lord）。可是学过外国历史的人都晓得耶稣基督诞生于公元前 4 年，代表"公元前"的英文 B.C. 是英文 Before Christ 的缩写。把公元前 4 年译成"耶稣基督生于基督以前四年"显然文义不通。这是由于初期教会计算错误所致。当代历史学者甚至认为公元前 4 年也不大可靠，只能保守地说耶稣基督诞生于公元前 7 年至公元前 4 年之间。因为希律王死于公元前 4 年，而耶稣诞生时他还活着（《马太福音》二章一节）。

那么，耶稣的生日是不是 12 月 25 日？这也颇有问题。《福音书》记者对耶稣诞生的日子完全保持缄默。虽然暗示当时"野地里有牧羊人，夜间按着更次看守羊群"（《路加福音》二章八节），但是在巴勒斯坦能够野宿的时间长自 3 月至 11 月，这种暗示也没有什么作用。因此，到 3 世纪时，教会对诞生的订定全是无历史价值的猜测。譬如，2 世纪末安提阿的主教提奥非罗（Theophilos）推定 3 月 25 日为耶稣的生日。他们认为基督是新契约的太阳神，受难日（3 月 25 日）是契约成就之日，同时是契约开始之日。所以这一天应该是耶稣的生日。又公元 243 年出现的 De Pascha Computus（牧羊期计算）之中记载耶稣的生日是 3 月 28 日，其理由是创世纪神把"光暗分开"（一章四节），创造世界的日子其白昼与夜晚是一样长的，这日子就是春分（3月25日）。又太阳是在第四日创造（一章十四节），弥赛亚是"义的太阳"（《玛拉基》四章二节），所以耶稣的生日应该在3月25日后的第四天，即3月28日。像以上所举初期教会所注重的是耶稣死与复活的教理意义，而不在耶稣的成为肉身，因此复活节是初期教会唯一的庆典。其他记录也显示初期教会纪念使徒或殉教者并不在他们的生日，而是在死的日子。3世纪著名的神学家奥利振（Origenes）曾为文排斥庆祝生日，认为是异教的习惯。

可是整个教会并不能抗拒异教的习惯。既然基督救赎的行为是由耶稣的死来完成，追本溯源他的降世正是救赎的开始。《马太福音》、《路加福音》中也记载有关诞生的故事（《马太》二章、《路加》二章），于是东方教会开始思考这个问题。他们认为神借历史上的人耶稣来表现他的存在，那么神的话在耶稣成为肉身时才降临到人间。当时有一位灵知派的神学者巴西里德（Basilides）采取这种见解，而于1月6日庆祝耶稣的受洗。他把这日子称为"显现日"。但是，巴西里德选择1月6日做洗礼的庆典与耶稣的诞生无关，而与异教的祭仪有关。这日子原是尼罗河神奥西里斯（Osiris）的祭日，当时的民众相信在这日的前夜尼罗河会显现神奇的力量。为了对抗异教徒，巴西里德主张显现于世间的真神是基督，证明这件事的是耶稣在约旦河的受洗。

1月6日的洗礼庆典被正统的东方教会正式采用之后，才逐渐添加耶稣诞生的要素。后来，他们于1月6日前夜庆祝耶稣的诞生，白天庆祝耶稣的受洗。这事迹从埃及发掘的一片4世纪初的纸草（Papyrus）中得到了佐证，那上面记有关于圣诞节的礼典。东方教会把庆祝耶稣诞生包含在基督的显现日之中，含有对抗西方教会于12月25日庆祝圣诞的意思。无论如何，这时的圣诞节一种庆典或一种象征，当时所看重的是基督的显现而不是"日期"，因此要改变圣诞节的日期是很容易的事。

至于把12月25日当作圣诞节的由来，可追溯至3世纪罗马的神学家希坡律陀（Hipporytos）。他特别选择这一天作为圣诞节，是跟同一天庆祝的两个异教祭仪有关。其一是"屈槐利亚"的祭仪，这是从埃及传到罗马，在罗马民众之间广为流传的祭仪。其二是"胜利太阳神"诞生的祭仪，这是由同一时代的皇帝依拉加巴路斯（Heriogabalus）导进来的。

前者与前述尼罗河神的祭仪属同一系统，罗马人改在这一天庆祝。关于后者，遵行太阳神祭仪的密特拉教（Mithraism）当时在罗马非常盛行，尤为罗马军队所接受，几乎是罗马帝国的国教。这一天的前夜，为迎接太阳，通宵点燃着巨大的火炬。我们已经知道，光明的观念在《新约圣经》里是很基本的要素，而且在这以前已把1月6日称为"显现日"。现在要另寻一个新的日子单独庆祝耶稣的诞生，就非12月25日莫属了，因为这一天最接近1月6日，又是庆祝太阳的日子。

助长这想法的是君士坦丁大帝。他把前述的太阳礼拜与基督教礼拜连接起来，作为统一帝国的手段。更决定性的一件事就是，君士坦丁大帝在公元321年正式把基督教的主日和太阳神的日子结合，将它定为每周一次的假日（目前的星期日）。就跟每周的主日与太阳神日的结合一样，也把一年一度的圣诞节跟胜利太阳神的生日结合起来。罗马教会从公元336年起，才正式在12月25日庆祝圣诞节。但在君士坦丁大帝治下（公元306年至337年），恐怕早已把这天当作圣诞节了。

4世纪后半期，罗马主教达马苏斯一世曾努力地想把12月25日确定为圣诞节。但为全世界的教会，所普遍接受，还须等待若干年以后。特别是东方教会，仍然坚守着1月6日。直到公元386年，著名的希腊主教屈梭多模（Chrysostomos）在安提阿于12月25日作了一个著名的讲道，严令民众以这一日为圣诞节。他根据罗马的记录做了仔细的计算以求证明，但以历史的正确性来看并不可靠，只不过是想把12月25日作为世界性的圣诞节，才考虑到耶稣诞生的日期罢了。

从以上的考察可得到如下结论：

一，基督徒并不是根据历史事实庆祝圣诞节，初期的圣诞节不在一定的日期中庆祝。

二，日期的选择不管是1月6日或12月25日都是异教的祭仪。把它加上基督教教义，以求取而代之。

耶稣和他的弟子

公元27、28年的时候,有个名叫约翰的人在约旦河出现。他向众人传道说,神统治的时期快要到来了,希望他们能洗心革面。于是,他在约旦河替众人施洗,一般称他为施洗约翰。

这个约翰也许是属于当时犹太教支派之一的爱色尼派。关于爱色尼派,向来只能根据约瑟夫斯等人所写的文章间接知道一个梗概。第二次世界大战后,在一个偶然的机会里,从死海西北岸的古姆兰洞穴中发现了爱色尼派人士所藏的为数相当多的文书,即"死海古卷",因此,关于他们的思想与生活模式,比以前要知道得多了。

约翰施洗时,有许多人到约翰那儿,听他传道,接受洗礼。耶稣也夹杂在众人中,接受了约翰的洗礼。我们对耶稣得以确实知道的史实,即始于此时。

耶稣的父亲是异教色彩极浓的加利利拿撒勒城的木匠,母亲是玛利亚。公元纪年是以耶稣的生年为元年,事实上似有几年的误算。《新约全书》的《福音书》中载有耶稣诞生时发生的各种奇迹,但是以历史的史料来说,这些都缺少史料价值。对他幼年与少年时期的事迹,我们亦一无所知。

从接受约翰施洗之后不久,因约翰被希律·安提帕处死,耶稣才开始他的传教活动。

跟约翰一样,耶稣传教的主要论点是神的统治时期将要降临。但是，有一点他跟约翰不同，他不像约翰那样在荒野中传教，而是巡回加利利的每个村庄，跟村民们谈话传道。他认为，人必须在日常生活中面对神而生活下去。所以，耶稣不是狭义的宗教家。要面对神而生活，就须注意人与人之间的沟通。因此，他认为爱神之外，还须爱邻人。爱邻人对他来说是人的基本生活方式。

他的这种教诲与生活方式当然不会为当时信奉犹太教的法利赛人所欢迎，因为法利赛人认为信守传统的宗教戒律才是真正的信仰。《福音书》曾传达了一些耶稣与法利赛人的论战。但是，那些被法利赛人所漠视，又失去生存希望的人，都成群聚集在他周围，并在耶稣的教义中发现了喜悦与勇气。耶稣也高兴地接受了他们，和他们一起吃饭，并医治他们的疾病。总之，耶稣尽量帮助他们。

耶稣的传道活动到底持续多久，无法确实知道，也许只有两三年也说不定。他一生的最后时期，选择了犹太教的中心所在地耶路撒冷作为传教活动的舞台。他的敌对者——犹太教的领袖人物当然不会放弃这个好机会，他们逮捕耶稣，并把他当作反罗马的叛徒，引渡给罗马总督彼拉多，他终于被处死在十字架上。

他的弟子们在突然失去领袖的状况下，都非常困惑、失望。他们大概都离开耶路撒冷，逃回自己的出身地加利利。但是，不久之后，在他们当中产生了一种信仰，认为耶稣没有死，神让他复活了。他们知道，耶稣是为他们而死的，因而相信耶稣就是基督，即救赎者。

对于第一代教会的成立，不明白之处仍然很多。不过，我们可以确实知道，耶稣死后不久，他生前的大弟子彼得所领导的一群人开始在耶路撒冷活动。加利利也许也有同样的集团。透过旅居海外的犹太人，这新的信仰在很短的期间内就传播到叙利亚各地。

《耶稣和他的弟子》读后

拜读 9 月 11 日贵版李若先生的《耶稣和他的弟子》，甚感敬佩。目前，很需要有人根据史实以浅近的文字来叙述真实的耶稣。唯该文末所提弟子"大概……逃回自己的出身地加利利"及"加利利也许也有（与耶路撒冷）同样的集团"两处，似宜再加以补充。

关于耶稣在耶路撒冷死后，弟子逃回加利利的说法，起源于《马可福音》的记载（十四章二十八节，十六章七节）。这本最早的《福音书》以天使的命令"回加利利去，你们要见到复活的耶稣"做结束①，原是《圣经》学者最感困惑的记载。因为初代教会史的根据——《使徒行传》，明记复活的耶稣嘱咐弟子"不要离开耶路撒冷"（一章四节）。《路加福音》、《约翰福音》也记载复活者仅出现于耶路撒冷及其近郊（《路加》二十四章，《约翰》二十章）。而且整个《新约圣经》对弟子是否回到加利利，是否遇到复活的耶稣保持完全的沉默。

于是，以前的《圣经》学者创造了"弟子逃回加利利说"。他们想象耶稣被处死刑后，弟子极端恐惧逃回故乡加利利。情势稳定后才重回耶路撒冷组织教团。弟子们为了辩护他们的逃亡，设定了复活者显现于加利利的故事，而《马可福音》的记者采用了这故事传承。

这种说法只是学者的猜测。既然原始资料并未提起弟子逃回加利

---

① 《马可福音》重要的写本均无十六章九节以下的文字，明显是后代的添加。

利的事实，宁可相信耶稣死后弟子躲避于耶路撒冷的四周。

所谓"加利利教团"，是渊源于罗美尔（E. Lohmeyer）的研究。1936年，罗美尔注目于《马可福音》中加利利与耶路撒冷对立的问题，认为弟子的加利利逃亡不是过去的事实，而是反映《福音书》记者马可执笔时的思想状况。他说，初期教团有加利利教会与耶路撒冷教会的两极。加利利教会是由耶稣的兄弟及亲戚所组成，大马色（即大马士革）教会（《行传》九章二节）也由此诞生。而耶路撒冷教会是由"十二使徒"所组成，特别以彼得、雅各、约翰做中心。但是这种说法也是没有根据的，原始资料从未有初期巴勒斯坦教团有加利利与耶路撒冷两个教会做中心的事实。也许加利利有不少耶稣的赞同者，但是那绝不是像耶路撒冷教会那种有严密组织的教会。又，耶路撒冷教会以"十二使徒"做代表固是事实，但将耶稣的兄弟联结于加利利教会则无根据。相反，《新约圣经》证实耶稣的兄弟——特别是雅各，他所有的活动全联结于耶路撒冷教会（《加拉太》一章十八节、十九节，《行传》一章十三节、十二章十七节、十五章十三节）。因此可以断定，在加利利没有像耶路撒冷那样的集团。

基督使徒圣保罗

保罗比耶稣年纪略小,是小亚细亚南方的塔瑟斯人,生于犹太人之家。他获有罗马市民权,由此观之,他的家庭在当时也许颇有社会地位。塔瑟斯是交通要道,也是希腊化文化在小亚细亚的重镇。生于斯的保罗,学得了丰富的希腊化学养。他虽然是希腊化世界的一个成员,但也是虔诚的犹太教徒,而且隶属于法利赛派。

他跟耶稣似乎并不相识。他和基督教的接触,始于与希腊化的犹太基督徒的邂逅。他本是一个虔诚的犹太教徒,非常敬重传统的宗教律法。基督徒的漠视律法令他非常愤慨,因而积极地迫害基督徒。

可是,有一天,他忽然来了个一百八十度的大转变。《新约全书》的《使徒行传》说,他到叙利亚大马士革去迫害基督教的途中,被从天而来的亮光击倒,听到声音说:"你为什么要迫害我?"从此以后,他的态度完全改变了。以前,他希望靠信守律法来获救,现在却希望依靠基督来获得拯救了。总之,保罗变成基督徒了。

从此以后,保罗就热心宣扬基督福音。他起先在小亚细亚传福音,后来延伸到马其顿和希腊。他访问每一个城镇,宣扬他的信仰,并建教堂。

但是,他的传道也遭受了许多迫害。他曾遭到罗马人与犹太人的鞭打,也遇到过海难。当他到耶路撒冷的时候,受到了愤怒的犹太人的袭击,幸获罗马官宪的保护才得免于难。但是,他已经不能像以前那样自由行动了。他以前非常希望能到首都罗马去传福音,现在却以向罗马皇帝上诉的囚犯的身份被护送到罗马。

保罗到达罗马后的情形不十分清楚。"使徒行传"说,他在罗马被软禁了两年,在这期间,他也仍然向罗马人宣扬福音。据说,后来他还曾到西班牙传道。公元1世纪60年代初期,亦即在尼禄王的时候,他在罗马殉教而死。

基督教在保罗宣扬福音之后,已逐渐传播开来,但是在罗马帝国境内仍然不时遭受迫害。到4世纪末叶,基督教才逐渐在罗马建立了国教地位。

尼禄、图密善与基督教

公元64年7月,罗马大竞技场的一个角落里冒起浓烟,火势猛烈,乘着风势逐渐扩大。这次火灾连续了好几天,罗马市大半化为灰烬,遇难者甚多。这时候,罗马皇帝尼禄即位已十年。即位前就辅佐他的辛尼加已致仕,尼禄王的性情已逐渐趋于乖戾。他竭力拯救遇难者,为他们建立临时住所,发放粮食。事情告一段落之后,他开始重建罗马市。他虽然努力去恢复原有秩序,但是,社会上却谣传这次大火是尼禄王放的。塔西佗2世纪初叶所写的《编年史》载称,尼禄为了消除这谣传,把纵火之罪归于基督教徒,叫他们穿上野兽的皮,作猛犬的饲物,或者背负十字架,或者用他们来代替火把。其实,这次大火灾和对基督徒的迫害并没有关系。迫害基督徒的真正原因是基督徒不肯适应多神教的罗马社会,因此深为罗马人所厌恶。在尼禄王的时候,罗马当局的确曾经大规模迫害基督徒,圣保罗和圣彼得据说都是在尼禄时殉教而死的。关于圣彼得,有一段著名的传说称,他因受不住罗马当局的迫害而逃离罗马,途中碰到了基督,他问基督:"主啊,你到哪儿去?"基督回答,他为了再度背负十字架,正要到罗马去。彼得听了基督的话,对自己的行为觉得很可耻,就返回罗马,终于被钉死在十字架上。也有人认为梵蒂冈的圣彼得教堂是建在他坟墓上的。这些传说或说法迄今还无法证明是真是假。

在大火灾之后四年,尼禄王因被元老院视为人民公敌,自杀身死。

不过，关于尼禄王的死，当时已经有许多人表示怀疑。尼禄王死后不久，又有谣传说，尼禄不久将再来。这谣传终于渗透到基督教社会里，而发展成一种信仰，认为世界末日基督降临之前，尼禄会再度来到人间，迫害人们。

图密善在位时期（公元81年至公元96年），罗马当局又大规模迫害基督徒。关于这一次迫害，不明之处甚多。基督徒不肯礼拜图密善皇帝，是迫害发生的最主要原因之一。礼拜皇帝在以前就已非常盛行。公元前4世纪，亚历山大大帝统治了希腊到印度之间的广大地域，建立了希腊化世界的基础，当时亚历山大大帝就被当作神来礼拜。罗马帝国成立时，奥古斯都在东方属地也被奉为神明，死后，元老院还公开把奥古斯都奉为罗马的神。之后，加里古拉、尼禄等皇帝都自称是神，图密善自然也把自己称为"主神"。

但是，基督徒是信奉唯一神（上帝）的，要他们礼拜神以外的人当然不可能。然而从罗马当局看来，礼拜皇帝可以把帝国广大领域内的各色人种统一起来，组成强固的帝国基础。因此，放纵基督徒，任其信仰上帝，对罗马帝国来说当然是不智之举，对基督徒的迫害可说是早晚都会来的事。在图密善时期，罗马和小亚细亚已经开始积极迫害基督徒了。

基督徒为了应付这种处境，只好在地下秘密建立礼拜所或坟场，以便聚会。这些礼拜所或坟场被称为"地下坟场"（Catacombe），于今依然闻名于世。

之后，对基督徒的迫害仍然不时发生，而且出现了一些著名的殉教者。在3世纪以前，基督徒几乎无法集体行动。公元112年小亚细亚比提尼亚总督小普里纽斯和图拉真皇帝之间的往返书简留传了下来。据书简说，图拉真在答复小普里纽斯关于如何处置基督徒的问题时讲道：不必顾虑匿名的控诉，只要搜出基督徒，且能证明他的确是基督信徒，就应该让他脱离基督教；若不答应，可立刻处死。

在这些苦难的时代里，基督教不仅没有因此而崩溃，反而更显得生气勃勃。在基督教内部，教会已经巩固组织，对外也获得许多新教徒。

公元160年到180年之间，古天主教会已经成立，不仅有以主教为顶点的组织，而且还过着规律化的教会生活。初代基督教的各类文书经过取舍选择之后，也在这时候编成《新约全书》。使基督教逐渐组织化，并且拥有自己教理的最重要因素，就是公元2世纪初叶基督教内部异端对正统的威胁。为维护正统基督教的信仰，当时出现许多护教论者，如查士丁（M. Justinus，公元100年至公元165年）、德尔图良［Tertullianus，公元155（？）年至公元220（？）年］等。他们把希腊的思想，尤其是斯多噶哲学的理性主义，纳入基督教教义中。

对外方面，基督教的努力逐渐扩大到罗马帝国的每一个角落。2世纪的时候，巴勒斯坦、叙利亚、小亚细亚已纳入基督教的势力圈。在西方，基督教也扩大到法国的里昂与维埃纳（Vienne，在里昂西南方）、德国的科隆等。在南方，埃及和非洲其他地区也设有教会。

这新的信仰已广泛渗透到社会的下层阶级。在上层社会当中，信奉基督教的人在公元2世纪也日益增加。譬如，图密善皇帝处死自己的从兄弟及执政官弗拉维乌斯·克勒蒙斯，放逐他的妻子、自己的侄女弗拉维雅·图密提拉，便是因为他们都是基督徒。

基督教在公元2世纪虽然传播得很远，而且也渐有严密的组织，但是仍然无法自由行动，不能得到国家的承认，只得进入地下活动。3、4世纪时，基督教仍然不时受到迫害，直到4世纪末期才建立国教地位。

罗马的地下坟场

4世纪中叶,基督教神学家希罗尼穆斯(Hieronymus,公元347年至公元420年)还是少年的时候,常常和友伴去看罗马的"使徒坟墓"。后来,他回想当时的情景,说:"地下走廊的两旁并列着许多坟墓,除了各处发出微光之外,几乎一片漆黑。冰冷沉滞的空气弥漫四周。"同时,他还谈到当时心理上的恐惧:"当时,心里非常害怕,寂静刺胸。"地下坟场像纲目一般布满罗马郊区的街边,它已跟迫害的悲剧故事连接在一起,成为人们感伤的观光对象。可是,这些地下坟场并不一定只埋葬基督徒。犹太教徒、异教徒等也都有同样构造的地下坟场。甚至有的坟场也并排着基督教徒跟其他异教徒的墓室。

这些地下坟场所描绘的壁画与埋葬其中的石棺的浮雕,是基督教徒创作的最早的美术作品。罗马地下坟场的壁画,据推断,最早的可追溯到公元200年前后,但是数量甚少,大部分是属于所谓"教会和平"以后的作品。在基督徒遭受迫害的时期,信徒们时常在外表跟一般家屋无异的"私宅教堂"聚会,在比较安全的地下墓室中也经常举行一些仪式与聚会。等到"教会和平"时期到来以后,保罗、彼得两大使徒和其他殉教者,以及初代教皇的遗体都迁移到建在地面上的大教堂中,这正反映了"教会的胜利"。君士坦丁大帝在位期间(公元306年至公元337年)所建的圣彼得教堂、瓦伦提尼安二世(Valentinian II)在位期间(公元375年至公元392年)所建的圣保罗教堂,现在都已成为基督徒的信仰中心地。很多朝圣者都去瞻仰使徒们的圣骸，也去参观源远流长的地下坟场。"教会和平"以后，地下坟场仍然继续被当作墓场使用，并且一再扩大建筑，据近年调查得知，在它们四周或地下，也建了一些称为"巴西利卡"（Basilica）的墓地。

在罗马郊外宽约二公里到五公里的环形地区内散布着许多地下坟场，坟场四周都是由凝灰岩组成的地层，适于凿建地下坟场。坟场有时有四到五层的走廊，由台阶连接。走廊交叉部分都设有纵坑，使光线得以射入，空气得以流通。走廊两旁设有面积比较宽广的祭室与墓室。这些墓室大都采取单纯的方形，偶尔也有多边形与马蹄型的墓室。除了入口之外，墓室三边或两边的墙面上方设有拱形的龛状墓，下方则安置石棺。这类独立的墓室大都是富裕家庭的家用墓地。其他较贫穷信徒的墓地都并排在走廊上。独立的家用墓室都有壁画，其他的墓地除了祷告文和象征性的记号以外，几乎没有装饰。墓室的天花板及侧面墙壁都有几何学上的区划，用以描绘壁画。壁画除画花鸟等外，还表现了基督教的主题。

罗马的基督教美术

罗马地下坟场的壁画是基督教美术最早的作品。壁画所绘的各种主题，对后来基督教图像的形成有极重要的意义。早期的基督教美术，不只反映了基督教会的立场，也选择了象征性的记号跟含有寓意的图像。亚历山大城的美术常画有鸽子、鱼、帆船、锚、渔夫等，这些其实都是跟当时地下坟场的壁画和墓碑类似的记号和人像。交叉成十字形状的船帆和锚，已暗示了迫害时期不能公开显示的十字架形式。斧头和锄也常被用来当作这类象征性的记号。以寓意的人像来说，有肩挑小羊的"好牧羊人"、面对动物弹竖琴的"奥费斯"、教弟子的"哲学家"、环绕天空的太阳神"赫里奥斯"、钓鱼的渔夫等，乍看似乎跟异教美术没有多大差异，只有信徒们才了解这些人像暗示着保护他们的基督。另一方面，为了表现信徒灵魂在天国的净福，经常把伸着双手作祈祷状的妇女像配置在花草繁茂、"生命之泉"外溢的庭院中，或者描绘就桌餐食"永恒生命之面包"的场面。放在餐桌上的面包和鱼，常和"圣体"的意象连在一起；天国的河川泉水则与"洗礼"结合为一体。借画像来表现这些基督教主题的尝试，不久就发展为从《新约》、《旧约》故事中选取与水、面包、葡萄酒有关者作为绘画的主题。"祈求救赎"的图像也时时被描绘，福音书的奇迹也同样被认为很适合做装饰坟墓的主题。《基督传》和《旧约》中的故事，从4世纪中叶以后，开始依历史传记的顺序被描绘。这也许可以说是地上教堂的壁画反映在地下坟场壁画的结果。另一方面，到 4 世纪中叶与末叶的时候，为了装饰教堂的穹窿，描绘了"教训弟子的基督"、"授予新律法"、"礼赞羔羊"之类的图像。这些图像也影响到地下坟场。

从形式方面来看地下坟场的壁画，可知它们已逐渐从古代的明暗表现法转向中世纪的线条表现法。在妇女祈祷像中，已经用精密的描绘法，巧妙地抓住了脸部的表情，也用熟练的笔法描绘衣褶。这种例子并不少，在早期的作品中，庞贝等古代末期的壁画已有印象主义的作风，还用充满速度感的笔法确实抓住人物和动物的特征，并配上简单的亮光与阴影，细部的描写却尽量加以省略。在光线不足的地下坟场中，它的壁画常有摇荡的感觉，因此也更增加了它的神秘印象。时代越往后，图式般的画风越强，往往用粗硬的轮廓线条来包围物体。细部的描写也逐渐加强，表现四季的农耕景致也用较优雅纤细的形式来描绘。不只基督教坟场的装饰显示了当时人心仪牧歌世界的情景，一般绘画也有这种趋向。因此，异教坟场的装饰和基督徒坟场的装饰几乎可以说没有什么差别。

地下坟场的壁画虽然褪色很厉害，但是，因为不容易搬动的缘故，现在都还留放在原地，使参观的人勾起了种种冥思。相反，收放信徒遗体、置于地下坟场的石棺，现在大部分被搬到了博物馆。这些石棺正面和侧面的浮雕也表现出与地下坟墓壁画一样的主题。浮雕的配置法、构成法及其模式都承继古代末期异教徒石棺的形状与模式。从这意义看来，基督教美术可说是古代末期美术的一个支派。

古日耳曼社会

罗马统治地中海沿岸整个区域以后,到奥古斯都便进入了帝政时期,极力宣扬"罗马的和平"。至于帝国的东边,自从基督诞生,不久就开始传播福音。而北方边境条顿堡的森林中,罗马军队于公元9年被日耳曼的一个部落击败,使罗马,甚至欧洲的命运发生了大变化。

但是,那时分布在莱茵河、多瑙河北方的日耳曼社会,由于史料短缺,无法真正了解,今日我们只有靠公元前1世纪中叶恺撒的《高卢战记》与塔西佗的《日耳曼尼亚志》来了解。从此以后,到民族大迁移开始的4世纪后半叶,日耳曼史料突然丧失,而出现了法兰克。日耳曼世界到底发生什么事情?几乎无法知道。从公元1世纪前后开始,以迄公元4世纪后半叶的日耳曼社会,一般称为"古日耳曼",以跟民族大迁移以后的时期相区别。

为了要解释民族大迁移的历史意义,首先须知道古日耳曼社会的梗概。大致说来,古日耳曼时期的日耳曼民族,没有统一的国家出现,一共分为拉丁语称为"西维塔斯"的五十多个小国家群。它的政治形态分为两种,一种是君主制,一种是部长制。所谓部长制是指一个西维塔斯分为若干名叫巴克斯的地区,各巴克斯的居民都可选举部落长,而后经由若干部长的合议来推行全西维塔斯的政治。一旦有事,就选一个有实力的部长为统帅,给予暂时性的实权。君主制与部长制似乎分得很清楚,其实,国王并没有绝对的权力,部长在他的巴克斯中有如小君主。王族与部长家族经常超越部落的隔阂，互相通婚，因而两者是流动的，重家门与血统的贵族统治着人民。

贵族的统治因日耳曼民族固有的全族人民的合议制度而受到很大的限制。因为国家政治全凭民会的决议来推行，而民会则由贵族与自由民组成，所以在野外神圣地方召开的民会才是国家最高的决策机构。由此观之，日耳曼的"国家"并不像今日那样，是个领域概念，而是人的结合体。因此，日耳曼的迁移可说是整个国家的迁移。

日耳曼民族在平时则严格维持着贵族、自由民、被解放奴隶与奴隶的身份阶层，并把它当作社会秩序的骨干。此外，日耳曼人还以自由之身与有力的部长和贵族缔结主从关系，而形成从士制度。靠这制度建立起来的效忠与保护关系，不论平时或战时，都是保障贵族名誉与力量的基础。这传统到中世纪以后，与封土的授受发生了不可分的关系。这可说是欧洲封建制度形成的一个重要因素。

就当时的经济状态来看，日耳曼人并不是游牧民族，而是兼营农耕与畜牧的定居民族，这已由塔西佗的记载与语言学、考古学的研究获得证明。在贵族与自由民之中已经出现了一种拥有土地的领主，因而不能把古日耳曼社会看作自由民的平等社会，因为他们有身份阶层，也有类似罗马时代的农奴。他们大都采取轮耕的方法，后来逐渐形成集中耕种的方法。有力量的贵族和自由民遂拥有自己的私有地，强迫族人在这土地上耕种。这似是西欧庄园制度形成的一个主要因素。

日耳曼民族大迁移

一般谈到日耳曼民族的大迁移,都认为它始于公元 375 年黑海北岸的哥特族大举渡过多瑙河,定居于罗马帝国领内的时候。接着,各部族纷纷进行大规模的迁移,到 6 世纪末,最后的入侵者伦巴底人完成统治意大利的体制,大迁移才告终止。其实日耳曼的迁移,早在公元 2 世纪中叶便开始。日耳曼人都用车载着家财器物,由马牵引,带着妻与子一起迁移。但是,日耳曼人为什么要迁移,由于史料缺乏,以致众说纷纭。有的认为是因北欧气候发生剧变,有的认为是贵族间发生政治斗争,有的认为是生产力和人口增加不均衡所致。到底哪一种说法比较可靠,实难确定,也许三种说法都有连带关系。

至于日耳曼民族迁移的情形,大概可分为三种类型。第一是被称为"东日耳曼民族"的东哥特、西哥特、汪达尔、勃艮第、伦巴底等部族,从远地急速侵入罗马帝国领地内,建立国家;第二是法兰克、撒克逊、阿拉曼、巴伐利亚、图林根等"西日耳曼民族",从原日耳曼居地慢慢往西南移动,克服了部长制,结合各小西维塔斯,组成部落国家;第三是瑞典、挪威等"北日耳曼民族",仍然保持古日耳曼的风俗习惯,到 8 世纪以后,才开始向海上发展。

所以,这里所谈的日耳曼民族大迁移,是指第一类东日耳曼民族侵入罗马帝国的情形。日耳曼民族的侵入罗马,并没有破坏罗马的社会，毋宁说，他们和罗马社会是彼此互相影响。譬如东哥特人、西哥特人与勃艮第人入罗马后，并没有破坏罗马的风俗习惯，他们仍然采取罗马的屯兵制度与地方人民支持屯兵粮食的合作制度。勃艮第人只让罗马方面的地主割让耕地的三分之二、农奴的三分之一、住宅地与果树园的二分之一，以及森林的二分之一给他们使用；西哥特人要求给他们耕地与森林的三分之二，及共有地的二分之一；东哥特人则要求罗马佣兵队长给部属的土地和一些大中地主土地的三分之一。割让土地时，双方都派出分割委员商谈，再经过一定的法律程序，割让才算成立。所以，日耳曼人大抵不是用暴力从罗马帝国夺取土地，至少这三个部族不是采用暴力手段。

但是，经伊比利亚半岛，渡直布罗陀海峡，而在非洲北部建国的汪达尔人，与东哥特王国灭亡后进入意大利的伦巴底人，似乎不像上面三部族那样采取和平手段，而是以暴力掠夺迦太基与巴维亚一带。但这只是部分的现象。当时直接受害的阶层，大抵限于大地主与中地主，一般民众的生活方式似乎没有发生大混乱，据说，还有许多罗马的下层民众脱离了罗马地主的束缚，逃亡到日耳曼人那儿。

由于迁移与定居的结果，日耳曼人对土地的看法发生了大变化。从定居以后，日耳曼人不只把土地视为永恒的财产与经营的对象，同时还知道保有土地是维持权力的最重要基础。这些部族的国王承继罗马帝国领地以后，就把它分给功臣、族人与有实力的人士，以加强自己的统治力量。于是，在原有的主从关系上，又加上了一层土地授受的关系，使原有的关系更为紧密。

这些部族国家都是在罗马帝国疆域内成立的，所以它们的性格多多少少带有古日耳曼与世界帝国的双重性，尚未真正成为中世纪的封建国家。譬如，部族国家的国王对族民是国王，但从罗马方面看来，他只是罗马皇帝的一个军队司令官；在法律上，它们虽有自己的法律，但也接受罗马法的约束；在统治关系上，武官和士兵都为日耳曼人所独占，外交、司法、行政等方面的官吏，大抵由习得拉丁文学养的罗马人担任。总而言之，大迁移时代的日耳曼人具有双重的性格，当时的社会仍然未进入封建社会，可说是进入封建社会的过渡时期。

中世纪的骑士

这儿所说的中世纪骑士是指11世纪到13世纪欧洲封建制度兴盛期的骑士。中世纪的骑士包括国王及地方上少数大诸侯、割据自建城堡的多数城主、在田园中建立邸宅的一般骑士、没有邸宅住在城主城堡中的劳务骑士等。中世纪骑士的代表是城主。

从12世纪起,城堡改由石块建筑。在这以前,都是用木头与土块建筑,属于战斗时使用的城寨。改用石块建造以后,城堡已经成为城主及其家人居住的地方,也是城主统治、保护农民的据点。城堡通常建在易守难攻的要害坚固处。建在山岳地带的城堡并不多,大都建在河川汇流处或陆路的要冲。城中心四周都有广阔的田园风景。

城中心部分耸立在围有壕沟的城墙中,有构成四角柱、八角柱或圆柱等形状的石塔。13世纪的时候,以圆柱形最为普遍。石塔周围有内城墙与内壕沟。塔高因城而异,大抵从二十米到四十米以上,宽十到二十米。

城中心部分高耸云际,这是显示城主的权威与独立不屈。城主居住的中心部分,在结构方面是地面上三层,地下两层。每一层有一个或两个房间。层阶设在石墙中。第一层是大客厅。城主在这儿接受臣属的朝拜,或用正餐(午餐)。吟游诗人在此以哀怨音调咏唱武功诗或恋爱诗,杂技演员也在此表演助兴。第二层是城主夫妇的居室。第三层是他们的孩子与客人的房间。屋上建有瞭望塔。地下第一层有非上流客人或病人用的房间,再往下走二三十步,是昏暗的地下牢房。地下牢房附近设有储存谷粮、葡萄酒的穴仓。据说,穴仓常由曲折的漫长甬道通往城外的田园。

此外,在城内的庭院中另建有大谷仓、家禽房、养鱼场、礼拜堂,以及隶属城主的劳务骑士与工匠、木匠等所住的小屋。

城主虽是一城之主,是作战的骑士,但跟现代的将军和军人不同,他们独立不屈,无可依靠。也就是说,他们没有国家、没有国王可依靠。国王虽有权威,但没有实力。臣属与亲戚一旦成为独立的城主,什么时候会断绝友好关系,变成骨肉相残,则难以预料。

封建的主从关系只是权力者以对等立场互相缔结的一种攻守同盟条约,这结合是不稳定的,因而封建君主不得不在复活节与圣诞节的时候招待臣属,举行大宴会,以收买人心。有的臣属甚至一人隶属好几位领主。

因此,城主在他的城堡中是孤立的,只有依靠自己的实力来防御外敌,以保护自己的家人、部将、农民以及自己的权力。他经常以自己统治地区的代表者身份亲自参加战争。

在以生命搏斗的战争状态中,他们紧张而朝不保夕,因此,他们都希望能和平相处。既然除了自己之外,其他战斗人员都不可相信,所以这种和平的愿望不是对人,而是对神的祈愿,只有神才是他们可以相信、可以安身立命的根据。

于是,骑士道德与基督教信仰密切结合在一起,时间是12世纪。这时的骑士道德与14、15世纪崇拜贵妇的骑士道德不同,充满了活力,而且带有迫人的力量。他们遵从教会的命令与训示,保护教会与弱者;爱自己的乡土,不怕敌人,对神的敌人(自己的敌人常被看作神的敌人)要彻底、毫不慈悲地加以歼灭;对领主的封建义务,只要不违反神的律法,只要跟自己的利害不相冲突,就须遵守;不说谎,不食言而肥,对一切要表示宽和。在现实方面,上面这些精神经常是不存在的,所以上述规则才具有作为骑士伦理的价值。他们以神的使者憎恶恶与不公正，因此，神和正义经常被认为站在自己这一方面，敌人则被认为是侮蔑神的恶人。

对城主来说，最叫他们难以忘记的就是年轻时被封为骑士的日子。骑士就任典礼严肃而隆重。能够受封为骑士的，原则上是那些可继位为城主的长男。依据史料看来，受封岁数各地不同，在12世纪大抵是十五岁。少年们在就任骑士之前，大都要受各种做一城统治者的训练。

现举12世纪末法国骑士就任典礼为例，略加说明。法国北部是封建社会最典型的地区。举行典礼的前一天，全城都非常热闹。在城堡第一层的大客厅，第二天典礼时穿用的锁子甲闪闪发亮，金马刺、白貂衣也放在厅上。黄昏时分，乐师们离去，大厅里运来装满热水的十个大桶，给准备就任骑士的少年，跟他的从人一起沐浴。沐浴有时是在典礼当天实行。

到了晚上，少年便带着从人到附近的教堂，把他的剑跟其他武器放在圣坛上，而后守在那儿以待天明。在这十小时中，他不能睡，也不能坐，一定要站在那里。

天亮，晨曦射入教堂时，少年听着严肃的弥撒曲，跟从人一起接受神父祝福，而后带着武器于上午六点左右离开教堂，接着就是骑士就任典礼了。

回家后，少年立刻吃早餐，在自己房间换上发亮的白色衣服，走过大厅，出现在城堡外面。父亲的家臣、少年的从人、家人们、衣着入时的贵族与贵妇们，都齐声欢呼，高鸣两声喇叭。之后，少年以平稳的步伐走到铺在草地上的毛毯中央。繁闹的乐声突然停止，一片静寂，典礼开始。替少年取名的白髯老人用稍微颤抖的手，把铁制的鞋子套在少年的脚上，挂上马刺。两个叔父让他穿上白亮的锁子甲与兜。这些仪式完成后，父亲（领主）走到少年的面前，作简短的祝贺词，并亲自把剑挂在少年的左腰上。之后,父亲用右掌用力地打儿子的颈部。孩子摇晃的时候,父亲立刻把他抱住,亲亲他。

典礼完毕后,年轻骑士于焉诞生。于是,这年轻骑士骑上一匹骏马,手持盾与枪,猛力用马刺擦着马腹,驰骋于附近草原上,让人看看他的马上功夫,并与其他骑士比枪。

过后便举行大宴会,庆祝新骑士的诞生。

中世纪的农村

中世纪初期的原始村落似乎仍是少数家庭以不规则形式散布的小村落。在高卢北部，在 11 世纪以前，有五百公顷以至一千两百公顷的大庄园。但是，一般庄园只有几十公顷，而且有不属于庄园的小农的田地。构成大庄园的"庄居"（Villa）分散在各地，规模很小，有时甚至没有农民聚居其中。总之，这时候，聚落还没被组织起来。

这样的原始村落，势须经过 11、12 世纪的"大开垦运动"才会蜕变为中世纪的村落。这蜕变过程也和旧庄园的瓦解过程相叠。结果，森林与荒芜地区逐渐被拓开，许多移民聚集，创出新村；或将旧大庄园的"庄居"扩大，附近农民迁来而形成聚落。

这样成立的中世纪村落的形态，种类繁多，有的是以谷仓为中心的球形聚落，有的是住家沿着主要道路并列的鱼骨形聚落。但是，它们的共同点是地缘的统一的集村形态。

现举一个典型的例子——1180 年在法国艾诺地方形成的新村看看。新村的中央部分是由主要道路穿过的聚落。它的四个角落都由街道区划，面对这街道，有农民的住家和庭院配列。聚落中央有公共的广场（作为市场）与教堂，外缘部分有农民的共有地（牧地等）。聚落的周围有广大的共有耕地，其中农民所有的地条散布着。

这种村落的基本构成因素，不只新村，就是旧庄园村庄也有。旧庄园村落的形成与集村化运动互相重叠,与"田宅地"(Manse)的分裂有密切的关系。

所谓"田宅地"是指法兰克时代一家农民应保有土地的部分。它的标准面积,据说自由人的田宅地为十到十三公顷。田宅地的分裂在比较进步的地方很早就出现。譬如在巴黎南部的四个庄居中,9世纪初叶,一块田宅地常由两个或三个家庭保有,这种现象并不稀罕。这种倾向在10到12世纪已逐渐扩大。在法国,一家庭大抵只拥有四分之一田宅地,有的地方甚至四分之一的田宅地由二家以上的农民分割保有。此外,每一农民保有地的大小,差别甚大,保有微小农地的农民占绝大部分。这种现象在开垦荒地组成的新村中也一样,譬如艾诺地方的新村村民大都只保有不到一公顷的土地。

土地的细分与集村运动的产生,都与11、12世纪农业技术的发展有密切关联。

关于农业技术的革新,首先应举水车的普及。水车早在9世纪已经出现,普遍使用要到11世纪以后。水车是领主的所有物,向农民征收的水车租金是领主不可或缺的经济财源。同时,对农民来说,水车的出现使他们可以免于用手捣石臼,减轻了劳力的负担。

由于冶金术的进步,农具也大为改良。木制的锹和犁刀都改用铁制。12世纪,用牛马拖犁的耕耘法已相当普及。此外,由于马蹄铁的使用,用作饲料的燕麦的增产,耕马的使用已非常盛行。从1200年起,法国北部等平原地带开始用耕马取代耕牛。因此,犁耕速度得以增加,犁耕的次数也增加,休耕期间也可以缩短。

上述的技术改良使农业生产迅速成长,谷物的收获量平均为播种量的四倍,而9、10世纪的收获量大抵不超过播种量的二倍半,由此可见其成长之迅速。

轮耕法(即三圃法)的普及也跟这时期农业技术的进步有关系。

所谓三圃法是指，把农村的耕地分为三块耕圃，每年按秋播谷物（小麦、裸麦）、春播谷物（大麦、燕麦）、休闲地（放牧）的顺序耕种一块田圃，三年一轮。这样，土地的三分之二可用作耕地，其余三分之一则可放牧家畜，借以恢复地力，是一非常有效率的农耕法。

中世纪农民的生活

中世纪农民一年的生活状况，从当时的农事历可知，大抵6月割草，7月收获，8月打谷，10月播种。农民穿的是红蓝黄条纹的上衣、麻制的开衩裤、毛袜，头戴附有头巾的麦秆草帽。平时大抵打赤脚，到收割与播种的时候才穿鞋子。

当时农民的家屋是粗陋的茅屋。在一个房间中与家畜、家禽一起起居，并不稀罕，为了烧饭和取暖，家屋的墙有一边是用石头堆砌的，屋内有粗陋的食器、被单、盖被、卧床、厚刃、镰刀、斧头、家具等。

吃的东西很简单。一般庶民只有节日跟其他特定的日子才吃肉，平时都吃混有杂粮的面包。

中世纪的农民生活和农村习俗有密切关系。林野、河川、湖沼等共有地使用权对农民生活是不可缺少的。森林可作为放牧地之外，也可以从中取得木材及其他林产物品。沼泽地可获取灯心草等，原野可得铺床用的灌木、草坪及用作肥料的金雀儿与羊齿植物。当时的农民彼此间都很亲密，也要受农村习俗的严格束缚。但是，农村里的所有村民并不是平等的。中世纪的农民大致可分为有轮犁与家畜耕种土地的富农，和没有这些东西，只用锹耕种土地的贫农。他们的差别是属于经济方面的，并非属于法律上的。贫农需要时，可向富裕的邻居借用耕畜与轮犁，有时甚至可以免费借贷。

村落内部的农民是基督教徒，他们对维持教会负有连带责任。星期天，农民都聚集在教堂。弥撒开始的时候，教区民众的代表有时也举行村落会议，以提高农民对村落的责任感。所以，在当时，基督教可说是村民精神上的联系。

中世纪的大学

欧洲的大学始于12世纪，到13、14世纪已经非常兴盛。历史最久又最有名的是博洛尼亚大学和巴黎大学。博洛尼亚大学以法学闻名，巴黎大学则以神学名于世。这两所大学都创立于商品经济开始兴起的13世纪。在这以前，学术都由修道院保有，但当时已急速扩大、发展。

大学的学术研讨重点是神学、法学与医学。其中，以法学闻名的博洛尼亚大学吸引了全欧的年轻人。由于商品经济的扩展，国王已逐渐打破地方封建贵族的独立性，开始推展中央集权政治，因此，法学已成为不可或缺的武器。在中世纪阶层差异颇大的状况下，修习法学是身份较低的年轻人靠头脑与努力出人头地的唯一登龙术。其实，他们大都出身下级贵族与市民。

中世纪的大学与自治密不可分。英文的"university"（大学）在中古时期本意是"团体"，而"college"（学院）本意是学生宿舍。总之，"大学"的原意是指"为同一目的互相合作的所有人"。"university"也常用来指称商人与手工业者的基尔特（guild）和自治城市，或在同一场所教或学的团体，或教授团体或学生团体。从词源来说，"大学"这个词是指"教育基尔特"。

在身份差异严格划分的中世纪，只有学术环境才不计较门第与贫富，优秀的头脑与刻苦自励是颇受赞扬的。教授与学生为了抵抗社会的身份秩序，必须组织他们的自治团体。此外，有许多学生或教授来自远地，他们无法获得大学所在地法律上或经济上的保护。而且，世俗权力方面，也因统一的国家尚未成立，国王的权力还很薄弱，彼此争斗得非常激烈，大学根本无法获得国家的有效保护。大学为了免于被卷入世俗权力间的纠纷，为了防止世俗权力干涉学校的行政，为了维护学术自由，只有把大学组织成自治的和平团体，以便获取超越世俗权力的教会保护。

在中世纪的大学中，博洛尼亚大学与巴黎大学在自治方面是明显的对比，一言以蔽之，前者实施学生自治，而后者实行教授自治。

博洛尼亚大学因伊尔内留斯（约1055年至1130年）讲授罗马法学而于12世纪成立。伊尔内留斯及其弟子建立博洛尼亚法学学派（注释学派）后，使12世纪的西欧涌起了罗马法学的研究热忱。但是，博洛尼亚大学的学生与教授各有自己的组织。教授会虽然保有授予学位的权利，但是大学的主权掌握在学生会的手里。学生会又分为"阿尔卑斯以南的学生会"与"阿尔卑斯以北的学生会"，12世纪后半叶，他们联合起来与博洛尼亚市政府抗争，要市政府稳定房租与物价，获得成功，同时还控制了教授会。此后，教授的活动与讲学都要受到学生会的监视。

巴黎大学从开始就由教授会控制。巴黎大学的教授与学生于1200年从国王菲利普二世那里获得了免受世俗权力干涉的特权，1215年又排斥巴黎教会的干涉，获得大学自治权。巴黎大学又名索邦大学，这是因13世纪国王的司祭索邦捐助学舍给十六个贫穷学生而得名。后来，同样的学舍在巴黎建得非常多，不仅学生可以住，教师也可以住。这种学舍制在英国尤其发达，牛津大学（创立于12世纪末）从13世纪就出现了莫顿、贝利奥尔等著名学舍。

欧洲的宗教改革

1517年,马丁·路德(1483年至1546年)发表了批评"赎罪券"的"九十五条",开启了宗教改革的端绪,宗教改革立刻从德国传播到其他国家,欧洲大部分国家都成了基督新教国家。中世纪的欧洲是由罗马天主教会统一的,可是,到文艺复兴时代,中世纪的封建制度已经逐渐崩溃,宗教改革和文艺复兴一同开启了欧洲近世社会的大门。

宗教改革不止是单纯的宗教运动,多多少少也含有政治的因素。但是,构成宗教改革中心思想的,却是新的宗教精神。罗马教会在中世纪欧洲所扮演的角色,虽然非常重大,但是,从原始基督教的观点来看,却含有许多不纯的东西。在罗马教会中拥有绝对权威的教皇,是原始基督教时代所没有的。所谓七大秘迹(即洗礼、坚信、圣餐、忏悔、临终涂油、圣职、婚姻),大部分也都不存在。此外,还有圣徒与圣物的崇拜、赦罪状等,教会认为,这些都有助于人的救赎。

但是宗教改革者认为,秘迹、"赎罪券"的购买、圣徒圣物的崇拜等外在手段,都无益于救赎。《圣经》说"人因信仰而为义"、"因信仰而获救",这就是宗教改革者的主张。他们不承认原始基督教时代所没有的教皇拥有最高的权威。他们认为,《圣经》才是最高的权威,除此而外,没有宗教的权威。因此,新教的教会废除了《圣经》中所没有的秘迹,只留下洗礼和圣餐仪式。

《圣经》是最高的权威,人们必须从内心产生信仰,因此必须读《圣经》。但是，罗马教会所用的《圣经》是用拉丁文写的，非一般人所能读。中世纪的时候，《圣经》是僧侣的专利品。因此，宗教改革者接连出版各国译本的《圣经》。罗马教会的《圣经》有不少地方译错，所以各国的译本都从希腊文直接翻译过来。

马丁·路德把宗教的权威从教皇转移到《圣经》。基督新教都以《圣经》为信仰的中心，而且认为解释《圣经》是每一个人的事，因而难免会发生解释的差异，产生不同的教派。这可说是新教无法避免的命运。

马丁·路德之后，慈运理（Ulrich Zwingli，1484年至1531年）于1519年在瑞士的苏黎世推动宗教改革运动。他成为一个宗教改革者，受马丁·路德著作的影响非常大。慈运理本来是人文主义者，也是理性主义者，所以他的宗教思想自然与马丁·路德有所不同。尤其是对圣餐仪式的解释，两者的差异最大。1529年，他们在马尔堡会谈后，终于决裂了。慈运理于1531年在跟瑞士旧教的战争中战死。他的教派除了苏黎世外，只扩展到瑞士跟南德的若干都市，后来被喀尔文派所吸收。

喀尔文的情形跟他们都不相同。他是法国人，为逃避法国对新教的镇压逃到瑞士的日内瓦，开始推行宗教改革。他的教义是，要人们"为神的荣光"奉献出一切，同时还要人们过严肃的道德生活。马丁·路德认为只要信仰就可以作出好的行为。喀尔文却认为，能实践严格伦理的人才是可获救的人。

当时，德国因宗教战争显得非常混乱，路德派也因教义上的论争内讧不已。因此，欧洲各地的新教派都到日内瓦聆听喀尔文的教义，再回祖国。日内瓦因而成为新教派的中心，被称为"基督新教的罗马"。喀尔文派也比路德派传得更广、更远。路德派除了德国之外，只传播到丹麦、瑞典、挪威等北欧国家。喀尔文派除瑞士之外，流传于法国、尼德兰（荷兰）、英国、美国等。

路德派与喀尔文派是新教派内的两大宗派，此外还有许多小教派。其中比较大又比较特殊的是英国国教。这是英王亨利八世（1509年至

1547年在位）因离婚事件脱离罗马教会而创立的，含有许多天主教的因素，后来才慢慢吸收新教派的因素。可是，系出喀尔文派的清教徒对此并不满足，而激烈地与英国国教对立，到17世纪中叶，终于发生清教徒革命。

此外，天主教会由于宗教改革丧失了欧洲一大半的地区，因而于1545年到1563年召开特兰托宗教会议，试图从事教会内部的革新，以挽回颓势，耶稣会即是天主教革新时所创立的。

对于宗教改革运动，君主所采取的态度各不相同。在德国，神圣罗马帝国皇帝查理五世在位时，曾把马丁·路德唤到帝国议会，要他取消自己的教义，对改革运动采取高压政策。但是，德国诸侯支持宗教改革的占多数。他们利用宗教改革，把罗马教会的势力逐出自己的领地，确保自己的独立权，以免遭受皇帝的压制。

这时，在意大利，查理五世正与法国国王弗朗西斯一世（1515年至1547年在位）发生争执，与侵入奥地利的土耳其作战，所以为了获得新教诸侯的支援，对宗教改革只好暂取默认态度。到对外作战逐渐有利的时候，他又开始弹压新教。新教诸侯也与帝国内部的新都市缔结同盟，以与皇帝查理五世争斗。查理五世因为无法击败新教诸侯，于1555年缔结奥古斯堡宗教和约，承认路德派，允许诸侯与都市信仰自由。

在法国，弗朗西斯一世也常常压迫新教徒。喀尔文逃离法国，在日内瓦推行宗教改革，就是因为这个缘故。但是，从16世纪中叶以后，新教已经浸透到法国，除了市民与农民之外，也得到许多贵族的支持。由于贵族加入新教，新教与旧教之争遂跟贵族间的派阀之争、王位继承之争重叠，于1562年爆发了长期的内战。到1598年，新教派才获得信仰自由。

喀尔文派也渗透到尼德兰。当时的尼德兰是哈布斯堡王朝的领土，是欧洲工商业的中心。查理五世退位后，西班牙王腓力二世（1556年至1598年在位）统治该地。腓力二世是天主教徒，他剥夺了尼德兰的自由，并弹压新教，以至于引发了1568年的荷兰独立战争。

文艺复兴的雕刻

1401 年，佛罗伦萨为圣玛利亚大教堂附属的圣乔凡尼洗礼堂举行铜门雕刻竞赛会。这洗礼堂有东、南、北三个入口，南边的入口在 14 世纪时已经由安德雷·比萨诺完成了铜门雕刻。这次的竞赛会是为雕刻北边门扉而举行。

这次竞赛会中，最后由菲利波·布鲁内列斯基（Filippo Brunelleschi）和洛伦佐·吉贝尔蒂（Lorenzo Ghiberti）竞争。他们向审查员提交的作品都很精美，难分上下。布鲁内列斯基的作品从任何角度看来，都具有强有力而富戏剧性的表现；吉贝尔蒂的作品则纤细而柔和。要选择它们，只有依凭审查员的趣味，而非作品的优劣了。当时的佛罗伦萨人都比较喜欢吉贝尔蒂较具装饰性的纤细表现。

在竞赛会中获得胜利的吉贝尔蒂，立刻就把雕刻室中的所有力量都投注到圣乔凡尼洗礼堂北门的雕刻上，大约费了四分之一世纪的岁月，于 1425 年完成。另一方面，在竞赛会中失败的布鲁内列斯基，则改行从事建筑业，完成了圣玛利亚大教堂本堂的大圆顶。

在这次竞赛会中，布鲁内列斯基和吉贝尔蒂所显示的两种式样，正预示了其后文艺复兴时代雕刻的趋向。布鲁内列斯基强有力的表现主义的式样后来被他的朋友多纳泰罗所承继，也影响到米开朗基罗的雕刻。

吉贝尔蒂的装饰性式样则为 15 世纪佛罗伦萨的雕刻家所承继，促使佛罗伦萨出现了许多优异的雕刻。尤其是多纳泰罗去世后到米开朗基罗出现前的15世纪后半叶,纤细甜美的装饰性式样为人所普遍接受。15世纪的佛罗伦萨雕刻也反映了新时代,接连产生中世纪所没有的新主题,确立了近世雕刻的发展基础。譬如胸像雕刻、骑马像雕刻及运用古代建筑主题的庙墓雕刻等,都是文艺复兴时代佛罗伦萨所产出的新形式。其后,从15世纪到巴洛克时代,虽然经过种种变化,依然承继了佛罗伦萨的雕刻形式。"葡萄牙红衣主教之墓"所见的庙墓雕刻可说是集建筑、雕刻、绘画为一体的综合艺术。

到16世纪,意大利的雕刻已由米开朗基罗激烈强大的个性所支配。他年轻时,曾制作了像"彼得像"那样成熟纤细的雕刻。过后,即雕塑比较奔放的"大卫像"与"摩西像"。到晚年,他雕刻上的表现已转向极其奔放的形式,预示了巴洛克形式的来临。

文艺复兴时代的佛罗伦萨

如果威尼斯是透过色彩、音乐与梦而诉诸五官的都市，那么，佛罗伦萨也许可说是倾向知性的学术城市。现代的意大利标准语是根据托斯卡纳的语言来制订的，而托斯卡纳的首府是佛罗伦萨。14 世纪时，意大利文学史上的三位巨人但丁（1265 年至 1321 年）、彼特拉克（1303 年至 1373 年，诗人）、薄伽丘分别曾用托斯卡纳语写《神曲》，写诗，写《十日谈》。威尼斯没有这样的学术传统。

佛罗伦萨从公元 1000 年以后已经成为一个重要的城镇。由于羊毛业的发展，曾经以西欧最富裕的都市在金融上支配了其他国家的皇室。但丁是佛罗伦萨出身的诗人政治家，他的朋友当中有一位是文艺复兴初期最伟大的画家乔托（Giotto）。佛罗伦萨的画家和威尼斯的画家不同，他们都以素描和科学的探求精神闻名。15 世纪初叶的马萨乔（Masaccio，1401 年至 1428 年）在卡尔米内教堂的墙壁上用写实的画法描绘亚当和夏娃的裸体像。佛罗伦萨城在雕刻方面也出现了许多天才，米开朗基罗就是其中的一人。

佛罗伦萨出了这么多人才，与艺术家和学者的保护者美第奇家族有密切关系。美第奇家族中较著名的有科西莫·德·美第奇（1389 年至 1464 年），以及其孙洛伦佐·德·美第奇（1449 年至 1492 年）、朱利奥·德·美第奇（1478 年至 1534 年）等人。他们的肖像已经借着贝诺提欧·哥提欧利在美第奇家族邸宅上所画的壁画流传到今日，洛伦佐本人也是一个写过乐极生悲的诗的文人，比如："青春多么美丽！又多么可悲地消逝！沉溺在欢乐中的人呀，你就沉溺吧！又有谁会知道明天的事？"洛伦佐曾在美第奇家族的邸宅跟郊区的别墅里愉快地跟人文学者交际、宴餐。以《君主论》享名于世的马基雅维利，是佛罗伦萨城的官吏，写过《佛罗伦萨史》。书中曾描写朱利奥·德·美第奇因帕齐家的政变于1478年被杀的情形。犯人虽然逃到土耳其，但被引渡回来，处以死刑。达·芬奇曾受命素描这情形。

1492年，洛伦佐去世后，佛罗伦萨陷于精神混乱的局面。佛罗伦萨本来就是一个学术、宗教、艺术都常发生论争的地方，因此，佛罗伦萨的市民都有很强的批判精神。洛伦佐去世后，在宗教上，佛罗伦萨曾发生过激变。

在学术上，1453年君士坦丁堡陷落后，有许多希腊人亡命到佛罗伦萨。于是，佛罗伦萨人师事这些希腊人，涌起了希腊研究的热潮，新柏拉图主义在这儿非常盛行。此外，皮科·德拉·米兰多拉（Pico Della Mirandola，1463年至1494年）也提倡人本主义的宇宙观。以人的眼睛来把握世界的远近画法，由布鲁内列斯基等人开创，由阿尔贝蒂加以体系化。米开朗基罗等人也应用当时盛行的人体解剖学的知识画素描，塑雕像。这些也许可说是新知识探索的表现。美第奇家族时代的佛罗伦萨就是这样不断探索新知识的城邦。

15、16世纪意大利的绘画

　　佛罗伦萨是15世纪文艺复兴的绘画重镇。经济的繁荣跟市民的喜好美术,使佛罗伦萨于15世纪初叶萌生了新的美术技巧。它的特色在16世纪20年代马萨乔的作品中已经表现出来,以科学的远近法与润饰法描绘人物,而且以人物作为绘画的重心,人本主义的色彩很浓厚。肖像画非常盛行,这充分显示出对现实人物的关心。在宗教主题跟历史主题的作品中,画面也脱离了中世纪平面跟装饰性的表现,而显出空间的层次。在这空间里的人跟物都具有现实的沉重感。

　　马萨乔去世后,佛罗伦萨的绘画可分为两派,一是使用华丽的色彩,一是以明确的线条表现为主。但是,两者都有重视现实世界的写实倾向;甚至宗教画中的人物,也有穿当代服装的,或者把买画的人嵌入宗教画中。

　　可是,这种现实主义的态度,到15世纪末叶已逐渐转向理想主义。它有时与装饰倾向结合为一体,而显现出古代华美的幻想世界,或展现为世俗趣味的装饰画。此外,文艺复兴全盛时期,写实与理想结合的古典主义绘画也逐渐萌生。

　　15世纪意大利的绘画是以佛罗伦萨为中心,到16世纪,绘画的中心已经转到罗马和威尼斯。佛罗伦萨由于一再发生的政治危机与宗教改革,导致经济活动的沉滞,其地位也逐渐被其他城邦取代。相反,罗马由于梵蒂冈权威的恢复,威尼斯由于在东方贸易中暴得巨利,得以积极地展开艺术活动。在佛罗伦萨长大,或在佛罗伦萨学习的达·芬奇、米开朗基罗、拉斐尔这三位天才,在16世纪初叶,都相继应教皇之请到了罗马,这充分显示了佛罗伦萨与罗马的交替现象。

罗马的绘画活动是以梵蒂冈为中心展开的。米开朗基罗本是雕刻家,现在也在教皇的命令之下,独自画了西斯廷礼拜堂天花板上的绘画。拉斐尔也在梵蒂冈宫殿内接连完成了雄伟的壁画。达·芬奇则埋头创作肖像画——《蒙娜丽莎》。这三个天才使文艺复兴全盛时期的古典主义艺术完成了。

古典主义的绘画以重现现实形象的实写主义为基础,但是,在画面上隐藏着一个超越现实的世界,而后把画家们理想中的美呈现在画面上。拉斐尔可怜甜美的圣母子像,米开朗基罗刚健的人物像,都是从现实世界出发,而后达到理想美的世界。古典主义绘画显然受到新柏拉图主义美学的强烈影响。新柏拉图主义认为,现世是理想世界的影子。罗马的古典主义绘画美术的兴盛期很快就过去。达·芬奇应法王之请赴法国,拉斐尔英年早逝,米开朗基罗回归雕刻。1527年,查理五世军队攻入罗马,文艺复兴绘画的兴盛期乃告结束。

与罗马并称的另一个中心地威尼斯,也名家辈出。威尼斯的绘画跟罗马不同,重装饰性,喜欢描绘风俗与肖像,带有东方的特殊情调。这也许跟威尼斯以东方贸易兴起的背景有密切关系。

文艺复兴时代的北方绘画

意大利的文艺复兴展现出辉煌成果的时候,阿尔卑斯山以北的国家仍然留存着中古的哥特式艺术模式。北方的文艺复兴比意大利开始得晚。但是,法兰德斯地方(Flanders,比利时、荷兰、法国的海岸地区)的经济繁荣已经产生了对写实主义的新要求。尤其15世纪初叶油画技法的发明,使法兰德斯特有的细密描写大为发展,产生出无比美丽的绘画世界。

法兰德斯绘画的发展,因凡·艾克兄弟的出现而进入新的时代。肯特著名的祭坛画《神秘羔羊》在许多方面仍然遗留着哥特式的形式,但是,在远近法的表现与对对象的三次元掌握上,已经显示了跟意大利文艺复兴相同的新精神。

尼德兰当时处于西班牙的统治之下。罗尼穆斯·博斯在尼德兰极为活跃,他的作品充满怪异的幻想。这种幻想已经成为北方世界的绘画特色,后来由彼得·勃鲁盖尔所承继。一般说来,意大利绘画的表现明晰清澄,阿尔卑斯山以北的地方则呈现出灰暗的幻想性。

这种北方世界特有的倾向虽然一直维持下去,但是,意大利的影响也越过阿尔卑斯山逐渐侵入北方世界。从15世纪末到16世纪,法国军队曾数度侵入意大利,法国开始接触了意大利的新文化,深为其美所魅惑,乃于弗朗西斯一世时,积极输入意大利文化。在意大利的影响下,法国产生了被称为巴比松派(Ecolede Barbizon)的宫廷绘画。

在德国，以南德的纽伦堡为中心，积极与意大利来往，丢勒（Albrecht Dürer）等画家的人文主义倾向已经跟日耳曼民族的特质互相融合，产生了鲜活有力的绘画世界。德国这些特有的绘画表现是意大利所没有的。

文艺复兴时代的艺术家

1401年，佛罗伦萨为圣乔凡尼洗礼堂举行铜门雕刻竞赛会。从这次竞赛会可知，在文艺复兴时代，艺术家个人的能力已深为社会所重视。中世纪的时候，兴建教堂或雕刻圣母像，都由职工去做。他们都按既定的模式从事创作。除了极少数的例外，我们已无法知道雕刻或描绘出中世纪美丽雕像与壁画的人的名字。

相反，在文艺复兴时期，艺术家都纷纷凝练各自的创意，追求新的表现，以便把自己的能力发挥到极限。因此，文艺复兴时期出现了许多优异的艺术家，与中世纪"无名"的职工正是一个明显的对比。竞赛会就是评价个人能力的最明显的形式。

1401年举行竞赛会时，最后留下来的布鲁内列斯基和吉贝尔蒂之间很难分出高下。当时有人提出妥协方案，让两人共同雕刻铜门，但是布鲁内列斯基表示不愿跟人一起雕刻，合作方案遂告流产。从这一段插曲看来，当时的艺术家非常重视自我表现。不止圣乔凡尼洗礼堂的铜门雕刻如此，其他竞赛会也都有这种现象发生。

据16世纪的传记作家瓦萨里（Giorgio Vasari）说，除了竞赛会之外，当时的艺术家也喜欢跟人"较量"。瓦萨里就曾叙述过一段多纳泰罗和布鲁内列斯基的有趣的插曲。

年轻的多纳泰罗为佛罗伦萨圣克罗齐教堂雕刻木十字架像的时候，把雕好的十字架像拿给布鲁内列斯基看，并请他批评。布鲁内列斯基并不感动,他说这雕像上的基督很像农夫。对自己作品极有自信的多纳泰罗,很生所地回嘴说:"实际去创作,是不像嘴巴批评那样简单!"布鲁内列斯基一声不响地离去。

此后的几个月间,布鲁内列斯基独自静默地雕制木十字架像。雕成时,他若无其事地邀请多纳泰罗来吃晚餐。他们俩一起到市集上购买晚餐作料之后,布鲁内列斯基要多纳泰罗先拿作料到他家等他。

多纳泰罗到了布鲁内列斯基家,看到房子的中间放着一尊精美的木刻十字架像。多纳泰罗深深地被这尊雕像之精美所吸引,不由得摊开了双手,手上的蛋和乳酪都掉在地板上,破得碎碎。就在这个时候,布鲁内列斯基回来了,他笑着说:"喂!喂!我们晚餐到底吃什么呀!"多纳泰罗兴奋地答道:"我吃过了。你要吃什么,随你自己的便!"之后,他加上一句:"的确如你所说,你能雕出基督,我只能雕雕农夫。"

瓦萨里的这段插曲是否真实,没有人敢保证。但是,这类轶事是当时人所乐于听闻的。

艺术家之间有这一类的较量,在艺术部门之间也常发生论争,比如绘画和雕刻哪一类更优异。达·芬奇在他的艺术论中就认为绘画比雕刻及其他艺术高尚。其实,在以写实表现为基础的文艺复兴美术中,能够自由驱使远近法和明暗法的绘画,的确深受一般人所喜爱。油画技巧发展后,由于它能精密地描绘外界现象,绘画也就更被人重视了。在中世纪,除了教堂的壁画和祭坛之外,很少有人画独立的不附属于教堂的画,但是,到文艺复兴的时候,这种画就非常盛行了。事实上,从15世纪末叶到16世纪初叶,美术的主流已由绘画取代了中世纪的建筑与雕刻。15世纪还有许多优异的雕刻家出现。到16世纪,除米开朗基罗之外,几乎没有伟大的雕刻家了。

15世纪的人文主义者与国家

　　文艺复兴时期的意大利与中世纪的国家不同，政治、经济、外交与军事都各自独立，每一项事务都非常复杂，而且分得很细，所以撰写公文与整理公文的需求越来越紧迫，因为中世纪宫廷中的贵族和掌握政权的商人都不懂得这些，他们不会撰写合乎格式的公文和条约。尤其是几个月更换一次政治领袖的佛罗伦萨，更需要专家式的书记。于是，那些熟知历史知识，又能写正确拉丁文的人文主义者就非常受佛罗伦萨政府欢迎。他们逐渐和政府结合，成为新的事务官。他们是历史学家，也是政治评论家，他们不是撰写公文的下级官吏，而是处理政治难题的学者。

　　从1397年到1406年，佛罗伦萨对人文主义者的需求非常急切，因为在这时期，米兰大公维斯康蒂正准备借伦巴底的力量袭击佛罗伦萨共和国。当时，米兰是意大利君主政体的象征，佛罗伦萨则是意大利共和政体的代表。米兰与佛罗伦萨的对立不止是国家间武力之争，也是政治思想之争。在这种状况下，佛罗伦萨深深觉得必须向自己的国民宣扬共和政体的优美与保护这优美政体的重要性。于是，佛罗伦萨政府便宣扬说：佛罗伦萨共和政体是承继古罗马共和政治的传统。

　　佛罗伦萨的人文主义者挑起了这项重任。他们所写的历史书与论文使佛罗伦萨的人民大为振奋。这时期人文主义者的代表人物是萨卢塔蒂（1331年至1406年）。他以人文主义者的资格参加佛罗伦萨政府，担任书记长。他从古文献证明共和政治的合法性，并以人文主义者的信念指导佛罗伦萨市政。他把西塞罗与辛尼加的质朴严肃的精神导进市民的生活中，使以前以个人为主的人文主义发展为市民的人文主义。

萨卢塔蒂之后，参与佛罗伦萨市政的人文主义者是布鲁尼（1369年至1444年）。他的著作《佛罗伦萨人民的历史》已脱离了模仿并礼赞古代的范围，而把历史当作自由的发展过程，对史料的取舍非常重视。他曾修习希腊文，为15世纪佛罗伦萨的希腊哲学研究奠下了深厚的基础。

佛罗伦萨对这些有重大贡献的人文主义者非常礼遇。譬如萨卢塔蒂获得终生免税的恩典，死后，他的两个儿子也受到礼遇。

由上述可知，人文主义者的社会地位很高，人文主义也成为职业上所需要的重要学养。这种倾向不止是佛罗伦萨的倾向，也是整个意大利的共同倾向。

意大利的每一个国家，不管国土的大小如何，国家事务的繁杂都跟佛罗伦萨一样，因此，每一个国家都尽力录用能力高强的人文主义者。但是，它们很少自己培养人才，大都从佛罗伦萨等先进地区输入人才。小国更需借助于人文主义者，这些小国的君主，往往以平等的立场跟他们谈话。

如前面所说，15世纪初叶的人文主义已经从个人为主的人文主义发展为市民为主的人文主义。这种现象自然会跟社会教育发生密切关系。因此，意大利出现了以教育为职业的人文主义者。这类人文主义者在小宫廷的保护下对文艺复兴时期的文化发挥了深厚的影响。其中最著名的是维托利诺·菲尔特雷（1379年至1446年），他过着质朴严肃的生活，每天都有规则地渡过。他教育的目标是要受教者在肉体上、精神上都达到圆满的地步，并且要把受教者锻炼成一个独立而具有崇高学养的人。他的课业是食物简单，使用抄本，再加上体育；对王侯子弟的教育也不肯宽待。

维托利诺不止教育王侯贵族的子弟，也欢迎贫穷有为的人来从学，真可说是有教无类，甚至还资助这些贫穷学生的衣食。他的学生中也有著名的君侯。

　　维托利诺的教育方式是采取斯多噶式的严厉态度，波焦·布拉乔利尼（1380年至1459年）则采取伊壁鸠鲁式的快乐主义的生活态度。他为获得古抄本不惜采用卑鄙手段，还以著述讽刺社会，攻击基督教道德。晚年任职罗马教廷时，他撰写了《意志自由论》，强调基督教信仰的重要性，而跟基督教妥协。

　　总之，15世纪初叶的人文主义者不仅参加国家的行政业务，也更重视世俗的道德。

文艺复兴时代的科学与技术

西方历史到文艺复兴时代，由于商业活动的频繁，以地中海为中心的东西贸易的兴盛，因而跟大学教育不同形式的学术也逐渐从城镇中发展起来，建立了近代科学的基础。

除了大学之外，人文学者跟职工们也成为促使学艺发展的两个阶层。当时大学的授课内容大都仍以士林哲学为主，但是士林哲学已经无法满足逐渐世俗化的社会要求，因此，人文主义者就以希腊、罗马时代的文学作品为基础，用以恢复人性，适应当时的社会需要。不过，人文主义者对当时已经萌芽的自然科学却丝毫不感兴趣。在这种情况下，职工阶层就扮演了促使科技发展的角色。

对职工们发展科技最重要的刺激是活字印刷术的发明。以前的书籍都是手抄的，因此一部书的完成费时甚多，平均需六个月到八个月。书籍的价格也相当高，足以使一个神父过着一年的富裕生活。到 15 世纪中叶的时候，开始有人雕刻一个个不同的文字，彼此可以互相掉换，发明了活字。利用活字可以印出许多书籍，这对文化的发展具有莫大贡献。活字印刷术很快就传遍欧洲，罗马、威尼斯、巴伦西亚（在西班牙）、伦敦、安特卫普（在比利时）、莱登（在荷兰）都设有印刷厂。木匠、金匠也开始制造活字，由此也习得了借活字印成的书籍内容。职工阶层中最伟大的代表，一般认为是达·芬奇。他没有进过大学，也没有受过像样的教育，但是他留下来的札记不仅包含了物理学的知识，也含有技术上的各种创意。

达·芬奇死后二十年，威尼斯出版了一本名叫"塔塔利亚所发明的新科学"的书（1537年）。在它的扉页上有一幅奇妙的木版画。图中有四周是高墙的圆形场地，前面有一道门，门上放着梯子，从梯子才能进到里面。门口由几何学家欧几里得看守，门外的人必须经过几何学的考试，才能从梯子进入圆形场地。经过欧几里得考试后进入场地的人，都集中在里边靠右的地方。在这群人中，站在前面正中央的是该书的作者塔塔利亚（Nicolo Tartaglia）。他四周的一群女人表示当时的各类自然科学：右边的女人表示"算术"与"音乐"，左边女人表示"几何学"与"天文学"，后面的女人表示"卜水"、"卜土"、"建筑术"、"占星术"等。最里边是亚里士多德与柏拉图，他们看守小圆形场地的门，小圆形场地的里边是"哲学"，高高在上。大圆形场地的左前方有两门大炮。圆形中的几何学、天文学、音乐、算术是属于传统的自然科学的四学科（四个一般课程）。除此而外，却又配上了卜水、卜土、占星术、大炮等课程，与拟似科学、应用科学混杂在一起，这正显示出文艺复兴时期职工们所从事的科学工作。

塔塔利亚是自学成功的人，他确定了大炮的最大射程为四十五度，为抛物线原理奠定了基础。他也是数学三次方程式解法的发现者。跟塔塔利亚在三次方程式解法上发生争论的卡尔达诺（逝于1576年）出身于大学医学院，为后来的变态反应治疗奠下医学的基础，在数学方面则是概率论的创立者。

哥白尼与伽利略

亚里士多德的学说、教会制度与议会制度是欧洲中世纪的三大遗产。亚里士多德的学说也跟当时的大学制度结为一体,在知识界已建立根深蒂固的基础,轻易不能动摇。亚里士多德的科学观在当时已为科学界普遍接受,使其动摇的是哥白尼(1473年至1543年)的"日心说"。

在这以前,"地心说"在亚里士多德学说中最具体又最巨大。"地心说"的原理是这样的:重的东西下降,轻的东西上升。物质到最后都会还原为地、水、空气、火四元素。这四元素按地、水、空气、火的顺序逐渐减轻。因此,宇宙的中心,亦即重物的集聚中心为地球,它的四周是水、空气、火。再上面,也就是比月亮高的世界是由较轻的第五元素组成的。地上的四元素呈重者往上、轻者往下的直线运动,而第五元素只呈回转运动。

这学说跟我们的日常经验相符合。从天文学来看,它也由托勒密补充加强,也同样由离心圆等加以补充,可以说是一项很坚强的学说。但哥白尼为什么会用"日心说"来取代似乎很坚强的"地心说"呢?是否因新的观测方法出现,而获得新的观测结果?是否因亚里士多德的原理已完全不合时宜,以至于需用别的新原理来代替呢?两者的答案都是否定的。新的观测方法,譬如望远镜的发明还需半个世纪;新的观测事实则需等待伽利略的出现。对于亚里士多德的原理,哥白尼实比托勒密更坚定，因此，他才会从"地心说"转向"日心说"。

托勒密为了实用，为了合于观测所得，把亚里士多德认为天体以一定运动速度环绕一点的四周运行的原理变换为以一定角速运转的原理。哥白尼对托勒密的这种说法非常不以为然，为了坚守亚里士多德本来的原理，哥白尼获得了这样的结论：地球以太阳为中心而转动，才能解释观测事实。

后来的天文学史证明哥白尼所言无误，而且对他革命性的发现评价甚高。其实，他的发现并不是基于自觉，而是由他对亚里士多德学说的执着与偶然所造成的。

哥白尼的"日心说"后来得到伽利略（1564年至1642年）的拥护。伽利略由于出版拥护哥白尼"日心说"的《天文对话》（1632年）而被提出控诉，遭受审判，以致被迫宣誓放弃"日心说"。可是，伽利略在科学上的真正贡献并不在于支持"日心说"，而在其他方面。

如前所述，亚里士多德的物理学是非常常识性与日常性的。如重的东西往下降，轻的东西往上升；物体的运动是因为对这物体加以力量的缘故；物体的速度跟力量成正比；马车如果没有马拉，就不会动，用两匹马拉比用一匹马拉速度会加倍，这些是非常符合日常生活的运动理论。

但是，有两种运动却无法用这理论来完整解释，那就是抛物体的运动与下落物体的加速运动。譬如说，箭离开弓弦后，即使没有再加力量也会继续往前飞；如果以落下物体的重量为力，虽然力量一定，速度也会增加。

对这两种运动，中世纪的学者们虽然曾经偶然地修正了亚里士多德的部分学说，但依然无法做出相当合理的解释。

而伽利略却由全新的观点来解释。关于抛物体运动，他并不是去寻求抛物体未加力仍会继续往前飞的原因，而是因为重视马车没有马拉即会停止不动的原因——阻力，发现了惯性原理。至于下落物体的加速运动，他也当作惯性原理的表现之一，是因力量不断加上去，才会加速下降。

动力学上的发现，就伽利略的科学贡献而言是比较重要的。这对亚里士多德物理学，甚至整个自然科学是致命的一击。对于动力学的此一运动原理，伽利略完全是基于自觉的研究而提出的。

比起这发现，他发明望远镜是偶然的，甚至可以说不是他"发明"的。据他自己说，他从旁人那儿听到望远镜的事情，因而他自己也开始去做，而且作得很好，不过，他比旁人优越的地方是，他能立刻把它用在天文的观测上。

经过他的观测，他立刻发现月亮有山有谷（在这以前，一般都认为月亮表面如镜子一般平滑），银河是由无数星辰组成的，太阳里有黑点。尤其令人吃惊的是，他发现木星有四个卫星，这对以前认为天体是以地球为中心而运动的宇宙观是一大打击。

伽利略从这天文观测之所得，迅速地倾向于哥白尼的"日心说"。他跟哥白尼最不相同的地方就是，哥白尼由于执着于亚里士多德的原理，才倾向于"日心说"，伽利略则全盘否定亚里士多德的原理。哥白尼与伽利略同是主张"日心说"，但哥白尼没有因此遭受审判，伽利略却因此而遭受审判，其原因大概是他们两人对亚里士多德学说所持态度不同。

伽利略采纳"日心说"的时候，他的惯性原理的发现对"日心说"的解释有很大的帮助。因为如果原原本本地承认亚里士多德的物理学，要把"地心说"转换为"日心说"就会有种种的困难。譬如说，如果地球是绕太阳运行的，那为什么不会刮猛烈的东风呢？再者，如果地球是转动的，那么，从塔上落下来的石子应该不会落到塔底，应该因地球转动的关系，落在稍离塔底的地方，为什么不是如此呢？

这些问题，哥白尼也曾注意到，但是由于他不了解惯性原理，所以他无法对这些问题提出合理的解释。但这些问题，由于伽利略懂得惯性原理的关系，对他根本不能构成问题。不过，哥白尼的"日心说"还有许多问题是伽利略也无法解决的。重量的问题即是其中之一。如果地球是动的，那么，有无比重量的地球是靠什么力量动的？为什么会动？

在哥白尼以前，这类问题根本不会发生，因为地是重的，重的东西是宇宙中心，所以不会动。而天体是由毫无重量的第五元素组成，所以要使它们转运根本不需要物质力量，只需要精神力、神的意志就绰绰有余了。

对哥白尼"日心说"所造成的此一大问题，只有等待磁石的研究与万有引力的发现才能获得进一步的解决。

阿兹特克帝国的历史与社会

16世纪初叶，西班牙人侵入墨西哥时，遭遇了阿兹特克帝国的抵抗。阿兹特克帝国的首都叫作特诺奇蒂特兰。特诺奇蒂特兰位于特斯科科湖中的小岛，是现在墨西哥城的中心部分。特斯科科湖附近一带称为墨西哥中央高原，自古以来就是文化的发展中心。

公元前5000年，这一带的高原人逐渐放弃狩猎与采集生活，开始栽培南瓜、鳄梨、苋菜，不久又种植玉米。公元前3000年，已走向农耕之途，这时也栽培棉类，改良玉米的品种。公元前2000年，懂得制造土器的技术。公元前1000年，墨西哥湾海岸地区发展起来的奥尔美加文化已经有复杂的宗教，社会开始分化，促成了历法、数字、文字、石雕的发展。奥尔美加文化也影响及中央高原、危地马拉高地、玛雅低地（现在的尤卡坦半岛）等。这时，中央高原已经产生特奥蒂瓦坎的神殿城市，进而发展成拥有金字塔跟许多神殿、宫殿的一个大城邦。从墨西哥到危地马拉一带有富于变化的自然条件，因此，特奥蒂瓦坎推展广泛的交易活动，交换有地方色彩的特产品。特奥蒂瓦坎的繁荣一直持续到7世纪左右。这时，在危地马拉低地，玛雅文明正进入古典时期的繁华。特奥蒂瓦坎大概亡于7世纪。混乱之后，军事实力极强的托尔特克族定都于托兰，到10世纪后半才底定中央高原。12世纪时，托兰被北方侵入的蛮族所灭，墨西哥中央高原再度陷于混乱。

在托兰灭亡后的中央高原中，说欧特密语和纳瓦特尔语的各部族

（北方蛮族）自称是托兰的后继者，建立城邦，以争取中央的霸权。阿兹特克族即是北方蛮族的一支，于13世纪到了中央高原，从据守特斯科科湖畔的库尔华坎国王那里分得一些领地，后来被库尔华坎王所逐，于1325年发现湖上的小岛，建立名为特诺奇蒂特兰的首都，并以此为据点，逐渐扩充自己的实力。15世纪前半，阿兹特克逐渐攻占了湖畔的城邦。到15世纪后半期，阿兹特克国已经成为中央高原最强的帝国。

平定了特斯科科湖一带的阿兹特克，开始追求战争的对象，远征各地。对阿兹特克来说，所谓战争不只是为了扩充领土，增加贡租，也是为了获得供神的俘虏。阿兹特克相信，太阳神和诸神如果没有人的心脏和血液，就会饥饿。阿兹特克人认为他们能够从弱小的蛮族扩展成强国，完全是神的功劳，所以对神的供养极其热烈。1502年，蒙特祖玛二世即位，阿兹特克帝国的领土已扩大到危地马拉，但是不久就遭到西班牙人的侵略。1520年，蒙特祖玛二世去世，帝国名存实亡。

阿兹特克帝国有三个社会阶级。统治阶级由国王及其亲属、神官与战士等贵族所组成，被统治阶级由平民与奴隶组成。商人跟职工集团隶属中间阶级，居两者之间，以为统治阶级服务为主。国王从先王的兄弟与儿子中选出，选举权利掌握在高官、神职人员、战士手中。国王的权力最高，但负有保卫人民，充足人民生活的义务；辅佐国王的官职称为休柯特尔，掌有任命最高法官、内政与财政首长、军队指挥官等重要职权。

战士亦有阶级。四位司令官权力最高；其下为戴着美洲虎皮与鹫头的盔甲战士；再下为杀敌或虏敌四人而被任命为指挥官，得以分配贡租的战士阶级；这阶级以下的士兵则与平民无异。神官从贵族学校毕业的年轻人中选出，终身不娶，以侍奉神，贵族阶级的孩子称为毕利，大都被选为官吏或地方的征税人，可以继承父亲土地的收益权。平民隶属于每一氏族，氏族又将共有的土地分给每一家族，而后由这些平民耕种，所以一般平民都是农民。此外还有奴隶，奴隶很容易成为平民，其子也可以过平民的生活。平民中也有没有土地的佃农，他们替贵族耕种土地，不必纳税与服劳役，除兵役之外，只有服侍主人的义务。一般平民则有兵役、劳役、纳税的义务，负担沉重。商人有自己的集团，并从事远距离的交易，独立性很强。商人们都很富有，而且可以跟贵族子弟一起在贵族学校受教育，所以他们有机会跻身统治阶级。

科尔特斯与阿兹特克帝国的征服

从中世纪进入文艺复兴的时候，欧洲人已经从中世纪的束缚中解放出来，同时也由个人的解放逐渐趋向对外的冒险。对自己的信赖与民族国家的逐渐形成，更促成了对外冒险的意欲。到16世纪时，对外冒险达到了最高潮，欧洲也进入对外征服的时期。在对外征服期间，西班牙人扮演了最重要的角色。

16世纪的西班牙人，爱国精神与个人主义非常兴盛，加上他们有过从伊比利亚半岛逐出摩尔人的经验，所以借战争与征服获取国家与个人利益的念头非常强烈。这正是西班牙人最先在海外探险并建立殖民地的主要原因。

对美洲新大陆的征服与殖民，最令人注目的就是皮萨罗征服印加帝国与科尔特斯（Fernando Cortes）征服阿兹特克帝国。

科尔特斯是西班牙的乡下贵族，十九岁时到过加勒比海的西班牙岛（即海地岛）。他身高体壮，容姿焕发，精于骑术跟剑术，而且相当有教养，但好色嗜赌，是一大缺点。科尔特斯的远征队由五百一十八名士兵、一百名船员、三十二名射手、十三名枪手组成；除十四门大炮跟粮食、弹药之外，还有十六匹马。1517年2月11日，他们从远征队的最后基地古巴的哈瓦那起航，沿着尤卡坦半岛沿岸航行，于塔巴斯科（Tabasco）登陆。远征队在此跟塔巴斯科军队交战，仅一天的时间，塔巴斯科就向科尔特斯求和，赠送黄金及美女二十人。其中一人名叫玛丽娜,后来不仅当科尔特斯的翻译员,在白人之间也相当活跃。

科尔特斯的军队在塔巴斯科获胜后,接着就在韦拉克鲁斯登陆。这时,阿兹特克帝国的蒙特祖玛二世派遣使者来见科尔特斯,科尔特斯向使者表示,他是接受世上无双的西班牙王卡洛斯的命令来见蒙特祖玛二世的。使者回去后,送来了许多阿兹特克王的礼物,婉转拒绝科尔特斯的访问。后来,科尔特斯一再要求见蒙特祖玛二世,阿兹特克则一再送来礼物,表示拒绝之意。阿兹特克的赠礼大都是金银之类,因而更激起西班牙人征服阿兹特克的欲望。等到西班牙人在韦拉克鲁斯建起前线基地的城堡以后,科尔特斯就把所乘船只击沉,以求背水一战,开始远征墨西哥高原。

当时的阿兹特克帝国以军事实力统御各部族,要求他们朝贡,并奉献祭神的牺牲,所以帝国统治下的各部族间缺乏一体的观念。这种情形对科尔特斯非常有利。在远征墨西哥高原途中,西班牙人击溃了特拉斯卡拉族,并把它收编为己军。1519年11月7日,军队到达特斯科科湖上的阿兹特克帝国首都特诺奇蒂特兰。

蒙特祖玛二世非常忧愁。在科尔特斯还没到达之前,已经有许多不祥的前兆暗示阿兹特克帝国的混乱与崩溃,尤其是"白神"的降临与复仇,跟科尔特斯的出现非常一致。蒙特祖玛二世想用赠礼遣走科尔特斯的意图失败后,他就只有绝望地等待预言实现了。科尔特斯进入首都后,就让蒙特祖玛二世向西班牙王卡洛斯宣誓效忠,以求神的保佑,并对蒙特祖玛二世优遇有加。过了不久,科尔特斯借口蒙特祖玛二世叛乱,把他幽禁在宫殿中,并利用他的名义掠夺阿兹特克的财物。

但是,当科尔特斯本人离开阿兹特克首都的时候,西班牙人便遭遇了阿兹特克人的激烈反抗。科尔特斯即刻返回,已经无法收拾残局,蒙特祖玛二世也没有阻止国人反抗的能力。西班牙人杀了蒙特祖玛二世后,乘黑夜离开特斯科科湖的小岛。这一次战役,西班牙人死伤与被俘的为数甚多。被俘的西班牙人都被阿兹特克人当作祭神的牺牲。

1520年12月,科尔特斯重整军势,开始向阿兹特克首都发动总攻击。阿兹特克人在新选出的国王库奥特沃克的领导下,拼死抵抗。首都的攻防战为时超过两个月。阿兹特克首都终于在1521年8月陷落,神殿被破坏,十字架代之而起。三年后,已有数万西班牙人移来,五年后,墨西哥成为西班牙的殖民地。

南美印加帝国的兴亡

中央安第斯地带包含现在的秘鲁和玻利维亚北部一带，是南美文明的中心地带之一。这一带可分为海岸沙漠地带跟高原地带两部分。公元前4000年，海岸一带已经展开以海产为中心的采集生活。公元前3000年后，开始栽培葫芦、南瓜、鳄梨、棉、豆等。高原地带的情形，现在还有许多不清楚的地方，大概从公元前3000年起，已经从以前的采集狩猎生活进入农耕生活。

公元前2000年左右，初期的农耕生活似乎已相当进步，在居住的地方建有大神殿之类的建筑物。建筑物系堆积晒干的砖土为壁，壁上再涂以黏土，地板也涂有黏土。公元前1500年左右，开始制造土器，高原地带的土器在技术上已高度发展。不久，玉米也传进来。中央安第斯地带北半部的高原跟海岸有所谓查文文化在传播着。查文文化除了独特的土器跟金器外，还有规模宏伟的神殿。神殿的神像、雕刻与壁饰已表现出跟以前不同形式的宗教主题。这些主题是以美洲虎、蛇、秃鹰等动物的神性为中心的宗教思想。查文文化从公元前1000年起，一直持续到公元前500年，而且还影响到南边海岸，促使巴拉嘉斯文化的形成。之后，安第斯各地生产力增高，人口激增，社会逐渐分化，形成了北海岸的莫奇卡文化、南海岸的纳斯卡文化、北高地的威拉斯文化、南高地的蒂亚瓦纳科文化，这些文化颇富地域色彩。海岸的河谷平原非常肥沃，适于耕种。高原地带的山坡地也逐渐被开发了。

10世纪或11世纪前后，蒂亚瓦纳科文化已扩展到安第斯一带，使以前的地域性文化发生大变化。此后，拥有城市的奇穆帝国与南海岸的契恰王国相继成立，政治组织更为复杂。高原地带虽然不像海岸地带那样有庞大的国家，但是，小王国却在各地出现。南高地的的的喀喀湖畔有柯列欧国，阿普利马克上游有昌卡国。这时候，居住在库斯科河谷的有印加族。

安第斯文明跟墨西哥文明不同，没有文字，印加也不例外。在这地方，无法像阿兹特克那样给部族的历史以相当正确的年号。不过，西班牙人对印加各代国王的传说曾加以详细的纪录。因此，从14世纪末叶开始，印加的年代才比较清楚。一般认为印加第一代国王曼科·卡帕克是在12世纪初即位的。

据说，印加人来自库斯科南方的塔普—托科洞窟，并在年长的曼科·卡帕克的领导下，辗转各地，之后才进入库斯科河谷，占有了该地。第二代国王辛奇·罗卡是曼科·卡帕克跟他的妹妹所生的儿子，据守了库斯科的河谷。第八代国王叫维拉科查（1386年至1483年），从此以后，印加的年代便很清楚。

第五代国王的时候，印加族开始向库斯科以外地区侵略，但只与近邻的小部族作战。到第八代国王维拉科查的时候，安得威拉斯地方的强者昌卡族攻击库斯科，库斯科几为所陷，幸赖维拉科查之子库西（后来的帕查库特克王）的奋战，才击退昌卡族。帕查库特克即位后，开始整顿库斯科的市街和耕地，确立祭仪跟历法。征服地逐渐扩大后，帕查库特克也积极地去经营。王子图帕克还征服厄瓜多尔，消灭了北海岸的强国奇穆帝国。印加王国已具帝国的形式。

图帕克·印加即位（1473年至1493年在位）后，进一步远征到智利，帝国的版图大为扩张。他整顿首都库斯科及其附近地区，建筑城寨，创立大帝国的行政机构。下一个国王瓦伊纳·卡帕克（1493年至1525年在位）攻入哥伦比亚南部的安加斯马约河，并以此为印加帝国的北疆，因患热病逝于厄瓜多尔的基多。华斯卡尔（1525年至1532年在位）在库斯科即位，阿塔瓦尔帕在基多自立，印加帝国被分为两部分。之后，两个国王的军队发生冲突，阿塔瓦尔帕获胜，华斯卡尔旋即被处刑。当阿塔瓦尔帕要凯旋库斯科的时候（1532年），西班牙人已登陆通贝斯港。

到15世纪后半叶，印加帝国的版图掩有今日的厄瓜多尔到智利的毛利河一带地区。在这以库斯科为中心的南北长五千公里的领土中仍然有许多大小不同的国家，所以印加并不是实施中央集权，而是仍予各国相当的独立权，借以统治各区域。

印加帝国以库斯科为中心，将全国分为四个斯犹（省），每一斯犹设有称为阿波的首长。四个阿波都住在库斯科，辅佐印加（皇帝）。斯犹又细分为叫作瓦曼的小地域（县），瓦曼置托可利可克（其首长）。瓦曼又再分为二个到三个萨雅（乡）。萨雅有艾犹组成的村落。库斯科的市街分为两个萨雅，每萨雅含有五个艾犹。艾犹本是亲属集团，若干集团集聚组成村落。艾犹还以共有地的形式保持耕地，再把它分割给属下的家庭，让他们去耕种。此外，艾犹也是政治组织的最下层机构。

对于征服地，印加显然承认它们的传统社会与政治组织，却将其耕地予以重新整编。土地分为三种，第一种是为宗教与祭祀使用的。这土地的收获物存放在特定的仓库中，作为祭祀与库斯科神殿的费用。第二种土地属于印加（皇帝），收获物分发给皇帝及其亲属、贵族、战士与侍从等。第三种土地属于人民，按家庭人数与年龄分给一定面积的土地，死后归还皇帝。人们除耕种自己分得的土地之外，还得耕种第一种和第二种土地，并照料供牺牲用的家畜与织布制衣。农民之外还有职工替印加与贵族制造优秀物品。美丽的少女被选去接受特别教育，以便奉侍印加与太阳神殿，或作贵族的妻。还从中选出"太阳的处女"，侍奉库斯科的太阳神殿。

印加领土广大，因而从库斯科到高原地带或海岸的沙漠地带都敷设有所谓的印加御道。御道上设有驿站，大的驿站则设有神殿、宫殿、仓库、浴场等，总之，交通网相当稠密。印加帝国于 1533 年为西班牙人所灭。

皮萨罗与印加帝国的征服

皮萨罗（Francisco Pizarro）是西班牙的探险家。他出身低微，连生年也不能确知，但是，他很勇敢，又富于机智，曾经数度到新大陆，五十多岁仍然不肯过安乐的生活。他在巴拿马的时候，听说南方黄金遍地，于是跟两三个伙伴组织探险队，于1524年第一次向南方探险。历尽种种痛苦，却毫无所得。第二次到了印加帝国北端的通贝斯，居民们对皮萨罗等人非常友好。巨大的城寨、神殿与整然有序的市街显示出这个国家组织力和军事实力的不平凡，激起了皮萨罗的征服欲。

皮萨罗回国后，获得西班牙王卡洛斯的敕许，被任命为西班牙军队的总司令与总督，遂率领远征军于1531年从巴拿马起航。其实这一次皮萨罗所率领的远征军，只有一百八十个士兵与二十七匹马。皮萨罗等人从厄瓜多尔北岸登陆，再入通贝斯。经过艰苦的行军之后，他们好不容易才进入卡哈马卡河谷。皮萨罗第二次到秘鲁探险后的五年中，领土庞大的印加帝国已分裂为二，华斯卡尔与阿塔瓦尔帕这两个皇帝各以库斯科与基多为据点，互相对立，终于衍发为内乱。印加帝国的势力因而大为削弱。阿塔瓦尔帕于卡哈马卡击败对手后，西班牙人已进入卡哈马卡。

印加有一种传说，预言创造天地的"白神"维拉科查将再降临，但是，这并不使阿塔瓦尔帕烦恼。印加的皇帝以"太阳之子"的身份被神圣化。太阳神的神圣也被投影在世俗中，构成皇帝的绝对权力，所以印加帝国拥有强大的军事实力与行政组织。当阿塔瓦尔帕面对不满二百人的西班牙军队时，他只是很感兴趣地在监视他们，显得非常悠闲。皮萨罗等人在跟皇帝会面的前一天晚上，却都假寐以待天亮。在这状况下，皮萨罗就想采取突袭的方式先擒拿皇帝。当皮萨罗以卡洛斯王的使者、基督福音宣扬者的身份去见阿塔瓦尔帕的时候，突然下令袭击，逮捕皇帝，击垮卫队，时在1532年11月16日。

当时，印加帝国井然有序，皇帝的命令相当有效，因而皮萨罗便借皇帝的命令逐渐控制印加。印加皇帝被捕后，帝国的政治功能完全停顿，人民几乎都不加抵抗。皮萨罗要印加人民聚集一房间的黄金，来交换皇帝的生命。命令一下，人民不仅没有抵抗，甚至还从远地陆续运来黄金。皮萨罗毫不吝惜地把这些黄金成品予以熔化，将其中的五分之一献给卡洛斯王，其余分给大家。西班牙援军从巴拿马来临后，西班牙军势更振，遂把阿塔瓦尔帕处死，另外立一个合他们意的傀儡皇帝，并让他率军向库斯科进攻。但这一次的进击非常不利，沿途遭遇了许多抵抗。不过，这些抵抗并不激烈，毋宁说印加人易于服从。这或许跟皇帝有绝对权威有密切关系，而且西班牙人征服印加，跟由库斯科小部族崛起后逐渐征服各地的情形，在本质上非常类似。

印加跟阿斯嘉特不同，不仅实施供奉牺牲的恐怖政策，对征服地也讲求良好的社会政策跟安抚政策。现在，西班牙人只不过用基督来代替太阳神，用建教堂来替代建神殿，用西班牙的威势来取代皇帝的权威。这种统治方式跟印加的统治方式在本质上没有什么不同。占领库斯科后，西班牙人便在利马建立西班牙式的城市（1535年）。印加已逐渐走向被殖民的命运，印加帝国的组织与机构也使印加的殖民化更轻而易举。皮萨罗于1541年因征服者彼此间的互争而被暗杀，印加也逐渐变成西班牙的殖民地。

环绕世界的麦哲伦

大家都知道，麦哲伦是人类历史上第一个环绕世界一周的人，他也因此而永垂史册。其实，严密说来，这种说法并不正确。因为麦哲伦在环绕世界一周的途中，于菲律宾群岛的宿务岛附近为土人所杀。所以更准确的说法应该是麦哲伦所率领的船队中的一艘船完成了环绕世界一周的壮举。

麦哲伦也不是从开始就想去环绕世界一周的，他的目的是到达马鲁古群岛（即香料群岛）。所以麦哲伦的环绕世界很有偶然的意味。

麦哲伦本是葡萄牙人，门第并不高，出生年月日不详。一般推测，他生于1480年。起初，他是葡萄牙王妃的侍童，二十多岁才出海航行。不久，马六甲、马鲁古群岛等便成为他熟悉的活动场所。尤其当时被认为是无穷宝库的马鲁古群岛，对他的吸引力更大。他最先只是一个下级的船员，不久之后，由于他的英勇，才被擢拔为船长。他曾在战场上负伤三次，成为一个跛足的人。

1515年，因为得罪了葡萄牙王，他离开了祖国，归化为西班牙人，颇得西班牙王卡洛斯的信任。他也向卡洛斯王建议：向西航行后，再向东航行，就可到达马鲁古群岛。

这时，葡萄牙已经积极地向东方发展。葡萄牙的最大敌手西班牙当然不能坐视，所以在有力人士的推荐下，麦哲伦的计划很快就被西班牙王接受。1518年3月，麦哲伦与卡洛斯王签订契约，所得纯益的二十分之一归麦哲伦所有，新发现的土地的统治权由麦哲伦子孙世袭。

1519年8月10日，麦哲伦船队从西班牙的塞维利亚港起航。当时，他年已四十。船队由五艘船只组成，每艘船的吨位仅一百吨左右，船员共二百三十七人，有十多个国籍。

麦哲伦的计划有相当大的错误：他把地球看得太小了。换句话说，他完全没有考虑到太平洋的广大，而把它看成内海一般大小。他沿南美东岸南行时，以为自己已到了亚洲大陆东岸。通过南美大陆南端进入内海的时候，他以为马上就可以到达马鲁古群岛。总之，对于当时的世界，麦哲伦的地理知识依然很贫乏。

关于麦哲伦航海的过程，现在留有八种记录。其中记载最详细完整的要算安东尼奥·皮加费塔的记录。皮加费塔是意大利人，他听到麦哲伦的计划后，就立刻志愿加入麦哲伦的行列。他始终与麦哲伦共同行动。麦哲伦死后，他是十八个生还者当中的一个。他的成绩非常好，也因此使他的名字永垂不朽。

麦哲伦从塞维利亚港起航后，经过四个月，于1519年11月底望见南美大陆，开始南下。1520年3月31日，他到达了接近南纬五十度的圣胡里安港。在南半球，3月可以说是冬天来临的时期，因而将近半年的时间，他们都在这儿过冬。在此期间，船员间发生了暴动，麦哲伦用诡计才把他们安抚下来。8月24日，春天已来临，麦哲伦船队开始再度向南航行。10月21日，他们到达了南纬五十二度，发现了深长的内河入口，这就是后来所谓的"麦哲伦海峡"。

麦哲伦进入河口以后，才发觉这是一条非常惊险的水道。麦哲伦海峡虽然全长只有六百公里，但是海岸线极错综复杂，他们在这条水道上就花费了三十八天才走完。一天下午，守望的船员从左舷方向听到了海水击岸的微弱波涛声。走完海峡后，他们看见的却是一望无际的不知名的大洋。麦哲伦以为这大洋只不过是一个内海，过了这"内海"马上就可达马鲁古群岛。但是，航行复航行，马鲁古群岛总未出现，好不容易他们才看到了"小偷之岛"(今日的马里亚纳群岛)。到这时候，他们已在太平洋上过了九十八天，所有船员也正面临饿死的危机。幸好，在这片海域上，每天都风平浪静，所以麦哲伦把这大洋取名为太平洋。

从"小偷之岛"再航行十天，他们到了菲律宾的一个角落（1521年3月16日）。绕过各岛后，船队于4月7日进入麦哲伦致命之地——宿务港。宿务的酋长对他们表示欢迎，并率先改信天主教，只有宿务岛附近小岛马克坦的酋长拼命抵抗。在任何危机状况中都很冷静的麦哲伦，这一次却像着了魔一样，亲自率领一队武装船员，想用威吓方式压服马克坦的酋长。1521年4月27日清晨，双方发生战斗。随麦哲伦作战的队友只有四十九人，敌方却有千人。因为是在水域中作战的关系，队友的火绳枪与长弓都无法发挥威力。麦哲伦只得下令撤退。敌方使用毒矢、竹枪等，却总能巧妙地攻击到麦哲伦等人露出水面的腿部。

这时，突然有一枝毒矢射中了麦哲伦的右脚，土人的攻击也完全集中到麦哲伦一个人身上。麦哲伦等人虽然继续后退，但敌人的攻击却越来越密集。这时在他身边的已只有几个人。麦哲伦"英勇战斗了一个多小时，这时有一个土人瞄准他的脸部，向他投来竹枪。在这瞬间，他用自己的枪杀了对方，竹枪也插在他的脸上。敌人看到这情形，便全部向他袭来，其中一人用大刀斩断了他的左脚，麦哲伦倒了下去"，气绝身死。

在这次战斗中，有八名队友与四名改奉天主教的土著人阵亡。麦哲伦也在快到马鲁古群岛的时候，埋骨于一个小岛上。

麦哲伦的队友们于1521年5月1日离开宿务岛，11月6日到达马鲁古群岛，掠夺了许多东西，如肉桂之类，行为有如海盗。一个半月之后，他们离开马鲁古群岛，起航归国。出发时的五艘船只，到此只剩下一艘孤独地往西航行，经印度洋、好望角，于1522年9月8日回到西班牙的塞维利亚港。船队自出发以迄归国，共费去了将近三年的时光，回来的只有十八人。在这悲惨的境遇下，麦哲伦的船队环绕了世界一周。

平托与卡蒙斯

　　15世纪末叶,达·伽马率领葡萄牙舰队,绕过非洲,到了印度,接着,阿尔布克尔克(Afonso de Albuquerque,1453年至1515年)占领了印度的果阿、马六甲与锡兰(今斯里兰卡),并且以果阿为根据地,掌握了东起马来半岛、西至波斯湾的海上霸权。从此以后,葡萄牙垄断了非洲、印度、东南亚、中国等地的特产品,使葡萄牙很快繁荣起来。在这种情况下,有许多葡萄牙人到了东方。他们有的是想在东方建立武功的野心军人,有的是想在东方追逐荣华的官吏,有的是想借贸易一攫千金的冒险商人,有的则是想把基督教扩展到陌生地的传教士。

　　但是,其中也有一些人是为了到东方流浪的。平托(1509年至1583年)与卡蒙斯(1524年至1580年)可说是这类流浪者的代表人物。他们分别撰写了《流浪记》与《卢济塔尼亚人之歌》,描绘16世纪时葡萄牙人在印度与东南亚一带发展的实际情形。这两部葡萄牙文学中的杰作,由于作者的学养、人生观等不同,叙述的目的与对象、内容的性质与表现也有所差异。但是,他们都以人的眼光凝视现实情况,并暗示葡萄牙人在亚洲的发展必趋于没落。他们的此一预言,不久之后就成了事实。

　　1514年,平托生于葡萄牙孔布拉附近的蒙特摩尔,少年时期曾做贵妇的下人,后来因故逃到贝德拉港,开始他的海上生活,但是不幸被法国海盗俘虏。1537年,他搭船到了葡萄牙在亚洲的殖民地。当时,葡萄牙人以印度的果阿和马来半岛的马六甲为根据地，称霸印度洋，并与巽他群岛、马鲁古群岛、东海沿岸等地的人定期进行贸易。

1539年，他经果阿到了马六甲，认识马六甲城寨的首长贝德罗·德·法利亚，并加入法利亚的军队，远征苏门答腊。1540年，他作为安东尼奥·德·法利亚的随从，加入劫掠中国沿海的海盗阵营，到了漳州与宁波。1541年到1543年，他主要的活动范围是缅甸和泰国。1544年到1551年，他曾三度赴日。

1553年，他到了泰国，这时，他已经是个豪富之人。1558年，他回到了离别二十年的故国葡萄牙。他的著作《流浪记》附有许多中国内陆的游记。他是否真的到过中国内陆，实在值得怀疑。其实，他只在1541年到1543年实际到过中国沿海，而且是为劫掠而去的，所以很可能没有进入中国内陆。

他回国后，隐居于阿尔马达，娶妻生子，开始为子孙撰写他的《流浪记》。死后，他的原稿经由安德拉达的整理，于1614年在里斯本出版。1620年到1671年，西班牙、法国、荷兰、德国相继出了《流浪记》的译本，且多次再版，可说是17世纪的畅销书之一。但是，当时人们只把这本书看作富有异国情调的作品，是流浪者不畏生死的无稽的冒险故事。在欧洲，有很长的一段时间，平托被当作"大吹法螺"的代名词。可是，现在无论对平托本人也好，对《流浪记》也好，评价都大大改变了，人们认为他是伟大的旅行家、大作家，并且把《流浪记》视为葡萄牙文学的古典之作。

而且，经过专家的研究，这本《流浪记》的可信度已相当明确。对16世纪亚洲历史、地理、民族等之研究，尤其是对葡萄牙人东渐史的研究，此书可说是不能忽视的文献之一。在当时的史书中，没有一部作品像平托的《流浪记》那样广泛、具体、赤裸地描绘出16世纪亚洲的情形与葡萄牙人在亚洲活动的各种相貌。他用自己的眼睛注视外界的一切事物，而且处处展现出人性的光辉。除了他自己的体验之外，他还采入从他人那儿听来的材料,编织成一个鲜活的景致。

卡蒙斯与平托有着完全不同生活方式,门第、学养也完全不同。卡蒙斯出身贵族,学养深厚,英勇而有才气,但不为当时腐败、颓废的葡萄牙贵族社会所容。他羡慕达·伽马、阿尔布克尔克的功业,于是到了印度。可是,在印度,他遭遇了有权有势的人的压迫,而辗转于马六甲、澳门等地。这时,卡蒙斯有意把葡萄牙人向东方的发展谱成一部大叙事诗(史诗)传于后世,最后终于完成了巨构《卢济塔尼亚人之歌》,并返回本国。

他是葡萄牙民族文学中最伟大的人物之一,他的一生为浪漫的云霭所包围,以至于传记作家往往写出彼此完全相反的记述。关于他的一生,不明之处非常多,大概的情形如下所述。

卡蒙斯1524年或1525年生于里斯本的贵族之家,达·伽马和他有亲戚关系。在孔布拉大学主修希腊、罗马古典文学之后,他回到里斯本,经常出入宫廷,常以诗才跟容貌引人注目。1547年,他参加摩洛哥远征军,在跟摩洛哥人的战斗中失去右眼,然武功显彰,凯旋里斯本。当时腐败、颓废的贵族社会非常害怕这位富有正义感的诗人的言行,暗地加以迫害。卡蒙斯只得离开里斯本,远赴印度。

他到果阿不久,便加入义勇军,远征波斯湾、红海与非洲东岸,充分发挥了他在战场上的勇气,在海上度过了好几年。回到果阿后,因与总督弗朗西斯科·巴雷特不睦,而被派遣到澳门,这可说是一种流刑,原因是他讽刺当时的社会。到澳门后,他蛰居于他所发现的洞窟里,完成了很久以前开始撰写的《卢济塔尼亚人之歌》。两年后,巴雷特把他召回果阿。他在回果阿途中遭遇海难,除原稿外,一切尽失。

卡蒙斯回到果阿后,即被巴雷特关入狱中,直到1558年,他的朋友布拉甘沙就任总督,才把他放出来,恢复自由之身。布拉甘沙去世后,他又被人陷害,再度被关入牢中,他的一位知己担任副总督后才获赦免。他的命运开始好转,却突然为乡情所攫,决心回国,于1569年回到了里斯本。

他回到祖国时,瘟疫正流行,他的《卢济塔尼亚人之歌》要到 1572 年才得以出版。书出版后,深受葡萄牙王欣赏,而他在里斯本的生活却越来越穷困、孤独。1579 年或 1580 年,这位苦命的大诗人终于在孤独中去世。

他死后不久,葡萄牙即为西班牙所合并。他的诗篇被译成西班牙文、意大利文、法文、英文等,成为全世界的古典之作。

西班牙王腓力二世与荷兰

西班牙在腓力二世（1556年至1598年在位）统治下，领土已经非常广大。在西班牙的中心地带卡斯蒂利亚，贵族势力在前任国王卡洛斯一世时已经被削弱，都市的反抗也被压制下去，对专制政体的最大障碍几乎不存在。在远地还有许多属地，譬如在意大利有米兰、那不勒斯、西西里，在北方有尼德兰等。大西洋彼岸的新大陆殖民地有大量的贵重金属送来。腓力二世面对这庞大的遗产，还尽力加以充实，并让它能安定下去。1557年，在圣康坦之战中，西班牙击败法国，使法国不再染指意大利。与土耳其的地中海之战也获得了非凡的成就，而在此之前，西班牙的海军并不壮大，而且不是土耳其海军的敌手。土耳其的势力一度从地中海中部往西部逐渐推进，西班牙无法有效地加以阻止。1571年5月，西班牙、威尼斯、梵蒂冈缔结反土耳其同盟；10月，西班牙等国的联合舰队袭击在勒班陀集结的土耳其舰队。联合舰队虽受损不小，但土耳其方面损伤更大，除一部分逃逸之外，大部分船舰被击沉。土耳其的西进暂时中止。

1580年，腓力二世利用葡萄牙新王之死，夺得葡萄牙的王位。葡萄牙的传统制度虽然保留着，但实质上已被西班牙合并。因而1580年可说是腓力二世治世的顶峰时期。

在尼德兰，腓力二世试图利用天主教来压制新教，夺取都市的自治权，以实施专制统治，对尼德兰北部（今荷兰）的工商业及对外贸易极力加以压制，使北尼德兰人大为不满。

尼德兰自中世纪以后，就是北欧最进步的国家，也是一个非常自豪的市民国家，每一郡都有自己的特权，自主性很强，对专制统治向来非常厌恶。尼德兰也是伊拉斯谟的祖国，人文主义式的宗教宽容已经很普及，而且深受民众欢迎。偏狭的宗教政策，不仅会引起新教徒的反抗，也会导致许多天主教徒的反感。

腓力二世的宗教政策很快就引起尼德兰人的反抗。1565年，尼德兰的革命声势已普及全土。下级贵族与市民阶层代替赞成腓力二世宗教政策的大贵族，掌握了反宗教迫害运动的指导权。1566年4月，由各地涌来的贵族集结起来，向布鲁塞尔宫廷进军，把请愿书呈递给怕得发抖的马加雷特总督。入夏后，喀尔文派的民众在尼德兰南部展开捣毁圣像的暴动，并很快就波及全国。1567年，腓力二世派遣阿尔巴公爵赴尼德兰。阿尔巴设立"血的法庭"，大规模整肃新教，并力行西班牙的租税制度，反抗势力一一被击溃。

但是，1568年，被称为"海丐"的北部新教徒拥护亡命法国的奥兰纳公爵为领袖，高喊恢复信仰自由与自治，引发了独立运动，不久被阿尔巴击败。1572年，"海丐"占领布里尔港，局势开始转变。荷兰与西兰的都市相继光复，并推奥兰纳为领袖，以这两地为据点继续奋斗。腓力二世遂把阿尔巴解职，改派他人，以谋改善，但是毫无效果。1576年，荷兰、西兰跟其他各省缔结《根特协定》，一致要求西班牙军队撤退，看来整个尼德兰将脱离腓力二世而独立了。但是，尼德兰内部步调并不一致，再加上西班牙总督从中分化，北部六省于1581年正式否认腓力二世的君主权，成立荷兰联邦共和国，对外贸易也逐渐兴盛，终于威胁了西班牙与葡萄牙的海外殖民地；而南方各省（今比利时）则在西班牙总督的安抚和征服之下，仍为西班牙统治。

腓力二世的治世在政治表面上似是西班牙的黄金时代，其实在经济上已逐渐颓废。他死后，西班牙势力已大不如前。

荷兰的东印度公司

1595年，两批荷兰船队开始远洋航行。4月起程的船队向南方航行，7月出航的另一船队则向北方航行，它们的目标是东印度的香料产地。

香料在当时的国际贸易中是最重要的商品。自从葡萄牙开拓经由好望角的印度航路，向东方发展以来，大多数的香料都流向里斯本。在北欧，安特卫普（今比利时境内）是香料的中间站，所以非常繁荣。当时，从里斯本把香料运往北欧的是北尼德兰的船只。只要里斯本是自由港，安特卫普就会继续繁荣下去，荷兰的海运和贸易也不会受到任何的阻碍。可是，到1580年代，由于荷兰一再反抗西班牙统治，西班牙王腓力二世兼任葡萄牙王后，于1580年禁止荷兰船出入里斯本等伊比利亚半岛的港口。1585年，安特卫普又被西班牙控制，荷兰无法再从欧洲获取香料。为获得香料，荷兰只有直接到香料的产地去。

荷兰本来是一个很会算计的民族，不愿做无谓的冒险。可能的话，他们不愿意跟西班牙冲突，直接到东印度去。因此，开拓沿欧亚大陆北边的北洋航线，深为荷兰人所关心。1594年派出的北洋探险航队顺利到达喀拉海，未见有结冰，使他们深富信心。1595年北航的船队规模庞大，政府也积极加以支持。但这船队满怀信心航行到喀拉海后，却见一片冰原，无法前进，只好于10月归国。北航完全失败，政府也不再资助，现在只剩下南航的印度航线了。

但是，原有的印度航线全被西班牙和葡萄牙所控制。跟航线有关的知识，也被葡萄牙人所独占，隐秘不宣。1592年，阿姆斯特丹的喀尔文派神学家培特尔斯·布朗奇斯得到了葡萄牙秘藏的海图，复制成功。1595年林斯霍登的《葡萄牙人航海记》出版。林斯霍登曾长期住在印度的果阿。海图和航海记的出现，使荷兰人对东印度的航行比较有信心。1594年，九名阿姆斯特丹商人组成远洋公司，计划派遣船队经由印度航线赴东南亚。远洋公司的船队于1595年起航，指挥官是郝特曼。这四艘船组成的船队经过无数的难关，费时一年多，才于1596年6月到达爪哇岛的万丹。起初，他们颇受岛民的欢迎，香料交易进行得非常顺利。后来，因为郝特曼的傲慢无礼，岛民们开始对他们不怀好感。郝特曼的船队只好离开爪哇，经由印度洋，于1597年8月回到荷兰。在这期间，他们失去船只一艘，死去的船员约三分之二，在贸易方面也失败。

但是，郝特曼这次航行却给荷兰人极大的信心。1596年出版的林斯霍登的著作《东方游记》也提供了关于东印度地区的正确情报，使荷兰人对东印度群岛深感兴趣。郝特曼回国后，阿姆斯特丹、鹿特丹、密德堡等城市相继设立香料贸易公司，并各自派遣船队到东印度。从1598年到1601年，荷兰的贸易公司共派出十五支船队，船舶总数超过六十艘。

荷兰人虽然这么热心派遣船队到东印度，但是成果并不十分丰富。其中收获最大的是阿姆斯特丹派出的船队，他们在万丹获得了大量的胡椒，在特尔纳特、安汶岛等地购得相当多的丁香和肉豆蔻。其他的船队大都失败。经由麦哲伦海峡东来的鹿特丹的船队大部分沉没在大西洋或太平洋中，贸易上的利益可谓全无。密德堡和费雷的船队收获也不大。虽然有的船队平安地到了东印度，但是无法买到足够的胡椒；有的船队在万丹却意外地买了价格高昂的胡椒。

他们失败的原因，有的虽然是受到葡萄牙的干扰，或者和当地土著人发生争执，但最主要是因为荷兰船队之间竞争得非常激烈。他们或在购买香料的地方竞争，或在本国竞销，以致香料的买价迅速上涨，在欧洲的批发价却大落，所获利润自然不多。要克服这危机，解决竞争问题，只有实施公司的合并，以便从政府那儿获得贸易上的独占权。但是，都市间的利害关系各不相同，因而只有靠政府的力量才能让它们彼此合作。1602年3月，在联省共和国大议长奥登巴恩维尔特的周旋之下，成立了东印度公司，把各都市的贸易公司合并起来。

东印度公司获得好望角以东、麦哲伦海峡以西的贸易独占权，并与交易地区的君王缔结条约，获得在重要地区设立要塞，派驻军队的权利。东印度公司在阿姆斯特丹、代尔夫特、荷恩、密德堡、鹿特丹、恩克华生六个城市设立被称为"卡梅尔"的地方企业。每个卡梅尔都设有董事会，在经营上保持着相当的独立性。东印度公司是这些卡梅尔的同盟组织，总公司由卡梅尔选派的十七个代表董事经营。其中，阿姆斯特丹的地位最高，总资本额占了一半。

17世纪荷兰人在东南亚的活动

　　1602年荷兰东印度公司成立以后,东印度公司每年都派遣船队到东印度,并在万丹、雅加达等地设立商馆,或构筑要塞。在爪哇和苏门答腊则把资金借给住在港埠的华侨,让他们从内陆购买胡椒,送给荷兰人。在安汶和班达,他们从土著人那里获得了独占丁香和肉豆蔻的特权,逐渐巩固了独占香料的基础。同时,由于东南亚人喜欢棉布,荷兰人也在印度卡西瓦等地设立商馆,购买棉布,送到东南亚。1609年,荷兰东印度公司的十七人会(董事代表会)被派遣统治东印度的商馆、要塞,并指挥军队、船舶的总督,并设立五人组成的印度评议会,以辅佐总督。

　　荷兰人向东方积极发展后,葡萄牙人当然不能坐视局势如此发展下去,而在马鲁古群岛与印度激烈地抵制荷兰人。但葡萄牙已无往日的威势,而且其势力圈大致集中在果阿、马六甲、澳门一带,对印尼比较疏忽。因而,荷兰人利用这机会,把全力倾注在印尼的经营上。但是葡萄牙人仍然在各地打击荷兰。除了葡萄牙之外,英国也是荷兰的一大劲敌。英国自从1600年在伦敦设立东印度公司以来,也跟着荷兰人积极向东印度发展,为了获得香料贸易的利润,还不时向荷兰挑衅。

　　英国东印度公司自成立以来,便有极强烈的企业精神,可是,在资本与船舶数目上都远不如荷兰,两者的实力相差甚大。虽然如此,英国给荷兰的困扰仍然很大。在爪哇和苏门答腊，英国也采取与荷兰同样的独占胡椒方式，借款给华侨，让华侨替他们购买胡椒，对荷兰的贸易妨害甚大。在安汶和班达，英国人还以高价购买丁香跟肉豆蔻，威胁了荷兰的独占特权。

这种小竞争，最后终于导致了西爪哇和安汶的武力拼斗。在西爪哇，荷兰总督彼得苏松·昆为了加强雅加达商馆实力，准备在此设立荷兰根据地，招致了土著人的反感。英国乘机利用土著人，反对昆的计划。1618年底，双方开始战斗，荷兰居于劣势。昆为求援军，乃赴马鲁古群岛。然而，英国、雅加达王侯与万丹王彼此利害关系不一致，使荷兰得以扭转劣势。1619年5月，昆回到爪哇，攻击雅加达城，予以彻底破坏。不久，荷兰殖民帝国的首都巴达维亚便在这废墟上建立起来。就在这一年，在欧洲，荷兰与英国的两家东印度公司缔结了所谓的防卫条约，表示两公司在军事与贸易方面彼此合作。但是在东南亚，这条约根本没有约束力。昆几乎不理条约的约束，继续倾力排除英国势力的渗透。

1623年2月，昆辞职回国后不久，在安汶发生了一件事故。有一个日本人在荷兰的安汶要塞被捕，接着又有许多英国人和日本人被捕。拷问之后，犯人承认他们在商议夺取要塞。经过荷兰单方面的审判，于3月间判处了二十个英国人和日本人死刑，当天执行。这件事发生后，英国完全从马鲁古群岛乃至东南亚败退了。英国虽然在万丹等地还有商馆，但是已经无法发挥作用，只好把注意力放在印度。

英国想独占香料贸易，反被荷兰逐出马鲁古群岛。荷兰东印度公司成立的主要目的便在于独占东南亚的丁香、肉豆蔻和胡椒，因而凡是妨碍他们独占香料的，他们必全力予以排除。可是，在胡椒交易方面，荷兰人却无法完全排除中国商人。因为胡椒的产地并不限于印尼，印度的马拉巴尔海岸以及马来半岛都盛产胡椒。中国是胡椒的大主顾，中国的丝与茶又是荷兰垂涎欲得者，因此，为了获得丝与茶，为了贩卖自己所独占的胡椒，就不能让中国船进入爪哇和苏门答腊。

但在丁香和肉豆蔻方面，情形就完全不同，荷兰的独占政策非常彻底，丁香只有马鲁古群岛的千那地到安汶一带的岛屿才出产，肉豆蔻是班达一地的特产品，因而独占比较容易。荷兰对于背弃契约而在黑市买卖香料的土著人常以严厉的手段加以报复，尤以1621年的血洗班达最为严厉。总督彼得苏松·昆亲自率远征军征伐班达，残杀了无数土著人。部分土著人被送到巴达维亚（雅加达）当奴隶，另一部分则逃到山中饿死。班达已成无人之地。于是，昆把自由市民（退休的东印度公司职员及荷兰的移民）送到班达，分配给每个人一块地，让他们种植肉豆蔻，而后以公定的价格卖给公司。肉豆蔻的独占是用这种强硬手段完成的。

丁香的独占也是采取强硬手段达成的。为了便于独占，荷兰命令土著人在容易监视的岛屿上大量种植丁香树，在不易监视的地方则大量砍伐，还进一步向土著征调船只编成武装船队，定期巡视各岛，奖励岛民砍伐丁香树，取缔走私贸易。若岛民有所不满，就用严厉的手段对付他们。17世纪中叶，荷兰人只许安汶岛及其东方的威利亚塞岛种植丁香。此外，荷兰还在爪哇命令土著人栽培咖啡，以便输往欧洲。

16、17世纪英国的对外发展

英国的对外发展大致始于16世纪后半叶。在这以前，英国的对外贸易是被动的，主要是把羊毛和白地的毛织品等原料和半成品输出到欧洲其他国家，而把欧洲别国的成品输入英国。输出品的目的地是安特卫普跟加莱，运到外国的货物也全委托外国商人销售。"东方物品"则由里斯本经安特卫普输入。15世纪末叶，一些布里斯托商人参加了热那亚人卡伯特的中国航路探险队。16世纪前半叶，布里斯托跟伦敦的贸易商人尝试西航赴巴西和西印度群岛。可是，当时的英国仍是欧洲的弱小国家，而宗教改革等所造成的国内动荡尚未消除，海上的霸者是西班牙和葡萄牙。

不过，到伊丽莎白女王（1558年至1603年在位）即位以后，英国的对外发展开始走上积极的路线。伊丽莎白女王确立了英国国教，并把它当作专制政治的主要支柱。但是，这种宗教政策却跟信奉旧教的西班牙产生了尖锐对立。女王不只派军支援西班牙统治下的荷兰独立运动，还鼓励英国人民跟西领美洲进行走私贸易，拘捕西班牙船舰。1588年，英国击垮了西班牙的"无敌舰队"。英国不只确立了国王的专制体制，还为英国贸易商人除去了海上活动的最大障碍。

在海外发展方面，西班牙常用本国的毛织品与新大陆的银子进行交易。但是，从1570年以后，西班牙的毛织工业逐渐衰退，英国的毛织品开始经由西班牙输出新大陆。结果，新大陆的银子大量流入英国。

资本的积蓄促进了英国贸易商人的海外发展。英国女王特许某些特定商人团体在某特定区域的贸易独占权。从王室方面看来，这种贸易政策可以使贸易关税稳定，也可以获得许多特许费的收入。从贸易商人方面看来，这种政策可以使竞争者的数目缩到最小限度，并获得最多的贸易利润，以便迅速积蓄资本。

在这种情况下，英国产生了若干独占贸易公司。这些贸易公司中以亚洲贸易为主要动机而成立的有莫斯科公司（1553年）与土耳其公司（1581年）。土耳其公司后来与威尼斯公司合并为雷凡特公司。莫斯科公司的发展目标是伊朗，雷凡特公司则以探寻印度贸易为主要目的。

在这些贸易公司中，最具历史意义，寿命最长，规模也最大的是东印度公司。东印度公司是由伦敦贸易商团体，加上宫廷贵族、乡绅阶层出资，于1599年秋天组成，1600年获得女王特许证，正式成立。在贸易内容方面，他们从英国输出的百分之七十是金银和外国正货，其余才是商品；输入品主要是印尼方面的香料，后来则为印度的棉布、丝和硝石。当时，由于输出金银，输入足以威胁国内毛织业者利益的印度棉布，东印度公司遭到国内严厉的批评。

东印度贸易逐渐发展后，以伦敦为中心的世界贸易市场逐渐形成。印度产品流入伦敦，再由伦敦输出欧洲及非洲等地。输出非洲的印度棉布也产生了从非洲运往美洲与西印度群岛的奴隶贸易的资金。这些奴隶供给了新大陆烟草、砂糖及棉花的生产劳力。经营这些产业的资本都在伦敦调配，产品则输入英国，再由英国输出部分产品到其他地区。到17世纪时，英国为非洲贸易设立了几内亚公司（1618年），为开发新大陆设立了弗吉尼亚公司（1609年）和马萨诸塞公司（1628年）。非国教派的清教徒移民北美后，他们的殖民地不久也被划归英王统辖。

在亚洲方面，东印度公司在各地设立商馆，以之作为交易的据点。资力雄厚、海上活动迅敏的英国商人不仅控制了亚洲各地区的海上贸易，还把他们的力量扩展到印度内陆。于是，英国商人逐渐控制了印度的商品流通网,而这流通网的中心是伦敦市场。被派遣到印度担当东印度公司商馆下级人员的,大都是没落的地主子弟。商馆人员常利用公务进行私人交易,一攫千金。

总之,在英国工业革命以前,东印度公司扮演了蓄积资本的有力角色。

17世纪的英国政治

英国自百年战争与蔷薇战争后，贵族势力已衰微，王室权力经都铎家亨利七世（1485年至1505年）、亨利八世（1509年至1547年）的经营，不仅确立了专制政体的基础，也创下以海军力量向海外发展的基础。

到亨利八世的女儿伊丽莎白（1558年至1603年）女王主政时，英国的专制政体已达到成熟的阶段。在宗教政策方面，她确立了英国国教，严格取缔非国教徒（如天主教徒、清教徒）。在行政政策方面，她缩小国会权限，加强内阁实力，以强化中央集权；任命地方人才作治安法官，担当地方行政，来加强中央的权力。在社会经济政策方面，她改铸货币，以压制物价的上涨；规定徒弟的工作时间与薪资，制订救贫法案，防止农民浪游；保护各种工业，给予独占权。在贸易政策方面，他采取重商主义政策，给毛织商人独占许可证，并创立许多独占公司，以扩大对外贸易。东印度公司即设于此时。

在外交方面，伊丽莎白女王拒绝西班牙王腓力二世的求婚，助荷兰脱离西班牙的统治，又时时袭击西班牙的美洲贸易船，造成英国与西班牙的战争。1588年，英国海军大破西班牙的无敌舰队，使英国逐渐从岛国成长为海上帝国。

但是，在伊丽莎白女王的晚年，市民阶层与富农阶层展开了反独占、反专制的运动，他们的势力逐渐渗透到下院，原本名存实亡的国会渐渐活跃起来。伊丽莎白女王去世后，斯图亚特家的詹姆斯一世（1603年至1625年在位）是个相信"君权神授"的专制君主。他的内政与外交政策时常遭受国会批评。国王与国会的对立可以说是推行国教政策的国王与反对国教的清教徒之间的对立。詹姆斯一世之子查理一世（1625年至1649年在位）即位后，倾力压迫清教徒，蔑视国会，征课重税。国会于1628年提出"权利请愿书"，要国王承认国会的权利与国民的基本人权，国王不仅没有依从国民的要求召开国会，反利用各种方式课税，民众的反感更深。这时，苏格兰因反国教制度起而斗争。查理一世苦于战费的短缺，乃召开国会，却受国会批评，仅三周就解散国会。后来他又召开国会，国会对国王的指责更为严厉，最后发生了国王与国会的武力冲突，并扩大为内战。清教徒领袖克伦威尔收拾残局以后，杀查理一世，建立共和政体。但是，新成立的共和国却遭到王党与天主教的反对以及荷兰的对立。克伦威尔平息内争，制订航海条例对抗荷兰后，认为要使共和制度能够安定，必须加强中央权力。于是，他解散国会，建立独裁制，于1653年自任"护国主"，实施军事独裁。在国内，他实施义务教育，承认出版自由与妇女参政权等，并设立国立银行，力行清教式的社会政策；对外则积极发展贸易。

　　共和制于1660年查理二世回国即王位后便告终止，国会再度恢复。但是，在詹姆斯王位继承问题中，国会分为两派，一为王党，一为民党。詹姆斯二世（1685年至1688年在位）即位后，极力保护天主教，厉行专制政治，两党遂协力废除詹姆斯二世，迎接其女玛丽及女婿威廉做英国之主，这就是所谓的"光荣革命"。

17世纪前半叶的法国政治

16世纪后半叶，法国发生宗教战争，到1598年，法王亨利四世（1589年至1610年在位）才以他特有的器量与识见颁布"南特敕令"，结束宗教战争，承认新教徒的信仰自由，王政也开始脱离宗教的束缚而独立。

但是，"南特敕令"颁布后，亨利四世深为旧教徒所怨恨，于1610年为旧教刺客刺杀。路易十三即位（1610年至1643年在位），由母后玛丽摄政，采亲西班牙政策，使新教徒大为恐惧。新教徒据法国西南部的自由都市，时时反抗王权。

1627年夏天，新教徒集结在西海岸的拉罗西莱，得英国海军的援助，表现出反法国王权的态势。路易十三和他的顾问官黎塞留，动员陆军，包围拉罗西莱市，9月开始炮击，10月封锁该市的海湾入口，从陆海两方面把它孤立起来。新教徒经历了将近一年的围城之战，终因粮食不足，只好开门投降。新教徒从此便趋没落。

王权另一难缠的敌人是大贵族。大贵族联合母后玛丽、王弟加斯东等，反抗路易十三利用德国的三十年战争（1618年至1648年）推展积极外交的富国强兵政策。黎塞留毫不留情地对他们采取高压手段，国王也跟黎塞留合作，疏离母后等显官廷臣，对大贵族打击甚大。黎塞留的独裁政权逐渐加强。

在对外方面，黎塞留于1635年动员军队攻击在德国与尼德兰的西班牙军，但是很不顺利，1636年敌军攻入了法国国界，巴黎非常危殆，幸赖法军的奋战与国民的合作，才转危为安。战争延续了七年以上，国力、财力都受到很大损害。在这期间，黎塞留跟路易十三相继去世，路易十四以四岁多的幼童即位，设立摄政府，由母后安娜摄政，王叔加斯东代理国王施政。摄政安娜起用意大利出身的外交官马扎然为宰相。法国国民在外国人安娜和马扎然的统治下时表不满。巴黎高等法院自被黎塞留夺去司法、裁判之权后，对宰相独裁权也甚表不满。高等法院的评定官们因受英国清教徒革命的刺激，有意把具有审查敕令资格的评定官会议当作英国式的议会。马扎然遂于1648年逮捕高等法院强硬派评定官，想用武力镇压反宰相运动。巴黎市民起而反抗，这是"投石党运动"的开端。

王权对巴黎市民的反抗虽稍作让步，但从1649年11月起，马扎然开始反击，把宫廷移出巴黎，召回名将孔代亲王，从外封锁巴黎。巴黎高等法院组成市民军，与"投石党"贵族并肩反抗宫廷军队。一年后，马扎然跟孔代发生龃龉，孔代等三个贵族被逮捕。运动遂扩展到全国。马扎然不得已释放了三贵族，自辞宰相，亡命德国。

1651年3月，孔代回到巴黎，巴黎已经是孔代率领的旧贵族派、高等法院派与雷斯率领的小市民派的天下。但这三派各有自己的革命纲领，彼此互相斗争。不久，宫廷与雷斯谈判成功，孔代失败后逃到波尔多，获西班牙的支援，挥军北上。宫廷迁离巴黎，在法国北部组织军团，准备邀击孔代军。孔代进入巴黎后，获得巴黎小市民的热烈欢迎。1652年7月，孔代军与宫廷军战于巴黎郊外，孔代大败。"投石党运动"终止，王权复振。

法国的路易十四时代

"投石党运动"是 17 世纪法国最大的一次内乱。事件结束后,法国政务仍由马扎然执掌将近十年。在这期间,他结束了对西班牙的战争。1660 年,路易十四与西班牙国王之女玛丽·黛雷丝结婚,法国与西班牙二十五年的争执终于结束。这个能干的宰相于 1661 年 3 月病逝后,路易十四开始亲政。

路易十四亲政时,年仅二十二岁。他没有政治经验,也没有战争经验,却在"投石党"内乱中度过他的少年时期,而且没有受完正规的教育。他亲政后,不受周围人员束缚,任意命令显官,并自兼宰相,宣称要树立集国家全权于一身的体制,同时以渎职罪逮捕跟马扎然同掌国家财政的胡克,又从巴黎高等法院夺回审查敕令的权力,还收回征税权与立法权。国王俨然就是法律,他赤裸地显示了"朕即国家"的威严与权威。路易十四亲政后,马扎然时代的顾问官都隐退了,勒·特利埃、李奥斯、柯贝尔等平民出身的大臣们一起出现于宫廷上。尤其是柯贝尔,在财政、经济、海军、殖民方面都发挥了他的才干,并负责路易十四军事方面的事务,与勒·特利埃之子鲁佛瓦同为路易十四时代最伟大的人物。

柯贝尔的经济政策是奖励输出,鼓励人民用自己国家的船只输送自制的物品,并实施关税政策。凡是输入国内的外国产品都课征两倍以上的税率;且不顾英国和荷兰政府的抗议,尽力抑制贵重金属的流出。此外,他还指定某些可供输出的工业品,由国家支援,创设"特权的工厂制手工业",利用基尔特的规则,努力去发展贸易。

他指定的公社,除凡·罗贝尔皇家毛织公司等关于高级纤维物品的公社之外,还有皇家铁炮公司等属于军需工业方面的公社。此外,他还创立了东印度公司、西印度公司之类的贸易商业公司。

由于柯贝尔的创意与努力,只几年时间,法国在制铁、制糖、袜子、毛织品等方面都有显著发展。法国向来最引以为豪的陶器、香水、帽子、化妆品等奢侈工业也很快就超过别国的水准,开始从欧洲市场运往新大陆、印度、土耳其等地发卖,而且还跟远洋贸易的先进国家荷兰、英国、西班牙等在贸易上一争长短。法国为了加强商船队的声势,也积极扩充海军,最后终于参与了长达三十年的国际战争。

战争开始于1667年。从这以后到路易十四去世,法国国民共经历了三次战争:尼德兰战争(1672年至1678年)、大同盟战争(1688年至1697年)和西班牙王位继承战争(1701年至1713年)。战争期间,法国陆军急速扩张,成为欧洲最强大的陆军国。

在路易十四时代,除了战争与市民生活的繁华之外,法国还有拉辛、莫里哀、拉封丹等人所代表的古典主义文学与笛卡尔、帕斯卡等伟大思想家。还有一件我们不应忘记的事是凡尔赛宫的营建。路易十三时,曾在巴黎西南两公里处的荒村中设立小行宫,作为狩猎的宿舍。到路易十四时,他把这小行宫扩大,改建为广阔的宫殿。1682年,他领着许多贵族、廷臣,从巴黎的卢浮宫迁到这儿。从此以后,凡尔赛便成为路易十四的都城,政府机构的要员也都迁到这儿。路易十四在这宫殿中执行公务,听请愿者的倾诉,并主持顾问官会议。晚上开席宴请社交界的人士。

1683年,主张和平的柯贝尔去世,将官出身的鲁佛瓦获得路易十四的宠信,他一方面极力扩大对外侵略,同时还强调思想统制与宗教政策的重要性。

1685年，路易十四终于宣布废除南特敕令，新教徒的指导人物都被放逐，并强迫新教徒改信天主教。在这种情况下，有三十多万新教徒逃亡海外。新教徒隶属勤勉的中产阶层，熟练的技术人员、职工与船员为数甚多，他们纷纷被外国人雇用，这对法国可说是一大损失。路易十四晚年的思想统制，不但没有消除异端，反而使法国的理性主义于他死后更为抬头，并逐渐走上激进的路线。

彼得大帝与俄国

从1613年罗曼诺夫王朝成立,到1682年彼得大帝即位止,一共七十年。在这七十年中,三十年都花在对波兰与瑞典的战争上。战争与军事改革所需要的军费都取自农民和都市中的工商业者。1648年,俄国人民反对政府的盐税制度,在莫斯科等地起而暴动。政府为安抚俄国人民,遂召开身份会议,第二年颁布法典,禁止农奴随便移动,以确保地主的权益,保证都市居民税收上的公平。

此后,又在1667年发生哥萨克叛乱,到1671年11月,叛乱才告终止。从此以后到1682年彼得即位止,一直发生宫廷的权力斗争,而且权力为彼得异母姐索菲亚所掌握。1689年,彼得放逐索菲亚。此后彼得便全心全意放在军事演习与航海术的训练上。1695年,俄国远征顿河河口的土耳其要塞阿索夫,但没有成功。第二年,以新建舰队从海路进攻,才占领阿索夫。俄国虽未侵入黑海,俄国海军却由此役而逐渐壮大。

彼得深觉富国强兵的必要,于1697年派遣"大使节团"到荷兰、英国学习造船术和炮术,自己也加入使节团为一员,还从西方聘请了许多将官与技术人员。此外,他还有意跟奥地利、波兰、威尼斯缔结反土耳其同盟,但没有多大成效。这时(1698年),他接到莫斯科枪队叛乱的消息,急速回国,对叛乱者大量处刑,使古老的军事制度瓦解,并把索菲亚幽禁于修道院。

1700年，彼得跟土耳其言和，进而与波兰、丹麦结盟，以便跟北方之雄瑞典决战，向波罗的海发展。

战争开始于俄国攻击芬兰湾南岸的纳尔瓦。训练不够充分的四万俄军，背后遭受卡尔十二世率领的八千瑞典军攻击，溃，弃炮而逃。之后，卡尔侵入波兰，再由波兰进军俄国莫斯科，为俄国"焦土政策"所阻，遂取道南方，得乌克兰的哥萨克人的合作，于1709年在乌克兰的波尔塔瓦跟俄军一决胜负。这一战，因彼得大帝的激励，俄军勇敢善战，卡尔溃走土耳其。土耳其在卡尔的唆使下向俄国宣战。彼得进军普鲁特河，为土耳其军大败，乃与土耳其讲和，撤离黑海。彼得从南方缩手后，便倾全力于波罗的海之战。1714年，汉科角海战，彼得大破瑞典舰队，占领芬兰。之后，边打边谈，复因英国等列强的反俄，彼得不得已与瑞典讲和（1721年），北方战争结束。俄国夺回芬兰湾东岸跟南岸之地，并积极吸收西欧文化。

彼得大帝治世的日子大半都在战争中度过。为了获得战争的胜利，他一心一意都为"富国强兵"而实施重商主义与开明专制政策。但俄国的开明专制与西欧不同。西欧的开明专制是以中产阶级的财力为背景，借税制的改革整顿常备军与官僚制，以压制封建制大贵族。俄国则利用农奴领主的世袭制以实施中央集权的专制制度。1682年，彼得即位时所召开的最后一次身份会议，废除了门第制，由以前以门第就任官职，易为靠才能任官职的制度。1714年制订的"一子继承法"，将贵族与士族划为一个阶级，其土地都是世袭地，并于1722年制订"官等表"，以确立依才任官的制度。

为了战争，国家需要庞大的军费与官僚制的维持费，这些费用都是向农民与工商业者剥削而来。为此，彼得大帝制订了印花税、刮胡税等各种税收。又于1708年改革地方制度，确保地方税。1718年实施人口调查，1724年定"人头税"，将农民分为国有地的农民与领主的农民（农奴），以增加纳税人口。

此外，他于 1711 年设元老院，1718 年创立参议会，实施业务分工制。1721 年于沙皇之下设宗务院以统治教会，彼得成为政教方面的最高专制君主。

在生产力方面，彼得积极推展工厂制手工业，从事军需物品与铁、盐的生产。但是当时，靠工作领薪资的工人还很少，所以彼得让农奴登记为工厂制手工业工人，以从事生产。这种"农奴制"工厂手工业是西方所没有的，俄国也靠此逐渐臻于富强的境地。1725 年，彼得大帝去世，年五十二。

德·朗布依埃侯爵夫人的沙龙

法国文艺沙龙的历史很长,它最繁荣的时期是17世纪和18世纪。16世纪末的沙龙是以学者和学艺爱好者为中心的小研究会。17世纪的沙龙则具有相当浓厚的以贵族为主的社交色彩。在17世纪为数甚多的沙龙中,最有名又最被看重的是德·朗布依埃侯爵夫人在德·朗布依埃侯爵邸宅所开的沙龙。德·朗布依埃侯爵夫人是法国驻罗马大使之女,本名叫卡德麟,1588年生于罗马,母亲是罗马的王家之女。1600年,她与大她十一岁的德·朗布依埃侯爵结婚。

她于1604年把巴黎的住家改建。新建房子的寝室光线明亮,四壁涂上令人容易想起意大利天空的蓝色,所以这寝室被称为"蓝房"。

回巴黎后,她经常出入亨利四世的宫廷。比起意大利来,宫廷中的武将贵族在语言举止方面都显得粗野狂乱。她对此深感失望,从1608年起便把自己闭锁在"蓝房"里。1613年,她开始开设沙龙,邀请上流社会人士与文学家们出入"蓝房"。她的沙龙鼎盛时期是1624年到1648年,出入的人物有宰相黎塞留等名流淑女,第一流的文学家也都环绕才色双绝的德·朗布依埃侯爵夫人展开华美的社交活动。

在这社交活动中,舞会、晚宴与观剧、远足等娱乐都免不了,但是人们最喜欢的莫过于会话。从宫廷发生的小事件到有关恋爱的分析、文学作品的批评等,都在讨论之列,并且人们互相显示自己的才气,诗人们还比赛创作牧歌、短诗等。

德·朗布依埃侯爵夫人有一美丽的女儿,名叫朱莉,她和母亲一样是沙龙中最受注目的美女。

朱莉结婚后,对开沙龙完全失去了兴趣,所以德·朗布依埃侯爵夫人死后,德·朗布依埃侯爵邸宅也就关闭了。

18 世纪前期的沙龙

18 世纪前期的沙龙,贵族的文艺社交色彩很浓厚。18 世纪初叶,梅娜公爵夫人(1676 年至 1753 年)在巴黎近郊营建宫殿,开设沙龙。梅娜公爵夫人是路易十四跟他的情人蒙特丝邦夫人所生的女儿,她开设沙龙,是想做凡尔赛宫廷的后继。所以,她的沙龙几乎是一个小宫廷。在这沙龙中常有豪奢的夜宴,尤以被称为"大夜宴"的芭蕾舞会最为有名。"大夜宴"时,在晚上灰暗的庭院中燃满火把,双双对对的男女随乐音起舞。当时经常出入这沙龙的文学家有封特内尔、伏尔泰等人。年轻的伏尔泰曾在这儿写他的小说《札第格》。梅娜夫人后来因政治上的阴谋事件被幽禁于巴士底狱。这沙龙一直延续到 1750 年。

其次值得注意的是朗贝夫人(1647 年至 1733 年)的沙龙。她是留克桑堡省长的夫人。丈夫死后,她在巴黎自宅开设沙龙,每星期二与星期三开放,欢迎客人到沙龙来;并决定星期二是文学家的日子,星期三是贵族的日子,到时期二或星期三时,主客双方共餐闲谈,享受谈话的乐趣。朗贝夫人是一个很有才气的人,贞洁,认真,厌恶轻薄,喜好文学,所以她的沙龙与梅娜夫人的沙龙完全不同,文艺气氛非常浓厚。从 1710 年起,她的沙龙进入鼎盛时期。孟德斯鸠等思想家与文学家经常出入其间。朗贝夫人对法兰西学院院士选举有很大的影响力。孟德斯鸠能够进入学院,是由于她的助力。她也擅长写作,有《友谊论》、《妇女论》等著作流传于世。

继朗贝夫人之后开沙龙的是丹桑夫人（1682年至1749年）。她是格勒诺布尔高等法院院长的幺女，早熟，灵敏，但因家贫，十五岁时被父亲强迫送入修道院。当时的修道院风气不良，她的行为也很放纵，父亲去世后，她便离开修道院，到巴黎哥哥处。

到巴黎后，她的生活非常放浪，与四十三岁的炮兵将校同居，生了一个儿子，却把儿子扔在教堂的门口。这孩子就是后来的百科全书派代表人物达朗贝尔。不久，她靠姐姐的提拔进入巴黎的上流社会，跟当时的名士们来往。而且利用他们来满足自己的欲望。结果，当时的银行家拉·伏连因她而破产，并自杀于她家中，她遂被幽禁于巴士底狱三个月。

她出狱后年纪已过四十，于是改变了以前污浊的生活，于朗贝夫人关闭沙龙后，在自己的家中开设沙龙，邀请著名的文学家与思想家来聚，不久就赢得第一流沙龙的名望。她像女王般支配他们，权势也凌驾于法兰西学院之上。她把自己的沙龙称为"动物园"，而把聚集在这儿的骚人墨客称为"我的毛兽"。聚集在这儿的人众跟在别的沙龙一样，作格言，描写人物，或朗诵作品。她富于机智的评语常成为社交界的话题。

对她的批评虽然很多，而且各不相同，但她仍不愧是个女中豪杰。她照顾文人，孟德斯鸠出版《论法的精神》时，她把第一版的《论法的精神》全部买过来，分赠朋友。18世纪前期的沙龙到她死后即告结束。

18 世纪后期的沙龙

18 世纪后期的沙龙跟前期的沙龙非常不同。前期以文士为中心，所谈亦以文学为主；后期则以"哲学家"为中心，所谈已由文学扩及于科学、思想与政治。18 世纪后期最先开设沙龙的是乔夫兰夫人（1699 年至 1777 年）。她是法国太子妃的仆人之女。幼少时，父母相继去世，与弟弟由祖母一手抚养长大。十四岁时，与大她三十四岁的法兰沙·乔夫兰结婚。她没有受过教育，但才气洋溢，感受敏锐，常出入于丹桑夫人的沙龙。1749 年，她于自宅开设沙龙，星期一邀请美术家，星期三邀请达朗贝尔等"哲学家"来会。夫死后，她承继了庞大遗产，常以丰盛的晚餐招待，购买画家们的作品，并以巨额款项支援"百科全书"的出版。

在这以前，沙龙的主人都以女王般的态度对待客人。她却谨慎小心，能听他人陈述，又善于照顾客人，门户对谁都开放，而且不拘形式，所以深为人们所喜爱，昵称为"妈妈"。在这沙龙中，谁都可以自由陈述意见，民主色彩很浓厚。意大利的经济学家加利亚尼、英国的哲学家休谟、历史学家吉朋、文人华尔波等异国人也常出入其间。这沙龙持续了二十五年，全欧的人都乐意、欣悦地到她的沙龙来。

跟乔夫兰夫人之沙龙并称的是德芳夫人（1697 年至 1780 年）的沙龙。她出身名门，二十二岁时跟凡庸的德芳侯爵结婚，不久离婚。她才气焕发，风姿卓绝，离婚后过着放纵的恋爱生活。她于 1730 年开设沙龙。她脾气暴躁、孤僻，不善社交。当时常出入她的沙龙的有孟德斯鸠、封特内尔等文人与哲学家。她后来认识了年轻的达朗贝尔，把他当弟弟一般宠爱。1754 年，因德芳夫人的努力，他才得以进入法兰西学院。她不太喜欢哲学家，但因达朗贝尔的关系，哲学家们也能出入她的沙龙。

　　1753 年，德芳夫人因眼病而失明，因此隐居于法国南部哥哥的城堡中，不久带着哥哥的私生女雷丝比娜丝（1732 年至 1776 年）到巴黎。她以雷丝比娜丝为秘书和使女，应达朗贝尔之请，复开沙龙。但客人因雷丝比娜丝的美貌与才气，都集聚在她的私室里。事为德芳夫人所悉，一怒之下，于 1764 年把雷丝比娜丝逐出，达朗贝尔也随其后离开沙龙。1765 年，德芳夫人跟小她二十岁的华尔波恋爱，她的爱情此后终生未变。她一生为虚无感与倦怠所苦，有许多优美的信都在陈述这苦恼。

　　雷丝比娜丝离开德芳夫人后，也在巴黎开设沙龙。

法国大革命的特征

法国大革命是欧洲历史中最雄壮的戏剧之一。有关法国大革命的著作非常多,一般人对法国大革命的故事知道的也不少。总之,法国大革命中动人的人物故事已成为人类故事的一部分。

奥拉尔在1901年撰写了一部《法国大革命政治史》,这是第一本替法国大革命建立起科学研究基础的书籍。奥拉尔在这本书的结论中写道:"一般认为法国大革命是若干杰出的人物或英雄的事业,这并不正确。最后在推翻这革命的政治事业上获得成功的也许是一个天才的士兵(指拿破仑),但是,从1789年到1799年的整个历史看来,领导各类事件的并不是任何一个人,不是路易十六,不是米拉波,不是丹东,也不是罗伯斯庇尔。法国大革命的真正英雄应该是法国人民,但不是冷漠的人民,而是构成有组织的诸团体的人民。"

这里所说的"法国人民"也可以说是国民。"国民万岁"是当时的标语之一,因为法国大革命在欧洲大陆首先创立了统一的民族国家。但是,不管是人民也好,国民(或民族)也好,都不能说它的内部是完全均等的。奥拉尔把它表达为"有组织的诸团体"。他们有时也被组织成政治党派或结社。最重要的是,他们在社会跟经济的利害关系方面被分化为若干社会阶层。"法国人民"当中,有富裕的中产阶级,也有贫困的职工,有农民,也有手工业者。法国大革命是这些社会阶层从各自的立场参与的伟大事业。

关于这一点需略加说法。

法国大革命有时被称为市民革命的一个典型。这里所说的"市民"不是指一般的都市市民，而是指中产阶级。从法国大革命以前开始，不管在工业领域，还是在农业领域，资本主义的生产方式已经逐渐成长，富裕的中产阶级因新产业的发展逐渐提升了社会地位。在法国大革命时期非常活跃的巴纳夫说："财富的新分配带来了权力的新分配。"的确，社会地位逐渐上升的中产阶级已想取代以前的贵族来掌握国家的权力，这就是市民革命。从这意义来说，法国大革命可说是中产阶级的革命。其实，在17世纪的英国革命中，中产阶级以外的社会阶层并不一定都积极或全面性地参加革命，但是，法国大革命最大的一个特征是中产阶级以外的民众，甚至农民，都以各自的利害关系直接参加革命。研究法国大革命卓然有成的勒费弗尔认为，法国大革命"不是单一的革命，而是由若干革命构成的"。这显然是指法国大革命是"贵族革命"、"中产阶级革命"、"民众革命"、"农民革命"等四种革命的复合体。就这意义来说，法国大革命不止是中产阶级的革命事业，也是整个法国国民的大事业。

当然，民众跟农民的利害关系和中产阶级的利害关系完全不同。但是，在跟反对革命的势力相抗争的时候，民众跟农民的力量是革命所需要的。中产阶级的部分人士承认了这一点，因而积极地跟他们合作。民众与农民也积极地参加。但民众的要求不能说都已达到，在民众的要求中，只有跟中产阶级利害关系一致的（如废除封建制度），才能获得实现，否则就被漠视。但是，法国革命是在整个法国国民的合作下完成的，也就是说，法国大革命是经过勒费弗尔所谓的四种革命才完成的，这可以说是法国大革命的最大特征，也是法国能完成民主革命的主要原因之一。

在变动的大时代里，鲜活的人物形貌也对我们显示人类的苦恼与永恒的价值。在这出剧中扮演最重要角色的是法国人民——贵族、中产阶级、民众与农民。

贵族革命与中产阶级革命

法国大革命始于1789年7月14日的占领巴士底狱,已经是历史上的定论。但是也有人认为法国大革命是由贵族革命、中产阶级革命、民众革命与农民革命构成的。而贵族革命则起于1787年。

革命前的法国社会分为三个等级:第一等级是僧侣,约有十二万人;第二等级是贵族,约有三十五万;其余为第三等级。当时法国总人口为两千六百万。但是,在同一等级中,譬如乡间贵族与宫廷贵族彼此反目不合。第三等级中,都市的大商人跟农民也缺乏意志的疏通。总之,每一社会阶层都彼此不相统属,专制政体更助长了各阶层的不睦与对立。在这种情况下,社会变革是由各阶层自动推动的,彼此互不相关。而社会变动之所以发生,是因为专制政权已无力去维持、统合各社会阶层,各社会阶层的利害关系就逐渐溢出表面。

在专制政体之下,贵族极为愤懑,因为他们的政治权力已经被王权剥夺。在经济上,由于中产阶级的兴起,他们也相对贫困化。因而在法国大革命前夕,贵族们打破现状的意愿已相当浓厚。而18世纪后半叶,路易十六的财政改革,使他们更为不满。1774年,路易十六即位后,财政困乏,遂意图实行财政改革。他企图废除特权阶级(尤其是贵族)的免租特权,谋求税收的平等,以重建财政。贵族们为了反抗此一不利贵族阶级的财政改革方案,盘踞高等法院,极力反抗。于是,当时的财务总长卡隆携带着地租和税盐等一连串的改革方案，于1787年2月召开名士会，想一举解决财政改革方案。名士会的召开遂成为"贵族革命"的端绪。

参加名士会的特权阶级代表拒绝宫廷所提的财政改革案，罢免卡隆。路易十六也无力强制贵族们依从自己的意志。名士会解散后，高等法院遂成为贵族们的反抗据点。国王和高等法院的抗争，使整个法国逐渐陷于不稳定的局面。1788年7月，中产阶级和贵族协力召开会议，声称若不召集全国三级会议，则决不赞同租税改革。所谓全国三级会议，是三个等级的代表聚会协议国是的机构，三级会议从1614年以来已有一百七十五年不曾召开。在专制政体下，第三等级也对宫廷非常不满，而与贵族们合作反抗宫廷。在这种情况下，路易十六只得屈服，同意召开全国三级会议。

这时，在第三等级中最能自觉自己的政治立场的是中产阶级。他们有经济力量，又接触过启蒙思想，而且对自己的要求最能认识，在革命中遂居于领导地位。

1789年5月5日，全国三级会议在凡尔赛宫召开。第一等级的代表中也有奥丹主教塔雷兰之类自由主义的改革派。第二等级的代表中也有拉法叶侯爵这类"自由主义贵族"。拉法叶曾参加美国独立战争，当时在法国颇有名气。第三等级的代表则显得多彩多姿，有从贵族中选出、担任第三等级代表的米拉波，也有从第一等级选出的第三等级代表谢埃斯。但第三等级的代表仍以律师、商人、金融业者、地主等居多数。

三级会议开始时，对于议案的决议方式并没有明确的规定。第三等级代表主张依人数议决（因其代表比其他等级的代表多两倍），第二等级则坚持依传统形式。每一等级遂各自召开会议，彼此的对立非常尖锐。自觉是国民代表的第三等级代表于6月17日决议改全国三级会议的名称为"国民会议"。国王封闭议院时，他们在附近的球场聚会声称:"在王国宪法未制订前,国民会议的代表决不解散!"在这种强硬态度下,大部分僧侣都与他们合作。但是,国王与大多数贵族都不肯屈服,集结了一万八千人的军队,准备向第三等级代表施加压力,由此而导致了民众的革命。

法国大革命中的民众革命

　　第三等级代表与国王、贵族对立时,国王与贵族为了压制第三等级代表,集结了大量的军队,这消息传到巴黎后,巴黎民众逐渐武装起来。1789 年 7 月 14 日,巴黎民众攻击专制的象征巴士底狱。当时参加攻击巴士底狱的民众大都是小手工业者、职工及零售商等。此役有一百七十多人死伤,最后终于攻下了巴士底狱。巴黎市政的实权也被选举人会(选举三级会议代表者)掌握。他们任命巴黎新市长,并任命拉法叶为国民卫兵的司令官。

　　巴黎民众起事后,法国各地的农民也起而革命。当时法国人口,八成以上是农民,他们不仅要肩负国王的重税,还要向领主纳年贡。除年贡外,领主(大都是贵族与僧侣)还向他们征取通行税跟市场税。磨坊与压葡萄机都被领主们独占,所以第三等级代表反抗国王与贵族时,农民们也武装攻击领主邸宅。议会听到这消息后,宣布废除封建制度。8 月 4 日,一切的等级特权与地域性的特权一概废除,权利上的平等与国民的统一大致达成。8 月 26 日,《人权宣言》通过,宣告旧制度的死亡,承认"人生而自由平等"、"主权在民"等政治理念。但是,到此,革命尚未终止。

　　8 月 4 日的决议与《人权宣言》,路易十六都未立刻裁可,人民对路易十六的态度很表怀疑,而且巴黎的面包也有缺货的现象。于是,巴黎的妇女们于 10 月 6 日组队从巴黎到凡尔赛,把国王跟他的家人通通带到巴黎。此后,国王与议会都直接受巴黎民众的监视。

法国大革命时期的吉伦特派与山岳派

1791年9月,法国制宪会议完成制订宪法任务解散后,成立了立法议会。但是,在面对新局面时,为了制订新宪法,决定召集由普选产生的国民公会。1792年9月,国民公会成立,宣布建立共和制度。从这时开始,革命内部发生了微妙的变化。在这以前,自由主义贵族跟上层中产阶级妥协后,树立了寡头统治的立宪君主制。但是,在革命受到内外反对势力威胁时,民众跟农民的力量已为部分中产阶级(尤其是中下层的中产阶级)所重视。于是这些中产阶级人士与民众和农民联合,成为革命的新势力。

在国民公会内部,右派的吉伦特派与左派的山岳派互相对立。吉伦特派的立场比较接近大商人跟金融业者,而拒绝跟民众与农民联合,只为自己的利益贯彻到底。而山岳派的立场比较接近中下层的中产阶级,他们有意去集结民众跟农民的政治力量来完成革命任务,因此,他们愿意在一定程度上接受民众和农民的要求。如果说两派对立的决定性因素跟他们是否愿意与民众、农民联合有关的话,那么,革命在面临危机时,能有效组织群众的党派一定会获胜。1792年秋天,发生了所谓的"九月惨案",监狱中的犯人(有许多是反对革命的嫌疑者)被民众杀害了千人以上。群众的力量若不能有效加以组织,就容易发生这一类盲目杀人的惨案。在这时期,只有山岳派能有效充当领导民众推行革命的角色。

1793年对刚诞生的法国共和国来说，是一个苦难的年代，因为它遭遇了内外反革命势力的严重威胁。在外，1792年9月，法国在瓦尔密获得首次胜利之后，法国军在各地渐居优势。但是，从1793年2月以后，全欧（包括英国在内）几乎都跟法国为敌。不久，欧洲国家缔结了第一次反法大同盟，各战线都显示出危机的状况。在国内，由于通货膨胀跟粮食缺乏，经济危机逐渐深刻。2月，巴黎发生了粮食暴动，各地农民与民众的不满也逐渐高昂。反对革命的人士就想利用他们来推动反革命运动。在法国西部的枫德一带，由于王党的煽动，大规模的反革命内乱逐渐扩大。在这危机状况中，法国革命人士开始审判国王。路易十六虽然是一个善良的国王，但是勾结外国势力、意图推翻革命的宫廷阴谋已相当明显。路易十六背负着此一责任，终于被处死刑。接着，才貌双全、风靡一世的王妃玛丽也以通敌罪跟断头台上的露水一起消失。革命继续向前推动。右派的吉伦特派因为无法克服眼前的危机，在国民公会中逐渐失势。山岳派的独裁政权因而降临。

　　在吉伦特派中也有布里索及佩迪昂等能干的政治家与孔多塞这样优异的思想家。著名的罗兰夫人也以才智而成为这派的领袖人物。吉伦特派这些领袖都在革命大浪涛中逐一沉没了。1793年夏天，同样的命运也袭击了《人民之友报》的马拉。他在沐浴时，被一个王党分子、二十五岁的夏洛特·柯黛刺杀身死。

法国大革命时的妥协政治

从1789年末到1791年9月制订宪法止，法国议会接连制订了新法兰西的各种制度与政策。在这期间，中产阶层（尤其是上层的中产阶级）和自由主义贵族妥协了，民众和农民的利益却被漠视。在政治体制上，也采取依财产决定选举权的限制选举制。在经济政策方面，则采用保护中产阶级利益的政策。

这时，在议会跟宫廷中居间折冲的有米拉波。他是一个很得人拥戴的人物。他从宫廷接受金钱，扮演了镇抚革命的角色。拉法叶过分相信自己的名望，有意去调节宫廷与革命人士。在宫廷中，王妃玛丽的地位非常重要。她出身奥地利哈布斯堡家族，为人相当聪慧，有意勾结外国势力来推翻革命。在议会中，上层中产阶级和自由主义贵族要结束革命的时候，反革命的贵族和宫廷的阴谋家却想推翻革命。

米拉波还活着的时候，宫廷还没有具体的行动。1791年4月米拉波去世后，宫廷的行动越来越怪异。1791年6月，在王妃爱人、瑞典贵族费尔森的策划下，国王一家人暗中离开了巴黎宫廷，意图借助外国军队的力量推翻革命，而奔驰到法国东部边境。但是，革命势力不止巴黎才有，各地农民都积极地戒备国王的逃亡。国王一家人逃到法伦时被发现，被逮捕送回巴黎。由于这事件，法国国民对宫廷更不敢信任。议会声称国王被诱拐逃亡，才把事件稳定下来，妥协政治才得以持续下去。

可是，在这以前，中产阶级人士与一般民众，为了扫除反对势力，建立民主体制，组织了各类政治社团，来抵抗寡头统治制度。在这些政治社团中，尤其重要的是雅各宾党。它在巴黎设本部，在其他各地设分部，领导权也逐渐被罗伯斯庇尔所掌握。此外，巴黎民众中的活跃分子也聚会组织各种人民协会。在这些人民协会中，科德利埃俱乐部最有力，它的领导者是丹东。发行《人民之友报》的马拉也渐渐出人头地。这些革命家在思想上与性格上都有很大差异，但是，在排拒妥协政治、建立革命政权这一点上是相同的。从1792年起，革命进入了一个新的阶段，而使革命进入新段阶的是战争。1792年4月，法国向奥地利宣战，不久，普鲁士也参战。面对这非常事态，法国全国的爱国者纷纷起来参加革命战争。序幕战，法国战败。这时，马赛的义勇军高唱着《马赛曲》（现在的法国国歌）从马赛开向巴黎。这些义勇军跟巴黎的民众都觉得要抵御外国必先扫除国内的敌人。早在6月20日，巴黎的民众已经起事，闯入王宫。8月10日，巴黎民众大暴动。市内各地区的代表聚集在市政府，设立"市自治团体"，民众再度袭击王宫。国王到议会避难。议会宣布停止国王的权力。于是，妥协政治崩溃，革命进入新局面。

罗伯斯庇尔与法国恐怖政治

1793年，山岳派驱逐吉伦特派掌握政权以后，法国依然面对着内外的反革命势力。如何克服这些反对势力，有效组织民众，调整民众和中产阶级的利害关系，是山岳派所应解决的最重要问题。山岳派为解决这些问题，所采取的手段就是建立"革命政治"与提示"社会民主主义"。

所谓"革命政治"，是指不按宪法行事的非常政治体制。1793年6月，国民公会虽然已经通过极其民主的新宪法，但是，宪法的实施需等到和平恢复的时候。在宪法尚未正式实施之前，实际政治都由国民公会及其内部所设的各种委员会推行。在这些委员会中拥有最大权限的是公安委员会，它也是革命政府的中枢。这种政治体制把政治权力集中在公安委员会上，所以可说是一种独裁政治。在这种体制下，终于出现了恐怖政治。举凡有反革命嫌疑的人或曾在以前王权制度下掌过权力的人都被送进革命法庭，大部分都被处死刑，送上断头台。伟大的化学家拉瓦锡便是恐怖政治下的一个牺牲者。他不止是一个化学家，也是优秀的经济学家，是18世纪出生的最优秀头脑之一，只因在革命前做过征税承包人的工作，便在1794年被送上断头台。

至于所谓"社会民主主义"，这并不是整个山岳派的理念，而是山岳派中隶属少数派的罗伯斯庇尔派的社会理念。罗伯斯庇尔认为，财富过分的不平等会严重损害人民利益。对所有权，他也认为应该加以法律上的限制，同时认为民主理念不止是政治上和制度上的形式问题，也应是社会经济上的实质问题。具体来说，"社会民主主义"指独立自耕农与手工业者的民主，他们应拥有自由生产、自由交换的权利。罗伯斯庇尔派的圣舒斯特说："人生来就不从属于任何人。"所以社会民主主义排斥政治上与身份上的从属关系，也排斥社会上与经济上的从属性。罗伯斯庇尔的这种社会理念具有调整山岳派所代表的中小中产阶级和都市民众间的利害冲突的功能，一般民众和农民都怕资本主义发展后自己会逐渐沦于无产的境遇，所以希望对私有及经济自由加以某种程度的限制，防止财富的集中，避免自己的没落。农民和民众的这种立场与山岳派资本家的立场完全不同，因而，山岳派公会为维持跟一般民众的同盟，对这种利害关系的调整的确煞费苦心。于是，罗伯斯庇尔所代表的独立小农（或民众）的政治理念就被山岳派资本家用来赢取民众或农民的支持。

总之，从1793年秋天到1794年春天，在内外严重威胁下，山岳派公会（国民公会中的山岳派）借革命政府的建立与社会民主主义的提出，维系了中产阶级和民众（农民）的同盟关系，发挥了强有力的政治力量。在军事方面，共和国军队夺回了土伦军港。在经济政策方面，早在1793年7月已宣布废除领主的所有权利，"农民革命"赢取了重要的成果。为了应付深刻的经济危机，颁布"最高价格法"，谋求民众生活的安定。在中产阶级的利害关系和民众的利害关系不一致的时候，则以中产阶级的利益为优先。譬如，革命政府没收僧侣财产和逃亡贵族的财产进行拍卖时，农民和民众所要求的拍卖方式完全不被接受，把土地分配给贫民的政策也不能付诸实施。

在这期间，国民公会发生了新的派系之争。其中有以煽动民众为能事的埃贝尔派，有要求缓和恐怖政治和经济统治、与中产阶级有密切关系的丹东派，以及居两者之间的罗伯斯庇尔派。为完成革命，罗伯斯庇尔决心打倒另外两派。1794年春天，他为了使自己的社会理念更接近现实，提出了《风月法令》。这法令主张没收反革命嫌疑者的财产，而后免费分配给贫穷的爱国者。这是罗伯斯庇尔派拉拢小农的最后一张王牌。

罗伯斯庇尔提出《风月法令》后，便先后放逐了埃贝尔派和丹东派。丹东是一位优秀、现实的政治家，革命的波涛却把这个开朗的革命家给卷走了。罗伯斯庇尔被称为"清廉之士"，是个自我抑制极强而又严肃的人物。当时，他在演说中曾指出："属于人民的政府平时的原动力若是德性，那么革命时的原动力应是德性与恐怖。没有德性的恐怖非常可怕，没有恐怖的德性则显得软弱无力。"德性与恐怖是罗伯斯庇尔面临危机时的最后依据。

但是，罗伯斯庇尔的独裁从《风月法令》提出后已逐渐趋于没落，这一方面是因为他的《风月法令》无法真正付诸实施，一方面是因为中小农已获得一定的果实，渐趋保守。对外战争也渐占优势，人民不愿再忍受独裁的政治。最重要的原因是法国资本主义已克服王权，从僧侣与贵族之处赢得了经济的自由，因而不愿恐怖的革命继续下去。

1789 年开始的法国大革命，在 1793 年获得广泛的民众与农民的参加，成为民主革命，到罗伯斯庇尔掌政后就逐渐倒退。1794 年 7 月 27 日，在国民公会中，反罗伯斯庇尔的政变成功。第二天，这个"清廉之士"被送上断头台，结束了他三十六年的生涯。中产阶级人士掌握了法国政权。年轻的拿破仑也崭露头角。

拿破仑的崛起

大概没有一个人像拿破仑那样适合于列名英雄传。在专制君主长年统治下的欧洲传统社会中,一个地中海边区科西嘉岛的平民居然以三十四岁的年华就登上法国皇帝的宝座,之后以全欧的征服者君临欧陆达十余年。四十五岁时便迅速没落,在大西洋的孤岛上忧郁而亡。他自己曾说:"曾有一本小说胜过我的一生吗?"的确,他五十一年的生涯像疾风一样,来也匆匆,去也匆匆。

当然,英雄都有强烈的个性。拿破仑个子矮小,容貌不扬,但是,他有密致的判断力、敏锐的直观力和果断的行动力。他说:"'不可能'是拘谨者的幻影,是卑怯者的避难所。"这句话充分显示出他能把计划立刻付诸实施的决断力。随着年龄的增加,他的野心也逐渐涨溢,权力也逐渐把他驱入孤独中。世界对他来说,只是提供他冒险机会的场所。当然,时代环境也正适合他这种性格的人。这就是所谓"时势造英雄"的写照。

1793年底,拿破仑以炮兵司令官身份参与夺回土伦军港的战役,充分发挥了他的军事才华。这是他在法国大革命中崭露头角的时候。在这以前,拿破仑还在士官学校就读的时候,便很关心科西嘉的革命。1793年夏天,科西嘉的革命失败后,他开始注意到法国本土的革命。土伦之役,他的才能已为山岳派议员所赏识。罗伯斯庇尔被捕后,他曾一度被逮捕。他拒绝由炮兵转籍于步兵,以致被除名于士官名簿。

1795年春天，他再度陷于失意与贫穷的境地。

　　罗伯斯庇尔被送上断头台后的政治危机给不幸的拿破仑带来了好机会。打倒罗伯斯庇尔的国民公会议员很快就分裂了。巴黎民众于1795年春天暴动时被彻底镇压以后，民众的声势已逐渐下降。1795年10月5日，巴黎中枢地区发生了王党的叛乱。当时，拿破仑隶属国民公会议员、国内军司令官巴拉斯所指挥的军队，他以大炮镇压了叛乱，建下大功。数日后，他代巴拉斯就任国内军司令官，出入于巴黎的社交界，开始踏入政治圈。第二年3月，拿破仑与巴拉斯的爱人约瑟芬结婚。

拿破仑帝国的成立

1795年，法国依据新宪法成立督政府。督政府站在立宪共和政治的立场上推行中道政治，却遭遇反革命的王党和雅各宾党的夹击，左右摇摆不定。在督政府成立前不久，因受王党威胁，乃采取左倾政策，却因而导致了1796年春天被发觉的巴贝夫派的密谋。第二年的选举，王党势力大增。因此，在1797年，督政府断然宣布王党当选者的当选无效。这时，拿破仑从意大利战线派遣部队支援政府。1798年5月的选举，左派势力激增，督政府又用政变方式排斥左派。1799年，左派再度大量当选。这次，议会方面先下手罢免了前一年发动政变的督政。就这样，督政府每一年都要实行一次政变，政情极端不安定，下一次的政变便是拿破仑登场的时候。在谈拿破仑发动政变之前，必须谈谈他的远征埃及。

远征埃及是外相达雷兰的构想。1798年5月19日，拿破仑率着载有五万士兵的三百五十艘军舰向东地中海航行，7月登陆亚历山大城，旋即进入开罗。但是，8月1日晚上，法国舰队在阿布奇尔湾为纳尔逊率领的英国舰队所歼灭。拿破仑也与祖国失去联系，但他仍滞留埃及一年，试图出兵叙利亚。当他获知意大利落入敌手时，把后事托给部属，于1799年8月离开埃及，10月回到巴黎。

这时，五督政之一的谢艾斯正准备发动新的政变，而在将军中寻求支持者。刚回国的拿破仑和谢艾斯便彼此合作，于11月9日发动政变，废除督政府。19日，在巴黎郊外召开的五百人会（下院）和元老院（上院）为拿破仑的军队所压服。

在这过程中，提倡共和的左派议员遭到强力的弹压。支持共和的民众运动也被封闭。但是，从革命中获得最大利益的新兴中产阶级和小农却选拿破仑作为他们的守护神。因此，拿破仑的任务便是用武力来保障中产阶级社会的安定，并重建中产阶级的新法国。

中产阶级社会的安定是用军事胜利来维持的和平。1800年5月，拿破仑越过阿尔卑斯山进攻北意大利，1801年与奥地利缔结《吕内维尔条约》，获得莱茵河左岸和意大利的大部分土地。同年，跟罗马教皇缔结宗教协约，解除革命以来和教皇的对立关系。1802年，和英国订立《亚眠条约》，两国和平共存。

在法国重建方面，设立法国银行，行政机构中央集权化，创设新阶层制度，保护培植新兴工业，并制订《拿破仑法典》。法典的编纂，革命以来即有此一计划。据此法典，废除了以前的身份差别，确立了私有权，也承认生产自由原则。

社会渐趋安定，拿破仑的独裁就渐渐强大。英法的《亚眠条约》订立后，拿破仑已成为终身总统，获有指名继承人的权力。1804年，反革命的正统派阴谋被发觉后，他扩大宣传这种阴谋，并借机惩罚阴谋者，进而于1804年5月获得了世袭皇帝的称号，人民也投票赞成。1804年12月2日，举行加冕礼。

1805年，拿破仑的声望越来越高。是年夏，英、奥、俄缔结第三次反法同盟，10月，法国舰队再度遭到纳尔逊致命的打击。但在陆战方面，先破奥地利军，次破俄奥联军，第三次反法同盟解散。1806年，普鲁士、俄国、英国的第四次反法同盟订立。10月，拿破仑军队在耶拿、奥尔斯塔特获得胜利后，便进逼柏林。1807年破俄军，7月与俄订《蒂尔西特条约》。拿破仑的声势达于顶峰。

法国的复辟时代

拿破仑于1815年失败后,欧洲又恢复到旧制时代,法国波旁王朝再度恢复,路易十八即位为法王。

路易十八在法国大革命初起时对革命非常感兴趣。但是,他于1791年开始流亡,跟弟弟亚尔托亚伯爵(其后的查理十世)共同维持波旁家族的流亡政权。拿破仑帝国败灭后,路易十八入巴黎,当时他已年届六十。在二十五年的流亡生活中,他接触过瑞典跟英国的议会政治。1814年第一次入巴黎时,他已颁布宪章,以调和波旁家族的世袭王权与议会制度。因为革命在二十五年间所创制的既成事实,他不能予以漠视。

可是,随路易十八从流亡地回国的贵族却不如此,他们"不会记得什么,也不会忘记什么",他们比路易十八更保守,更反动。亚尔托亚伯爵即是其中一人。这些反动的贵族一般称为过激王党。他们都主张恢复革命时失去的一切特权,而且进行暗杀,牺牲了许多无辜的人,大有使革命再度发生之虞。

在这种情况下,路易十八于1816年9月使用王权解散了过激王党所把持的议会。这也是反拿破仑联军的意思,占领军的目的在于防止法国革命的复发,监视赔款的偿付。路易十八政府也需要出售国有财产,以获得新的财源。在这方面,路易十八与过激王党对立了起来。

在新议会中,过激王党的势力锐减,立宪王党占多数。这议会延续到1820年，其主要任务是为法国败战善后，创立限制选举的国家体制。1818年，路易十八政府让内外的银行负担赔款，使占领军撤离法国。此外，还缓和拿破仑时代以来的报章杂志的检阅制度，设立保证金制度。

立宪王党的领导人物称为"纯理派"，不偏不倚。它的代表人物之一即是精通英国议会史的文明史家基佐（1789年至1874年）。他深为路易十八所信赖，主张以中产阶级为主的立宪王政，因而认为限制选举（依财产数目赋予选举权者）是合理的国家体制。纯理派从1820年后便逐渐没落，基佐也停止在巴黎大学的课程。

1820年后，法国政府内部左派与右派的争执越来越激烈。过激王党夺取了纯理派的政权，并利用1823年出兵西班牙获得大胜的机会，使过激王党在议会的席位大增。1824年，路易十八去世，过激王党的领袖亚尔托亚伯爵即位为查理十世。查理十世即位后，便推行由国库支付资金让贵族收回革命时失去的领地的政策，却因此丧失了人民的拥护。

1825年的恐慌不仅使中产阶级团结起来，也频频发生抢夺粮食的暴动。

粮食暴动在政治上也跟自由主义的中产阶级与共和主义者的反政府运动有关。法国之支援希腊独立运动，是因法国政府不能不迎合基督教的自由主义舆论。1827年，查理十世解散议会，但是，过激王党在议会中的席次却锐减。1830年5月，议会解散后的选举，政府党只获一百四十三席，反政府党却得二百四十七席。纯理派政治家办报批评政府，巴黎学生与民众也时时跟军队发生摩擦。

法国 1830 年七月革命

1830 年，法国反政府的情绪已经逐渐高昂，但是，查理十世依然派兵出征阿尔及利亚，意图借此来恢复人民对政府的信赖。当法军攻占阿尔及尔市的时候，查理十世就颁布七月敕令，限制出版印刷自由，解散尚未召集的下院，剥夺工商业者及律师的选举权，仅给地主纳税者选举权。

七月敕令颁布后，巴黎市民由印刷工人与学生带头，于 7 月 27 日开始筑防寨，黄昏时竖起了革命时反王政、主共和的三色旗。军队在数目上虽优于民众，却遭遇民众强烈的抵抗。军队倒戈倾向民众者也大有人在。

29 日，民众压制了军队，进入卢浮宫，查理十世虽然撤销七月敕令，但为时已晚，只有出亡。民众在银行家拉菲特的领导下组织巴黎市委员会，任命法国革命初期的国民军司令官拉法叶为国民军司令官，并与拥立路易·腓力的派阀取得联络。

路易·腓力是路易十三的后裔。大革命时，与父亲同属雅各宾党，父亲被处死后，出亡外国，1817 年回国，成为大富翁。

拉菲特等银行家集团巧妙地使路易·腓力和国民军司令官拉法叶妥协。7 月 31 日，两人在三色旗之下互相拥抱。路易·腓力被称为"防寨之王"，宣誓保护"主权在民的 1830 年宪章"。这次的选举法虽然使有选举权的人从九万增加到十七万,但依然是限制选举。这次的选举法一直延续到 1848 年。拉菲特说:"从此以后是银行家的天下了。"充分显示出法国工业革命的进展情状。

19世纪40年代的法国产业革命

在1830年以前，大抵说来，法国还停留在农业阶段，欧陆和英国则为农业和工业的国际分工。到1840年以后，法国才真正进入产业革命的阶段。

1830年七月革命后，法国内部的革新进行得非常迟缓。其较醒目的进步是在基佐等人的努力下开始推行初等教育。事实上，法国民众对读写的热忱起于19世纪20年代。到1830年七月革命时，出版印刷业开始企业化，而迅速扩张，在知识的普及上扮演了很重要的角色。雨果、大小仲马、巴尔扎克、乔治·桑等作家在这环境下才拥有前所未有的广大读者群。版画虽然还停留在手工阶段，但已有许多政治与风俗方面的版画出现。

里昂的丝织业吸收了意大利文艺复兴时代的源流，以品质高雅闻名于世，但是到19世纪30年代，因为遭遇英国廉价丝织品的挑战，而陷于苦境。1831年和1834年的民众暴动及其弹压已显示了劳资纠纷的端绪。1835年以后，法国政局比较稳定，派阀之争逐渐解除，到19世纪40年代，基佐（路易·腓力的首相）的保守政治成立，法国产业革命开始发动。1842年，法国铁路投资风气开始形成，到1848年，法国所建的铁路已有2000公里。这还不足以影响法国的传统生活方式。但是，银行家们却因政府积极补助兴建铁路而获得巨利。另一方面，由于基佐的奖励产业，产业资本家开始产生，劳工阶级逐渐成长。于是，在劳工阶级中出现了妇女革命家弗萝拉·托利丝妲，呼吁女工团结。路易·布朗则提倡成立"国家工作场"。总之，以劳工团结为目的的社会主义思想开始盛行。此外，法国还有一大批中小工商业者、自由职业者，他们也反对基佐政府和银行家的勾结。

基佐政权在这些反对势力下已逐渐动摇。加上因 1845 年和 1846 年农业歉收所导致的粮食危机，法国的金融业、工商业开始退缩，到 1847 年终于造成了经济恐慌。1848 年 2 月，打倒基佐的工人革命终于爆发。

维也纳体制与德意志

德国全土被拿破仑席卷以后,拿破仑夺取了莱茵河左岸,并任意整编德国全土。当时德国共有邦国三百余,也有教会领地。经过拿破仑整编后,德国全土被整合为四十国左右,教会领地也世俗化。巴伐利亚、威登堡、巴登等获得新领地的邦国缔结莱茵同盟,宣布脱离神圣罗马帝国,而以拿破仑作为自己的保护国。1806年8月6日,神圣罗马帝国真正灭亡。

拿破仑除了任意整编德意志诸邦国之外,还实施自由主义的改革,这对德国的封建制与农奴制打击甚大。同时还把《拿破仑法典》导入德国,进行法律改革。德国西南部的变革更是显著,导致了以后的制订宪法。拿破仑的此一对德政策使法国的革命理念渗透到德国,也因而唤起了德国对法国的抵抗。

在法国革命理念的渗透与法军的统治下,德国的民族意识逐渐高扬。德国各邦国中最先站起来的是普鲁士。普鲁士在冯·斯坦因男爵等开明官吏与军人领导下,着手从事国政的改革。他们知道,德军之败于法军,主要是因为德人的自由与权利受到压制。若给德国国民自由的希望,德国国民一定会涌起从法军手中拯救祖国的热潮。

在这认识下,德国于1807年制订十月敕令,废除农奴制,制订都市条例,给都市以自治权,并保障农民的自由权。此外,还废除士兵的笞刑。在这些改革下,普鲁士的爱国热情逐渐高昂。费希特的演说

《告德国同胞书》也发表于此时,更激起了德国的爱国情绪。普鲁士洋溢的爱国热情,逐渐提高了全德国反拿破仑的气势。

1812年,德国国民在拿破仑征俄失败后纷纷起义,意图从拿破仑手中解放祖国。德国最后虽然获得光荣的胜利,但是,德国国民所希求的自由独立却没有获得。

1814年9月,拿破仑失败后的善后处理,由维也纳会议来决定。结果,德国并没有成为一个自由独立的国家,而成为由三十五个君侯统治的邦国与四个自由市所组成的联邦。

德国联邦极其奇妙。丹麦、荷兰、英国都参加了联邦,而联邦的中心势力奥地利与普鲁士却只有部分领土包含在联邦中。每个邦国都拥有完整的独立主权。各邦国代表集聚的中央机构联邦会议则设在法兰克福。总之,德意志联邦并不是统一的国家,而是各邦国集聚的松缓的联合国家,而且没有人民选举产生的代议机构。

在德意志联邦中,最重要的邦国是奥地利。奥地利首相梅特涅利用他的地位,努力提高奥地利在欧洲与联邦中的地位,他为此而利用的是神圣同盟与四国同盟。神圣同盟是俄、奥、普三国君主利用基督教理念所组成的脆弱的国际同盟。四国同盟是1815年英、俄、奥、普四国所缔结的具体的国际同盟,1818年由于法国的参加而成为五国同盟。它在梅特涅的控制下,已成为压制自由主义与民族主义运动的国际同盟。

维也纳会议后,德国的自由与统一运动首先由学生运动发起,1815年6月,耶拿大学组成新的学生会。1817年10月18日,因耶拿大学学生会的提倡,在路德宗教改革三百周年和莱比锡战胜纪念日,于瓦得堡的森林中举行盛大的庆典,创立全德学生会。接着,在1819年3月,被怀疑是俄国沙皇间谍的柯采普为激烈派学生卡尔·桑德所暗杀。当桑德被处刑时,世人的同情心都集中于桑德。

于是,梅特涅乃乘机开始弹压自由主义运动。在联邦会议中通过大学法、出版法等，严厉取缔出版物。1830年，法国的七月革命波及于德国，突破了德国自由主义运动的沉滞。德国境内各邦国接续发生暴动，并制订宪法。自由主义运动已逐渐成长，追求德国的自由与统一。

德国的关税同盟

维也纳会议后,德国境内为了反抗梅特涅体制积极推动自由与统一的运动。另一方面,经济的统一也在进行中。当时,由于小国分立,德国工商业市场根本缺乏统一的基础,而且遭到英国等先进国家商品的激烈打击,使德国经济无法迅速成长。历史学派经济学的先驱李斯特主张利用保护关税来保卫德国产业,这时,普鲁士也开始尝试统一不同税率的国内关税。

普鲁士因维也纳会议获得了莱茵工业地带,同时境内还有柏林等工业区。因此,普鲁士才能领导德国发展工业。

1818年,普鲁士扩大了斯坦因改革以来的改革法令,而制订关税法,废除国内的一切关税,使关税界线与国界相一致。接着,又让邻近各小国参加或赞同普鲁士的关税界线。但是,以普鲁士为中心的关税同盟若要发展至全德国,必须先克服巴伐利亚、威登堡等组成的南德关税同盟与奥地利所操纵的以撒克逊为中心的中部通商同盟的分立状况。

1834年1月1日,以普鲁士为中心的关税同盟也让中部和南部的各邦国加入,于是包含十八个邦国的德意志关税同盟成立了。到19世纪30、40年代,加入的邦国更多,终于出现了除若干小国与奥地利以外的全德经济大同盟。由德国关税同盟而与普鲁士发生密切关系的中小邦国的中产阶级与自由主义者开始认为普鲁士可能是德国统一的盟主。总之，经济上的统一使德国的政治统一往前迈进一步。

经济的发展也促成社会主义与自由主义的运动。1836年，流亡的社会主义者在巴黎组成"义人同盟"，1847年改组为"共产主义者同盟"，并于次年2月发表了《共产党宣言》。

1840年，普鲁士新王即位。中产阶级冀望新王腓特烈·威廉四世能制订宪法，实施自由主义的改革，德国先进地区莱茵产生了莱茵自由派。但是，国王拒绝制订宪法。"自由与统一"的呼声再度高扬。到1848年，德国革命的趋势已越来越显著。

1848年德国的法兰克福国民议会

　　1848年法国的"二月革命"也影响了德国。1848年3月18日，普鲁士首都柏林发生革命。革命发生时，普鲁士王对自由化表示了某种程度的妥协。当天中午，许多民众聚集在王宫前的广场，要求军队从柏林撤出。这时，从军队中突然发出两枪，事态因而逐渐恶化。民众高喊国王不守信诺，而在柏林市内构筑防寨。市民与军队发生激烈的冲突，市街战一直延续到第二天早上。普鲁士王因觉难以镇压，遂下令军队撤离，21日颁布"通告德国国民"，表示尊重民意，愿意"站在自由新德意志的前头"。29日，以莱茵兰的商业资本家康普豪森为首的自由主义内阁成立，5月22日，普选产生的国民会议在柏林召开，开始制订宪法。这就是普鲁士的三月革命。

　　1848年春天的自由主义运动对德国的民族统一运动刺激相当大。3月5日，西南德意志的五十一个自由主义分子聚会于海德堡，决议从3月30日到4月3日在法兰克福召开预备会议。预备会议召开后决定设立德国国民议会以制订宪法，并采取普选的形式选举议员。

　　5月18日，德国国民议会在法兰克福的圣保罗教堂召开。这是德国最早的民主式议会。但是，大部分议员都由大学教授、官吏、律师、法官等知识阶层所占，尤以大学教授占多数，所以这次议会被称为"教授议会"。议会设立临时政府，以协议德国统一后的制宪。

　　但是，德国的统一进行得并不顺利。普鲁士王腓特烈·威廉四世虽然迫于柏林的三月暴动，只得与民约定，准备实施立宪政治，但是，他内心并不希望王权受到拘束。此外，德国的封建贵族对自由主义式的改革也甚表不满。城市的资产阶级虽然主张革命，但是他们的力量还很薄弱，所以非常害怕工人们的激进势力，开始跟封建贵族妥协。

在普鲁士，康普豪森内阁成立后，对国家机构并未加以根本改革。康普豪森也很害怕激进势力，而有意阻止改革的推展，所以1848年6月15日工人暴动再度发生时，很快就被镇压下去。封建贵族的势力更加伸展，康普豪森内阁垮台，保守内阁成立。

维也纳暴动于10月被镇压后，普鲁士的保守势力更是意气高扬。11月，乌兰格尔将军的军队占领柏林，关闭正在制订宪法的国民议会。接着于12月5日，普鲁士王下令解散国民议会，同时为了安抚德国国民而颁布国王制订的宪法。

普鲁士革命势力的衰退导致旧势的重振。

5月召开的法兰克福国民议会在德国统一的具体方策上产生了意见的对立。议论纷纭，未能获得统一见解。当时的德意志也有人主张共和制度。4月12日，南德的激进共和主义者赫克和许特维宣布设立德意志共和国临时政府。受此刺激，德国各地产生了若干革命军，但是，与政府军作战皆告败北。这种共和制的见解在法兰克福国民议会中为少数极"左"派所接受。法兰克福国民议会虽然决定了未来的德意志采取联邦制，并组成有宪法与议会的帝国，而宪法则以保障国民的权利为主。但是，德国各邦应如何与新帝国发生关系，却不容易获得结论。就这一点来说，有人主张以奥地利为中心来统一德国各邦，这就是所谓的"大德意志主义"；有人主张以普鲁士为中心来创建只包含德国民族的国家，这就是所谓的"小德意志主义"。这两种势力彼此对立。此外，法兰克福国民议会面对各类现实问题时也显示了不彻底的态度。

不过，法兰克福国民议会毕竟是"革命之子"，在12月底颁布了相当于法国《人权宣言》的"德国国民基本权利"。至于统一问题，"小德意志派"最后获得了胜利。1849年3月底，议会决定推举普鲁士王为德意志皇帝，并表决通过民主的德国宪法。议会代表赴柏林，向普鲁士王奉上德意志皇帝的帝冠，普鲁士王拒绝接受。各邦政府也相继撤回本邦的议员，国民议会瓦解。

马志尼与少年意大利党

维也纳会议的结果，意大利又恢复了旧制，只有威尼斯和热那亚两共和国因为被认为不合时宜，不许它们恢复。前者跟伦巴底一起归奥地利皇帝统治，称为伦巴底-威尼西亚王国。后者则被并入萨丁尼亚王国，以便加强抵制法国的力量。此外，小公国的统治者虽有若干变动，但是，旧君主大都在流亡贵族的环绕下回到了自己的祖国。他们回国后，大都尽力去破坏拿破仑统治时期的各种制度。拿破仑时代的官吏和军人都被驱逐而致仕，托里诺剧场的瓦斯灯也因为是法国人带进来的，而被取下破坏；托里诺植物园的法国种植物被连根拔除。在教皇国，种痘和街灯也因为是法国人带来的而被取消废除。此外，凡是拿破仑下令修建的桥梁和道路也都被破坏，只有沉重的税收、警察制度和集权的统治方式还遗留下来。总而言之，整个意大利又回到了18世纪的时候，奥地利也取代了法国，积极对意大利人施展高压政策。

意大利这种反动措施，尤其是腐败的行政和混乱的司法，使那些在法国统治下体验过些许近代化措施的人大为反感。于是，意大利各地产生了许多以自由主义或民族主义之改革为目标的秘密结社。在这些秘密结社中，势力最大的是烧炭党。烧炭党本来是以反对法国统治为目标在意大利南部的卡拉布里亚山中组成的。它主张意大利的自由独立，反对暴政。现在这些主张全集中在反对意大利的复古政治上。烧炭党的根据地本在那不勒斯，现在则逐渐向意大利北部扩张势力。

它没有明确的统一的政治纲领与严密的组织，全凭个人的威望来笼络党员，神秘的宗教的色彩很浓厚。

1820年在那不勒斯、1821年在皮埃蒙特，烧炭党发动以军队暴动为中心的立宪革命。虽然成功了，但是不久就被奥地利的武力压制下去。之后，烧炭党的领导者便把根据地移到巴黎，计划跟法国的自由主义者缔结反神圣同盟的拉丁民族同盟。法国七月革命后，他们在路易·腓力的支援下，从1831年到1832年，在意大利中部发动反教皇统治的革命运动。但是，这些运动都在奥地利的武力压制下轻易地被击垮了。之后，由于奥地利的强力压制，他们所领导的意大利复兴运动逐渐没落。

烧炭党的复兴运动没落后，代之而起的是马志尼和他所领导的少年意大利党。马志尼，1805年6月生于热那亚，父亲是医生、解剖学教授。热那亚本有共和政治的传统，而市民们也深受法国革命思想的影响。马志尼的父母都有强烈的民主思想。马志尼从小就被他的家庭培育出庶民的共和主义和爱国的革命精神。他虽然学法律，以律师谋生，但是从少年时期就对文学非常关心，常投稿，并站在浪漫主义的立场上，从但丁和马基雅维利的著作，或烧炭党的运动中汲取民族主义的热情，另一方面，还从卢梭、圣西门等人的社会思想中汲取知识，建立起他独特的民族主义式的社会革命思想。据他说，源于神的进步法则应该由人民予以发现，实现神的法律，是人民的宗教义务，是植根于人伦的使命；但要实现神的法律，人民必须先获得自由，免受专制的毒害，并维护国家的独立，免除外国的统治。此外，他还从民族的优越感与古罗马的复兴思想中展现出复兴意大利的理念，并把它和庶民的共和主义结合，以树立接继"皇帝的罗马"、"教皇的罗马"而来的"人民的罗马"。他还把为"人民的罗马"而战的意志归之于神意，并把它扩大而与人类的进步相结合，认为复兴意大利是意大利民族的宗教使命。1830年，马志尼因有参加烧炭党运动嫌疑而被逮捕，释放后亡命马赛。1831年底,与同志在马赛组织少年意大利党,发行杂志,宣扬他的革命思想。他认为烧炭党之所以失败,主要是因为它的领导者缺乏才干与个性,而且跟热情的青年阶层缺乏联系所致。若下一个运动要能获得更多的成就,必须以有信念、热情与理想的青年为先锋。因此,他的运动方向完全是以意大利的青年为重心。同时,他也知道,如果没有群众,胜利一定无法获得,所以他要求他的党员努力去唤醒群众的睡梦,以便从奥地利的压制与小邦国的专制政治中解放意大利,创建进步与自由的统一共和国。在马志尼的宣传下,他的理想已深深攫住意大利青年的心。少年意大利党的势力遂急速扩张,1833年已有党员六万人。

在这之前,马志尼曾于1831年写一封公开信给刚即位的萨丁尼亚国王卡罗·阿伯特,要求国王领导意大利民族展开反奥地利的独立运动。但是,马志尼已料到国王一定会拒绝,他写这封信的主要目的是想让意大利人知道对萨丁尼亚王的期待是没有什么用的。阿伯特王在1821年皮埃蒙特革命时曾与革命人士暗通声息,担任摄政时也曾经一度接受革命,所以他即位后有部分人士曾企望萨丁尼亚王国推展反奥的自由主义政策。国王对马志尼这封信的回答是下令逮捕马志尼。在这前后,萨丁尼亚王国的军队中曾显露革命的迹象,而且被认为革命跟法国的路易·腓力有密切的关系。于是,阿伯特国王就跟奥地利缔结军事同盟,并加强弹压自由主义分子。

马志尼为了反抗国王的这种态度,而把运动的焦点放在萨丁尼亚王国内。这更促使萨丁尼亚加强弹压少年意大利党。1833年,有十二个军人被处死刑,马志尼也在制度审判下被宣布死刑。这时,他已离开马赛,迁居于日内瓦,并跟同志们商讨在萨丁尼亚发动革命。1834年2月,七百个被放逐的志士举着意大利的自由旗帜,越过国界,意图进入萨佛伊亚,但在边境的战斗中很快就被驱散。此后,少年意大利党也在热那亚和威尼斯展开运动。

总之，马志尼的早期革命运动只加强了对政府方面的弹压，成功的希望非常渺茫。特别是1835年到1837年的瘟疫击碎了意大利国民的革命意志，马志尼也丧失了在意大利展开直接行动的机会。他在穷困的流亡生活中辗转浪游于瑞士，但他仍然毫不懈怠地靠写文章来宣传他的主义。在这期间，他跟外国的亡命者缔结了青年欧洲党和青年瑞士党，使他的运动成为国际性的。1837年，他被逐出瑞士，旋即迁往伦敦。他在伦敦的生活更是穷困，但与英国的知识分子来往频仍，他的运动依然持续不懈。

少年意大利党的运动中心置于巴黎。19世纪40年代的爱国文学运动无意间激起了意大利青年的热情，大家都耽读着马志尼热情洋溢的小册子。少年意大利党的势力更见扩大，1844年到1845年之间曾先后在博洛尼亚、里米尼、卡拉布里亚等地起义，但都很快被压制下去。

马志尼的革命理论虽能攫住青年知识阶层的心，但无法为群众所接受，加上意大利各邦已先后于1848、1849两年制订宪法，开始反奥，温和的立宪改革派逐渐获得人民的欢迎，马志尼的共和主义却日趋没落。从1848年以后，马志尼曾先后参加米兰起义和罗马的共和革命，都失败。他再度逃亡到伦敦，1857年又潜入威尼斯参加革命，也失败。他的影响力已经逐渐低落。意大利独立统一运动的主导权逐渐转入萨丁尼亚王国的首相加富尔之手。

马志尼和少年意大利党的运动在意大利共和体制的建设上虽然失败了，但是，他那崇高的理想在民族统一方面已逐渐激起意大利人的热情与自觉。他的此一前驱运动为加富尔的统一意大利奠下了基础。马志尼1872年逝于意大利的比萨，亲眼目睹了意大利的统一。

1848年罗马共和国之梦

　　1848年是欧洲民众要求立宪、发动革命的年代。在意大利，1848年的革命首先爆发于西西里岛。当时的意大利分成许多国家，意大利南部和西西里岛属于西班牙系统波旁王朝所统治的两西西里王国。在国王费迪南二世生日的那一天（1月12日），西西里岛最重要的城市巴勒莫发生了民众暴动。费迪南二世立刻从那不勒斯派遣军队镇压。民众不仅顽强抵抗，甚至把运动的局势扩展到整个西西里岛。在这种情况下，波旁王朝只得撤离军队，并答应民众的要求，准备颁布宪法。

　　南意大利民众获得宪法保障下的政治自由后，给意大利其他地方的民众以极大的鼓励。意大利中部和北部的国家虽然推行社会改革，使人民得以分享部分的经济发展成果，但是，在政治活动跟生活自由方面仍然受到很大的限制，和南意大利的民众并没有很大的差异。两西西里王国要求颁布宪法的运动发生后，很快就影响到整个意大利。意大利中部的多斯加尼公国首先在1848年2月中旬宣言准备颁布宪法，接着，萨丁尼亚王国和教皇国也相继与民众相约实施宪政。

　　意大利各国的立宪自由运动获得相当成果之后，巴黎、匈牙利、维也纳爆发革命的消息相继传来，这对反奥地利运动具有极大的鼓舞作用。1848年3月，威尼斯发生反奥地利统治的民众暴动。米兰也发生暴动，逐出奥地利军队，树立临时政权。

　　意大利的立宪自由运动在欧洲各地革命运动的鼓舞下，逐渐转换为改革旧体制、建立共和政治的革命运动，而且还含有反奥地利统治的民族独立运动的意义。意大利的民族独立运动在萨丁尼亚国王卡罗·阿伯特向奥地利宣战的情形下更显得明朗化。阿伯特国王遂被意大利的爱国者视为民族解放的救世主。意大利各地纷纷组成义勇军，集结在卡罗·阿伯特国王之下。阿伯特国王虽然站在反奥地利的独立运动的前头，但是，他的主要目的与其说是完成意大利的独立与统一，毋宁说是想把萨丁尼亚王国的势力扩大到意大利其他国家。所以，阿伯特国王入米兰之后，便对临时政权施加压力，并逐步压制激进的共和主义运动，意图建立稳健的君主立宪制。

1848年初夏，意大利民众运动的内部由于运动方向的分歧发生分裂。有的主张君主立宪，有的主张共和政治，因而导致保守势力的反击。譬如最先走向立宪自由体制的两西西里王国、多斯加尼公国、教皇国便意图乘民众运动的分裂恢复旧体制，禁止爱国者参加反奥地利的独立运动。萨丁尼亚王国也因战局不利而跟奥地利签订了休战协定。民众运动暂时停滞下来。

但是，入秋以后，民众运动复起。这次运动全由民主主义者领导，意图成立普选产生的国民议会。运动的结果，首先在多斯加尼公国树立了由民主主义者领导的新政府。接着，又在教皇国实行人民选举，成立新的宪法制订议会。这议会也由民主主义者领导。议会决定剥夺教皇的一切世俗权力，宣布成立罗马共和国。

这次民主主义运动再度激起了反奥的独立战争。萨丁尼亚王卡罗·阿伯特于1849年3月毁弃休战协定，向奥地利宣战。但这一次战争并非依据民众运动的势力，加上军力的不足，萨丁尼亚军队很快就吃了败仗。伦巴底再度被奥地利军队占领，民众运动遭到严厉的压制。奥地利军队又进军多斯加尼公国，推翻民主政权，恢复旧制。

在这种情况下，以民主政治为目标的民众运动逐步被镇压下去，最后只剩下罗马共和国和威尼斯共和国。罗马共和国在马志尼的领导下积极推行社会改革，防卫工作则由游击英雄加里波第担任。1849年4月，法国拿破仑三世借口保护天主教徒，派遣军队攻打罗马。罗马民众强力抵抗了两个多月，不敌，罗马终于被法军攻下。加里波第率领残余军队亡走威尼斯共和国。威尼斯共和国在奥地利的攻击下，于8月瓦解，整个意大利又回到了以前的专制状况。

1848年奥地利的民族运动

1848年法国二月革命爆发后,奥地利各地受此刺激,相继发生革命运动。

奥地利不止是维也纳体制的维护者,同时也是许多不同民族的集合体,德意志人却以少数民族统治这广大多数的异民族。这些民族包括马扎尔人、捷克人、意大利人和南斯拉夫人,他们在奥地利的统治下,民族意识已逐渐苏醒,伺机推动民族独立运动。

法国二月革命后,奥地利首都维也纳已呈现不稳的局面,到3月13日,革命的局势已经形成。这一天,许多学生和工人聚集在州议会之前,要求改革,并高喊"打倒梅特涅"涌入议会,又跟议员们一起拥向王宫。市民和军队发生了市街战,梅特涅辞职,亡命伦敦。

为了跟这局势相呼应,奥地利皇帝费迪南废除检阅制度,承认出版自由,答应召集制宪会议。但是,制宪会议还没召开,费迪南就颁布皇帝制订的宪法,学生和民众对费迪南这种做法极为不满,暴动复起,皇帝答应修改宪法,使它更合乎民主制,但是,费迪南却率领王室出走。5月27日,市民、学生、国民防卫军的代表组成激进的公安委员会,压迫政府,控制了维也纳。7月,普选产生的制宪会议在维也纳召开,首先废除了农奴制度。自由主义改革大抵完成。

接着,匈牙利和波希米亚也发生了民族运动。马扎尔人居住的匈牙利,自中世纪以来便有身份制议会,实行自治,但是仍然要受奥地利总督的节制。匈牙利上院的大贵族大都拥护封建制度,支持奥地利的政策。到19世纪40年代,在激进的爱国者康修特的领导下,下院的自由主义派势力日渐伸展,意图脱离奥地利统治,期望获得个人自由,并废除农奴制度等。维也纳暴动后,匈牙利议会向奥地利皇帝提出责任内阁制、言论出版自由、陪审制度等要求。3月,康修特等人组织独立政府,宣布制订宪法以废除贵族特权,解放农民,设立民主式议会。为维也纳暴动所苦的费迪南皇帝只得承认这内阁,答应匈牙利议会的要求。这反而招致国内南斯拉夫人、罗马尼亚人的反抗。

在波希米亚地区,爱国的捷克人聚集在首都布拉格,要求废除封建制度,允许市民自由,甚至提出请愿书,要求把奥地利帝国改组为以民族平等为原则的联邦制国家。4月公布宪法,5月获得自治权,6月在布拉格召开斯拉夫民族会议。奥地利内部的民族运动着着进展。

但是到1848年6月以后,奥地利内部的民族运动却因各民族间的反目,加上奥军势力仍然很强大,而逐渐被压制下去。1849年10月,匈牙利革命政府被解散,奥地利又回到了1848年革命以前的专制体制。

英国工业革命与印度的开发

16世纪到17世纪,欧洲人为了寻求"东方之富"到了亚洲,这种现象到18世纪仍然没有变。当时的欧洲人认为"富"在东方,想把它带回欧洲。而他们意识中的"富"就是亚洲盛产的木蓝、棉布、绢布、茶等。为了把"富"带回欧洲,他们必须把银子送到亚洲,当然有时也用掠夺手段。欧洲人以商人身份到亚洲,为了获取"东方之富",自然须用一些东西来交换。

英国在印度建立殖民帝国的时候,这种关系发生了变化。英国人在印度并不是实施以物易物的交换手段,而是采取免费获得财富的手段。譬如英国的殖民地政府向印度农民征课地税,而后用租税所得的一部分来购买可带回欧洲的物品,这种情形跟前一个时代在根本上并无不同。但是,欧洲人与亚洲的关系则大不相同。英国东印度公司在孟加拉获得广大殖民地时,为了从孟加拉各地购买棉布和绢,设立了许多商馆。

英国发生工业革命时,上述的关系也发生变动。英国国民所关心的重点不再是把"东方之富"带回欧洲,而是想以东方作为自己工业产品——尤其是兰开夏的棉布——的市场。但这并不是说,以前所谓的"东方之富",欧洲人已不再需要,而是强要亚洲人购买兰开夏的棉布。亚洲既然要买欧洲的物品,当然就需要用亚洲特有的物品来交换,以便把亚洲产品运回欧洲。

这种新的交换现象发生后，亚洲的物产发生了很大的变化。英国经过工业革命以后，工业生产力大为提高，英国人不再需要旧式的手工业产品，他们要原料、食物、嗜好物等农产品。在这状况下，以出产棉布、绢布等闻名的印度，自从成为英国殖民地之后，由于英国工业革命的发展，逐渐失去了传统的手工业。

大致说来，拿破仑战争后，印度棉布输出欧洲已一落千丈。到19世纪20年代，东西之间的棉布输出已经跟以前完全不同，以前是把印度棉布运往欧洲发卖，现在兰开夏的工厂制棉布已如奔流般被送往亚洲，尤其是印度。英国开始殖民印度时，东印度公司为收购棉布和绢所设立的商馆，现在已因工业的发展逐渐丧失了它的重要性。东印度公司也失去了东方贸易的独占权，其商业活动终于全面停止。

工业发展后，欧洲生产力急速上升，工业产品大量运往亚洲。同样，亚洲的农产品为肆应这种现象，也大量运往欧洲。送往欧洲的农产品虽然还是原料、食物、嗜好品之类东西，但是数量却直线上升。

英国为了使印度成为英国工业产品的好市场，积极奖励印度生产可输出欧洲的农产品。也就是说，英国统治印度的经济政策是积极"开发"印度。英人开发印度的最显著例子就是大农场的设立。木蓝、咖啡和茶的大农场，到19世纪才由英人开始推广。阿萨姆、大吉岭和锡兰（今斯里兰卡）的红茶于今还是很有名，而这些地方本来不产茶。茶本来是中国的特产，16世纪时，由英人大量运销英国，成为英人日常的嗜好品。19世纪时，英人开始在印度与锡兰各地栽培。茶的大农场也因而出现。

但是，经营茶及其他农产品的大农场要将经营所得运销欧洲，就需先敷设铁路，开辟港口。印度是个广阔的大陆，要把内地的物品运到港口，或把工业产品运到内地，都相当为难。譬如德干地区盛产棉花，要把它运到港口，却没有好的运输道路，而且不使用车子，只用牛和马驮运，因而费时甚多。若途中遇到天雨，所驮物品运到港口时往往已不能使用。

因而,开辟与欧洲通商的大港埠,建筑以这港埠为中心向内地辐射的铁路网,是英人开发印度的主要工作。加尔各答、孟买、马德拉斯等大都市都是英人为此目的而建立的。

孟买港朝海建了一座石造大门,被称为"印度之门"。这大门当然是英人建造的。印度(尤其是印度北部)本来是一个内陆国家,他们当然不会建造面海的大门。只有英国人,才想把这内陆地区导向海,以便把印度的农产品运出去,而把工业产品从海外运进来。所以,英人建造"印度之门",正是把印度导向海外的象征。

大家都知道,在世界上,火车最先在利物浦与曼彻斯特之间通行,是在1830年。据说,19世纪30年代,英人就想在印度敷设铁路。1840年,敷设印度铁路的公司已在英国本土成立。1853年,孟买和达曼间的印度第一条铁路开始通行,只比英国慢了二十三年。19世纪后半叶,英人在印度所敷设的铁路发展得非常快,到19世纪末叶,印度的铁路长度已超过英国。

大吉岭和阿萨姆都位于喜马拉雅山麓。每年5月、6月的时候,恒河三角洲气温高达40℃,喜马拉雅山麓却凉爽舒适,而这地方有广大的茶园,如果无法把这地方出产的红茶经高温潮湿的地带运到加尔各答,在这地方经营大茶园是没有意义的。由此可见,开发印度,铁路是个不可或缺的工具。

19 世纪的印度

在英国统治印度之前,印度的城市已经很发达。譬如 17 世纪莫卧儿统治下的印度,由于商业的广泛发展,大城市的繁荣使欧洲人也非常讶异。但是,到英国殖民印度的前后,因为全国性的大动乱,印度原有的大都市逐渐衰落。英国统治以后,以印度旧统治阶段之消费生活为中心而繁荣的都市、手工艺与商业的市镇、以信仰和商业为中心而发展的市镇全告没落。这些都市或市镇,都随着旧统治阶级丧失权威、织布手工业遭受破坏和内陆商业的衰退而逐渐沉静,都市人口也逐渐稀少。

但是,新的都市在 19 世纪已经逐渐兴起。首先兴起的是港埠,如加尔各答、孟买、马德拉斯,这些都市都是为因应英国向印度输出物品而繁荣的都市。

其次是新建铁路的沿线都市。铁路当然也通过古老的城镇,但不是因为它们是古老的城镇,而是因为它们跟铁路起点的港口有密切关系,又可作为地方的物资集散地。

第三种新兴都市是因军队营地而兴起的都市,英国的殖民地军队为了维持对印度的统治权,而永久驻扎在一个地方,于是,以这营地为中心,而慢慢形成了一个都市。在这种都市内,英国军官的居住地有整齐的市街,四周一片绿意,仿佛是公园。

第四种都市是以英人避暑胜地为中心而繁荣的都市。

上面这些19世纪新兴的都市虽然是在印度境内，但不是属于印度的。它们跟四周的环境可以说格格不入。换句话说，印度境内有两个国家，第一是"盎格鲁斯坦"（盎格鲁－撒克逊之国），是英国投资、英人统治的土地；第二是"印度斯坦"（印度之国），这是指铁路两侧五十英里以外印度的广大地区。

因此，如果说19世纪的印度已有都市化的倾向，那即是殖民地式的都市化；如果说19世纪的印度有近代化的现象出现，那就是殖民地式的近代化。印度的近代化只在"盎格鲁斯坦"实施。在"印度斯坦"，"开发"的浪潮非常缓慢，甚至毫无表现。

在维多利亚女王的统治下，印度的繁荣是英人津津乐道的。因而在加尔各答的市中心留下了维多利亚女王的大铜像和维多利亚纪念馆。其实，这繁荣只是"盎格鲁斯坦"的繁荣。

若进入印度的农村，这古老的"印度斯坦"便被一片贫穷的景象所环绕，而且挣扎于酷热的天候中，还不时遭到饥馑与瘟疫的袭击。英国人对改变饥馑远不如开发印度热心，虽设有粮食贮藏仓库，但只备而不用。在为饥馑贫穷所困的农村地带却铺设着近代的铁路，而且一直延伸到港口。在这铁路上，夸示着近代文明之力的火车头，拖着满载运往海外的物资的列车，轰隆轰隆疾驰而过。这光景正是殖民地印度的象征。19世纪的印度就在这两极的比照下迟缓地走着它的历史轨道。

印度土兵起义

印度土兵起义发生于1857年到1859年。这次起义表面上是印度兵反抗英国帝国主义的运动，实质上是亚洲民族第一次的民族自强运动。

英国侵略印度时，正是印度封建王朝莫卧儿帝国面临崩溃的时候。这时，印度的农业生产水准已经逐渐上升，农民也开始生产可作商品用的农作物，因而社会的分工开始萌芽，农民阶层的分解也在进行中。印度原有的村落形式逐渐瓦解。在这种状况下，以封建生产和农村为基础的莫卧儿帝国越来越无法维持传统的帝国统治方式。但是，印度的近代化也未见有萌生的可能，因为在这之前，征租承包人已经变成地主及村落的领袖人物，而且把储存的财富全用在土地的购买上，然后把逐渐扩大的土地租给贫农耕种，对农村建设与农业技术的改进则毫不在意。农业的近代化当然无由产生，甚至阻碍了印度近代化的发展。

在这情势中侵入印度的英国东印度公司，不仅没有利用莫卧儿帝国日渐衰微的局势来改进农村的生活方式，反而利用印度原有的承包征税制度，毫不客气地向印度人民抽取沉重的地租。这些地租是东印度公司最大的收入，更加速了印度农民的没落。未缴租的农民一概没收土地。这些被没收的土地大部分落入征租承包人和东印度公司职员之手。征租承包人和公司职员都住在都市，形成奢侈的消费阶层。

此外，从1770年前后开始，英国以棉织业为首的工业革命兴起。这跟印度也有密切关系。本来，英国是透过东印度公司大量输入印度棉织品的。但是，工业革命兴起后，为了对抗印度国内手工业制造的优秀棉织品，英国棉织工业开始采用机器生产棉织品。于是，英国靠廉价的工业棉织品和沉重的关税，压制了印度的棉织业。先从英国国内，后从海外市场驱逐了印度棉织品。最后，英国棉织品也侵入了印度国内市场。1814年到1835年之间，印度棉织品输出英国的数量减少了四分之一，英国棉织品却由八十一万码增加到五百万码。随着英国棉织工业的发展，兰开夏的棉织业者开始从印度寻取原料——棉。为此，英国以近乎奴隶的劳作条件雇用印度人，栽培棉花，以便提供廉价的棉给英国棉织业资本家。同时，英人也在印度种植鸦片输往中国。

英国棉织品输入印度，以及英国强迫印度人种植棉花，对印度的手工业打击甚大，印度自古以来的棉织业中心德干、穆尔西达巴德、苏拉特等地因而逐渐没落。许多手工业者失业，或成为小佃农，或饿死。英国在印度一方面破坏了印度的传统手工业和农业，一方面又极力压抑印度近代工业的发展。

在这种状况下，在19世纪初叶，对于英国非人道的统治，印度人已极感不满。反抗英国统治的暴动从1816年起逐年增加，尤以1830年大农场工人的骚动与1855年山达尔族反高租与高利贷的暴动最使英国政府吃惊。

为了镇压印度的这些反抗运动，东印度公司开始雇佣印度兵，作为直属于自己的武力。这些印度佣兵被称为"土兵"。其实最先使用印度兵的是法国。法国为对抗印度王侯和英军，而以印度人为佣兵。这时，应募为佣兵的大都是种姓地位较高的土兵。其后，印度兵都称为土兵。法国雇佣印度兵后四年，英国也开始雇用。到19世纪中叶，英国所雇佣的印度兵数目达二十五万人。土兵成为英国侵略他国的有力武器，英国政府也相信土兵。

19世纪中叶,印度的两亿人民受制于二十多万的土兵,土兵又受制于四万的英国兵。土兵本来效忠英国,但是,土兵当中反英国的情绪也逐渐高昂。反英的情绪首先起于印度民众,而后逐渐波及同为印度人的土兵。1856年,英国宣布合并奥德,而孟买的土兵有三分之一是出身奥德的,他们对英国此举甚为愤慨。此外,他们获悉公司将让他们经由海路分兵缅甸,而他们一旦出海,将丧失种姓(这是他们的信仰),因此他们反对公司的此一意图。于是英国政府于1856年7月另外制订了新的招募印度兵法案。按新法案,土兵必须绝对服从上司的命令。新法案一旦实施,老土兵一定会受到英政府的弹压,土兵的不满更为高昂。

1857年5月10日,土兵的三个联队在德里附近的密拉特市起事。该市的下层民众与之相呼应,互相合作破坏印度政府的各机关,杀害其中的英国人,接着又进攻德里。德里的印度兵与市民也跟他们相呼应,乘虚攻击英军。英军狼狈撤退,土兵遂占领德里。受英军幽禁的莫卧儿皇帝获得自由。在皇帝的号召下,起义有如燎原之火,波及各地。但是,印度的反英行动没有统一的指挥系统,加上各起义军彼此互争领导权,以致内部不合。英军重整旗鼓后,猛力反扑。1857年9月,德里复为英军所夺,莫卧儿皇帝被废,流放于缅甸。莫卧儿的王侯们也被杀。莫卧儿帝国灭亡。土兵起义到1858年3月遂告平定。

19 世纪英国统治下的埃及

英国 1882 年占领埃及时,英国首相格莱斯顿便宣布维持一切既存权利。这些既存权利包括土耳其皇帝对埃及的宗主权,埃及在土耳其宗主权下所拥有的独立权,以及英国人在埃及的既有权利。英国的维持既存权利,目的之一是维持埃及副王(即土耳其宗主权下,实际统治埃及的最高领袖)的权威,而后借此来操纵埃及的行政事务,实施占领的政策。

其实,埃及副王与统治阶级(大多数是土耳其人)的权威自 1881 年遭到埃及农民出身的奥拉比上校(1840 年至 1911 年)反抗之后,已日渐下落,因而才遭遇英军的武力干涉。英军以武力干涉更导致埃及民众对统治阶级的厌恶。为了缓和埃及民众对统治阶级的不满,英军一再强调将尽早撤退,实际上却长期占领埃及。

从占领后的第二年起,实际统治埃及的是英国驻埃及代表兼总领事克罗默伯爵(1841 年至 1917 年)。克罗默伯爵在任时间长达二十多年。1889 年,对于埃及的情势,他曾报告说:"英国所以没有尽快撤离军队,主要原因是埃及的统治阶级已经完全无法控制埃及,他们都是外国人,老早已为埃及民众所厌恶。如果英国置副王于不顾,不出六月,埃及必酿成革命。"

埃及副王对埃及财政向来漫不经心,全靠庞大的外债来维持国家的需要。英军占领前,财政的负担已相当沉重。岁入的一半都用来偿付外债的利息。英国占领后，克罗默的主要方针，是尽量维持财政的均衡。而财政的均衡又借土地的收入来达成，农民的负担自然比以前要沉重得多。在这种牺牲农民利益以达到财政均衡的原则下，农民的怨恨虽日深，埃及的财政却出现了黑字。财政的剩余并没有用在埃及的建设上，反而用在了征服苏丹之上。

克罗默的统治除了牺牲一般农民利益，借以达成英国征服苏丹的殖民欲望之外，还积极培育埃及的大地主。为偿还外债，变卖国有地时，大都采取拍卖的方式。拍卖之前，先把国有地以三十到四十英亩为一单位，区划开来，而后加以拍卖。这种区划的拍卖方式，一般小农当然无法问津，对大地主却极端有利。

在克罗默这种培育大地主的政策之下，从1900年到1913年，拥有五英亩以下土地的小农数目约增加两倍，但平均所有面积却由一又二分之一英亩减为一英亩。当时，要养活一家人需地二又二分之一英亩土地。因此，这些减少土地的小农只有靠替人耕种田地或出外打工来补贴家计了。

埃及的大地主们却不愿把自己的土地用来经营大农场，而是出租给佃农。收租时，一概委托收租人，自己却住在开罗或亚历山大城的广大邸宅中，夏天则在黎巴嫩或欧洲的避暑胜地度过。1913年以后，埃及立法议会议员也都被他们所占。这可说是帝国主义所造成的结果。

在英国有意的安排之下，埃及贫富不均的现象越来越严重，埃及的民族意识也相对提高。首先起而反抗的是穆罕默德·阿布笃。他出身农民之家，曾协助奥拉比上校反抗土耳其的统治。英军占领后被捕，流放于国外。1888年获许回国，从事为埃及人谋求福利的改革运动。他的改革方案包括积极吸收欧洲的科学、法制与教育，以求本国社会的繁荣。总之，他是合法地为埃及人谋求福利的。比他年轻一辈的穆斯塔法·卡米勒却超越了他的立场，积极参加以民族主义为口号的"爱国党",拒绝与英国合作,要求英军从埃及撤退。爱国党在卡米勒领导下于 1906 年发动开罗法律学校的罢课运动。但是,从 1908 年卡米勒去世后,爱国党便日趋没落,新的独立运动产生。

20 世纪初叶的埃及独立运动

卡米勒领导的埃及爱国党,以"独立斗争"的形式反抗英国的殖民统治。1908 年爱国党没落后,代之而起的是鲁特菲·阿塞德领导的"国民党"。阿塞德认为爱国党所主张的"为独立而斗争"的理论过于浪漫,而加以拒绝。他认为,跟英国当局合作,限制埃及副王的绝对权力,逐次推展立宪政体,才是可行之道。要达到这一点,只有扩展现行的立法议会与地方议会,建立起修法机构。但是,国民党过于偏重大地主的利益,无法顾及广大的群众,这是它的缺点。

第一次世界大战爆发后,由于土耳其参加同盟国跟英国作战,埃及遂否认土耳其的宗主权,成为英国的保护国。由于作战的需要,埃及的工业发展相当迅速。独立运动也开始和民众结合起来。担当此一结合运动的人是萨德·扎克卢勒。他的政治立场接近阿塞德。他也是国民党的创立者之一。但他跟阿塞德最不同的地方是,他比阿塞德更能认识群众运动的重要性。1913 年,萨德当选为立法议会议员,又担任副议长。此后,他便站在在野党的立场批判埃及副王政府与英国的统治政策。

大战结束后,萨德主张派遣代表团参加巴黎和会,谋求埃及的独立。过后不久,便为英国当局逮捕(1919 年 3 月),流放到马耳他岛。于是,开罗与亚历山大城及其他城市展开了革命性质的暴动,电信线路被切断,铁路被破坏,英国人遭受杀害。英国政府遂派遣调查团赴埃及。埃及却以全国性的抵制英货来回应英国的此一措施。1920年春天，萨德获许归国，随即向埃及政府首相要求派他为独立交涉代表团团长，被拒绝。萨德遂起而攻击埃及首相。示威与暴动在萨德的呼吁下迅速展开，遍及全国。1921年11月，萨德再度被捕，再度被流放。次年2月，在英国高级官员阿伦比的提议下，英国有条件地允许埃及独立。

19 世纪的越南与法国

越南与法国的关系始于 17 世纪基督教传教士的活动。18 世纪的越南名义上由黎朝统治,实际上已由郑氏和阮氏瓜分。郑氏据河内,是为大越;阮氏据顺化,是为广南。1773 年,西山党之变发生,黎朝灭亡,郑氏和阮氏的政权也被消灭。阮氏一族于 1778 年在嘉定(今属胡志明市)被杀,只有阮福映一人潜逃。当时到越南传教的法人百多禄认识了他,劝他改信天主教。阮福映为报族人之仇,屡次兴兵,都失败。1784 年流亡到暹罗(今泰国),获得暹罗的援助,同时派遣百多禄带着四岁的王子到法国求救。第二年,百多禄到法属印度殖民地,求法国殖民地政府援越,被拒绝。1787 年,百多禄到了法国,晋见路易十六,并以阮福映代表身份与路易十六签订援助条约。条约内容称:法国提供四艘军舰和一千六百五十个士兵支援越南;越南则割让岘港和昆仑岛给法国,并给法国自由通商的权利。百多禄带着条约回到印度,要法国总督履行条约义务,又被拒绝。他只得用本国募得的资金整顿军舰和士兵,于 1788 年 9 月到嘉定。这时正是阮福映获暹罗援助夺回嘉定后不久。百多禄带来的士兵负责指挥、编制越南的陆海军。阮氏军队因此大为增强,终于在 1802 年统一了越南全国,而百多禄已早在 1799 年病死。

1802 年 6 月 1 日,阮福映就位为嘉隆帝,旋即派遣使节到清朝,请求册封。清嘉庆帝封以安南国王。1804 年,因越南方面的要求,清朝允许将国号由安南改为越南。从此以后，越南的一切文物制度都模仿中国；对外也只与中国来往，而断绝了跟欧洲的关系。于是，替阮氏出力建国的法国人相继回国。英、美、法的商船要求通商，也被拒绝。对国内原有的基督教大加弹压，对基督教传教士跟信徒则加以追害。1843年与1845年，法舰到越救出遭受迫害的传教士。1847年，法舰司令官拉皮埃尔率舰两艘，借法国政府的名义要求保障法国国民的安全，被当时的绍治帝拒绝。

　　1848年继绍治帝即位的嗣德帝（1848年至1883年），崇尚儒术，仿中国前例，编纂《大南会典》、《钦定越史通鉴纲目》、《越史总咏》，又出版《大南实录》。此外，他还加强对基督教的弹压。1857年，法国拿破仑三世派曼谷领事向越南抗议，不被接受，同年越南又杀害西班牙传教士。于是，拿破仑三世联合西班牙，攻击越南。

　　1857年11月，拿破仑三世命令法国东方舰队炮击岘港，后因英法联军攻打中国之役，将炮击时期延到1858年9月。在法国本土，对炮击越南一事议论纷纭。不过，一般舆论大都支持以越南为法国殖民地，以对抗英国向缅甸跟暹罗扩张势力。在这种情况下，1861年，法国再度派遣舰队到西贡，以武力占领湄公河三角洲，使越南无法再供米到中部地区，越南政府只得向法求和。1862年，《第一次西贡条约》签订，越南割让边和、嘉定、定祥三省给法，承认传教自由，开岘港、巴叻、广南为通商口埠，并赔款四百万美元。法国逐渐用武力并吞越南南部后，开始把武力指向越南北部。1873年，法军在安邺上尉率领下，要求北部总督阮知方开放红河，被拒绝，遂以武力占领河内，逮捕阮知方，促其自杀。法、越《第二次西贡条约》签订，法国承认越南的主权与独立，越南承认法国在南部六省的主权，开放归仁、海防、河内、红河为通商口岸。到1883年，法又攻击越南首都顺化，越南求和订约，而成为法国的保护国。

19 世纪的奥斯曼帝国与欧洲

奥斯曼帝国（1299 年至 1922 年）曾在欧洲、非洲和西亚统有广大的领土跟众多的民族。16 世纪最兴盛时期，曾统治十五个国家，是中世纪后期制度最完备的国家之一，也是以伊斯兰教经典为国法的、政教合一的宗教国家。奥斯曼帝国的统治者是象征伊斯兰世俗权力的苏丹。1699 年，奥斯曼帝国因在与奥地利的长期战争中失败，签订了极其不利的和约。此后，奥斯曼帝国的内政开始松懈，对外关系也逐渐居于不利的局面。

19 世纪初叶，巴黎贵妇曾一度流行类似土耳其苏丹头饰的帽子，西欧也将"土耳其人和土耳其浴"当作东方的代名词。

在奥斯曼帝国，18 世纪前半叶，土耳其也流行法国风味，尤其喜好郁金香，所以被称为"郁金香时代"。在首都伊斯坦布尔，欧洲人和土耳其宫廷人物的交往很频繁。金角湾的纸工厂村和贝格拉德村是当时最热闹而又风光明媚的避暑胜地。苏丹派人模仿凡尔赛宫等在纸工厂村建立离宫"福乐"。离宫中有美丽的馆衙、庭园、池和泉水，也有充满凉意的绿荫和可泛舟其上的湖泽。入夏后，苏丹常领着政府要人、学者、诗人和宫女在此度过，贝格拉德村在纸工厂村附近，欧洲各国的大使、基督教的豪富都以此为避暑的地方，时时举行舞会、夜宴。

"郁金香时代"可以说是土耳其西化的前兆。18 世纪后半叶，奥斯曼帝国败于新兴帝俄之后，更显露了它的衰弱。奥斯曼帝国为恢复实力，开始积极地从西方导入军事方面所需的技术，并重编军事体制，推行政治、经济、社会的改革，以便参与欧洲社会。在西欧的冲击下，奥斯曼帝国出现了塞利姆三世的"新统治"（1789年至1807年）、阿卜杜勒－迈吉德一世的坦志麦特改革（1839年至1876年）和第一次立宪政治（1876年至1877年）。但是，这些近代化措施最后都归于失败。商业、工业是近代西方富强的最重要基础，而奥斯曼帝国缺少这基础。因此，帝国的近代化改革反而使缺乏社会经济保障的穆斯林知识分子流向精神主义，与主张政教分离的政治改革与世俗化对立，苏丹自己也处于近代化的自我矛盾中，亦即处于传统和近代化的苦恼中。

新兴帝俄从19世纪初叶起便积极向土耳其发展，英国为对抗帝俄的南下政策采取"封锁俄国"的方针。俄国沙皇自认为是希腊正教的首长，故以保护正教徒及援助斯拉夫民族独立为沙皇应有的责任，积极向地中海扩展势力。英国则以保护奥斯曼帝国领土完整为口号，一面阻止法国侵扰土耳其，一面为封锁俄国而纠合欧洲各国，获得相当的成就。

另一方面，奥斯曼帝国内部的民族独立运动也如火如荼地进行，尤以巴尔干的民族独立运动最为激烈。

19世纪的民族独立运动肇始于塞尔维亚起义（1804年至1817年）。接着又有希腊、罗马尼亚、黑山、波斯尼亚、黑塞哥维那和保加利亚的独立运动。这些独立运动都构成国际问题。其中，尤以希腊的独立运动引起国际争论最多。

希腊的独立运动是希腊商人接受当时民族主义风潮之影响，受西欧启蒙思想的鼓舞与俄国宗教煽动而发生。当时，希腊商人为了民族独立组织秘密结社，于1821年在摩里亚起事。当时欧洲的浪漫主义者与具有自由主义精神的知识分子都非常同情希腊，并在欧洲各地设立支持希腊独立的组织，把志愿军和军资送往希腊。热情的诗人拜伦即其代表人物，他亲自参加希腊独立战争，病死于希腊北部的迈索隆吉翁。但是，欧洲的国际关系与知识分子所代表的舆论并不一致。当时，神圣同盟的盟主俄国反对希腊独立，英国政府则表示中立。奥斯曼军队在获得埃及总督穆罕默德·阿里的军援之后，镇压了希腊的独立军。眼看希腊独立运动就要失败了。这时，英国跟俄国，再加上法国，彼此缔结协定，军援希腊。纳法里诺海战中，埃及与奥斯曼帝国的联合舰队被击溃，希腊终于在 1827 年走向独立之道。

此后，奥斯曼逐渐走向衰亡之途。

俄土战争

俄国自彼得大帝改革之后日渐富强,到 18 世纪后半叶,便想用民族、宗教、领土等问题积极向南方发展,以期使奥斯曼帝国(土耳其)成为俄国的保护国。到 1833 年,俄土军事协定签订后,很明显俄国已经有意把奥斯曼帝国变成自己的保护国。英国为了对抗俄国,联合欧洲五个国家签订《伦敦海峡公约》(1841 年),强迫俄国废除俄土军事协定。

1853 年 3 月,俄皇尼古拉一世遣皇子赴伊斯坦布尔,向奥斯曼帝国提出两项要求:承认希腊正教会有管理巴勒斯坦圣地之权,并将土耳其领内的正教徒置于俄国保护之下。这些要求等于宣布土耳其是俄国保护国。奥斯曼政府当然拒绝,并向俄宣布断交。俄军遂占领罗马尼亚,俄土战争爆发。英、法、萨丁尼亚为阻止俄国南下,助土抗俄,使俄土战争发展为克里米亚战争。此战,俄国挫败。1856 年,交战国双方召开巴黎和会,各国承认奥斯曼帝国领土完整,黑海公海化;奥斯曼废除对基督徒的差别待遇。

1877 年,俄国又利用希腊正教徒要求参加奥斯曼帝国政府的宪政运动的机会,表示支持正教徒的参政运动,对土宣战;并借口支持巴尔干诸民族的独立运动,要欧洲列强坚守中立。布雷维那之战,俄国大胜,迫土签订《圣斯特法诺条约》。条约虽表示巴尔干民族有独立权,但实质上,俄国借此可控制巴尔干。英国积极抗议,乃召开柏林会议,处理战后事宣。结果,塞尔维亚、罗马尼亚、黑山、波斯尼亚、黑塞哥维那、保加利亚在奥斯曼帝国的主权下拥有自治权。

这次会议其实不是为奥斯曼帝国召开,而是为"欧洲的和平"、为阻止俄国南下而召开的。

19 世纪拉丁美洲的独立

16 世纪初叶，西班牙和葡萄牙征服拉丁美洲后，便在适于统治殖民地的地点驻守军队，并设立统治机构，行使行政、司法、立法三权。军队是用来弹压殖民地人民的反抗，统治机构则为便于榨取殖民地的财物，控制殖民地人民的一切行为。因而西班牙等殖民国家对殖民地人民的福利和殖民地的实际情况都丝毫不加重视，一切重点都放在殖民国家的利益上。

为了便于统治殖民地，西班牙等国也彻底实行人种区分政策。以 1800 年为准，西班牙领美洲，人口约有一千五百万人。构成政治统治阶级的是以政府官宪为中心的西班牙本国出生的西班牙人，约有三十万人；其下为出生于殖民地的西班牙人集团，一般称为克里奥略，约有三百万人。跟这两个集团完全隔绝的是受榨取的最底层的一千万印第安人和八十万黑奴。在这些白人和有色人种之间的是白人与印第安人的混血（称为"梅斯蒂索"）、白人与黑人的混血（称为"穆拉托"）、黑人和印第安人的混血以及其他复杂的混血集团。葡萄牙属美洲（巴西）在 19 世纪时的人口为三百三十万人，其中葡萄牙人七十五万，各种混血儿五十五万，印第安人二十五万，黑奴一百七十五万人。

这些人种区分在 19 世纪以前早已固定不变，所以从 16 世纪到 18 世纪，拉丁美洲可以平安无事地度过。这两世纪史上一般称为"平安无事的时代"。

在这些人种区分中,在经济上、知识上扮演最重要角色的是拉丁美洲西班牙与葡萄牙人的子孙——克里奥略的白人集团。克里奥略掌握了矿山、砂糖、棉花、皮革、咖啡、小麦之类的生产,并酷使土著印第安人和非洲黑奴经营大农场,又从事海运业和贸易业,各个都成巨富。他们经营大农场的方式和西欧中世纪的庄园制几乎没有两样,所以这些克里奥略都可说是土地贵族。他们的生活也极豪奢,旅行过这些地方的人莫不为他们生活的浪费而讶异。总之,殖民地的一切利益全归他们之手。

但是,这些克里奥略也是"有知识的人",他们构成了殖民地的"知识阶层"。靠他们的经济力,他们不止派遣子弟远赴欧洲留学,设立墨西哥(1551年)、利马(1553年)等大学,又在各城市发行报纸、杂志等,在文化和教育各方面都居领导地位。

18世纪以后,这些克里奥略都积极吸收法国启蒙思想,输入并传播孟德斯鸠、伏尔泰、卢梭等人的思想。对美国的独立运动也非常敏感,又翻译托马斯·潘恩的《常识》,大量传布。在这种情形下,他们逐渐认识了本国和殖民地的关系,以及自己在这关系中被欺压地位。

克里奥略虽然跟殖民地政府的官吏一样是白人,虽然在经济和知识上都是殖民地中的佼佼者,但是,他们无法参与本国的政治,也无法升任为殖民地政府的要员。总之,克利奥略在政治上完全是被动的,"当兵也只能当下级军人;即使是贵族,也没有贵族的特权"。他们对殖民地人民的处境极为愤慨,对他们没有政治自由极为不满。他们已在等待机会,揭竿而起。

法国大革命与拿破仑战争,使拉丁美洲的情势发生大变化。克里奥略的机会终于来了。1795年,西班牙跟法国签订《巴塞尔和约》,向英国宣战。英国海军切断了西班牙和拉丁美洲的通商路线,殖民地条例名存实亡。各中立国都能自由与西领美洲通商。1807年,拿破仑一世的军队侵入里斯本。葡萄牙王室逃亡巴西,葡萄牙实力大为衰退。

在这期间，克里奥略纷纷起事。1809 年，玻利维亚宣布独立；1811 年，巴拉圭、委内瑞拉颁布独立宣言；1813 年，墨西哥宣布独立；1816 年，阿根廷宣布独立；1819 年，哥伦比亚合众国成立；1822 年，巴西也宣布独立。此外，智利、秘鲁、圭亚那也都获得解放。总之，19 世纪初叶，拉丁美洲在克里奥略的领导下反抗母国而获得独立。

19世纪的法国古典派美术

19世纪是在法国大革命之后开幕的。经过革命的动荡之后,从破坏中重建,从混乱中重整社会秩序,已经成为法国人的普遍要求。在这要求中,拿破仑应运而生。19世纪初叶,文化与教育各方面都在拿破仑的专制统治下走上重建之路。在美术方面,古典派也在拿破仑的权威之下逐渐抬头,并以宫廷为中心而逐渐发展。拿破仑年轻时随军远征罗马,已深为古罗马的绘卷所魅惑,因而,他当皇帝时,一切风俗习惯跟嗜好,从家具到建筑,都回归到古罗马的形式。

在绘画上,古典主义最先开花结果,风靡一世。雅克-路易·达维德获拿破仑皇帝的恩宠,为宫廷首席画家。达维德在18世纪时已开始出人头地。大革命爆发的时候,他参加雅各宾党,非常活跃;拿破仑时代则成为宫廷画家。

自18世纪末叶庞贝开始发掘以来,人们对古文化已怀着深邃的好奇心,古典主义已经抬头,到拿破仑时代盛极一时。当时绘画的主题大都来自古代的神话、传说,或礼赞拿破仑的英雄行为。达维德画有《拿破仑加冕礼》,此后就有许多拿破仑的肖像画出现。也有许多画家跟从达维德学画,更增长了古典派的声势。其中,格罗也深受拿破仑的宠信。他曾画好几张英勇皇帝的风姿。此外,格罗的作品中还有一幅著名的《拿破仑慰问瘟疫患者》。当时,瘟疫患者都被关在雅法的寺院中。拿破仑为了慰问这些患者亲自进入寺院。格罗以相当强烈的色调强调这戏剧性的瞬间。在这一点上，他已经跟其他的古典主义者不同，他渐渐喜欢动态的主题，甚至对古典派的静止构图表示不满。

一般说来，古典派绘画的本质是重视有秩序的构图。构图中常配以静止的人物，并讲求比例与均匀。人物亦以传说中人物为主，妇女则选贵妇或淑女。总之，古典派追求的是理想化的美，技法、线条都非常讲究。

1915年，拿破仑失败后，达维德也被放逐国外。但是，古典派虽然没有达维德，依然兴盛未衰。不久，法国为了再度鼓起古典主义的声势，于1824年迎接在罗马学习拉斐尔画风的安格尔回巴黎，接替达维德的宫廷席位。安格尔以冷静的表现法与凌驾达维德的技巧，给逐渐僵化的古典派绘画注入新的气息，支撑着19世纪初叶的古典派荣誉，但这时，浪漫派美术已逐渐抬头。

19世纪初叶是法国古典主义美术最盛行的时期，但是，一般人对古典主义美术已经逐渐厌腻，意图有所变革。譬如格罗，虽然深受拿破仑的宠信，他依然对严肃的古典主义画法表示厌烦，想寻求较强烈、动人的感受。因而，他喜欢赛马，并且从跑马的态势悟出动态的画法。他的生活也逐渐倾向激烈而富戏剧性的方式。可是，他的老师达维德对自己学生的此一转变很表不满，不时从布鲁塞尔写信严厉地责备他："绘画的本质在于古典主义，决不可走入旁门左道。"格罗被挟在新潮流与旧画法之间，深感郁闷不乐，终于在1824年投塞纳河自杀身死。

在古典主义鼎盛的时期，这种注重动态的美术新潮流已经开始孕生。到路易·腓力掌政时期，美术新潮流——浪漫主义已经逐渐取代古典主义，而进入兴盛时期。

19 世纪的技术革命

一般都认为西方的工业革命起于 1770 年。事实上,最先使用机器生产物品的时代是在 1770 年以后。但是从 1770 年到 1820 年这段时间,机器生产只用在纺纱和织布方面,而且也仅以蒸汽机为主要动力。

到了 19 世纪后半叶,除蒸汽机之外,各类内燃机相继发明。所以 19 世纪后半叶可说是技术革命的时代。

为了在所有工业部门推行机器化,首先须大量并廉价供应制造机器的材料——铁。要大量并廉价供应铁,制铁、制钢的技术就须获得飞跃性的进步。在这方面,贝塞麦(1813 年至 1898 年)和西门子(1823 年至 1883 年)的贡献极大。

1856 年,英国人亨利·贝塞麦发明了新的制钢法,即用强大力量迅速把空气注入蛋形金制的转炉中,以便从熔化的铁里除去碳的成分,而后在铁中加入许多锰,便可制成强刃的钢铁。由于这种方法的使用,钢铁工业逐渐形成。

同一年,归化英国的德国技师威廉·西门子也发明了制钢的西门子法。他使用特殊的反射炉,在平盘上用煤或煤气加热,并维持高温,来熔化铁,以便烧掉生铁里所含的不纯之物。1864 年,法国制钢业者比埃尔·马尔坦(1824 年至 1915 年)又加以改良,因而这种制钢法一般称为西门子–马尔坦法。由于制钢技术的发明,钢铁业的发展极其迅速。但是,贝塞麦制钢法自初就有一大缺点,那就是铁中所含的磷无法去除。1877年，英人西德尼·托马斯予以改良，他用煤式氧化镁涂在转炉的内壁，来去除铁中所含的磷。而残留的矿物气因含有许多磷，所以可用作肥料。托马斯的方法后来也用在西门子－马尔坦制钢法上。

制铁技术发展后，品质好的钢铁大量出现，使机器的制造得以顺利进行。材料有了，动力的加强也就不能忽视。首先是改良蒸汽机。1834年，法人布尔尼隆发明涡轮水车，后来把这水力涡轮的原理用在蒸汽机上，制成了蒸汽涡轮，使蒸汽机的效率比以前增加了一成到三成左右。

19世纪后半叶，用煤气的内燃机开始使用。这是由法国学者勒努瓦（1822年至1900年）等人最先使用的。但是，这种"勒努瓦引擎"有一缺点，就是费煤量太多，所以如何提高煤气的功效，是当时机械技术人员所要解决的问题。这问题于1876年由德人奥托（1832年至1891年）予以解决。奥托的"循环引擎"使内燃机的发展走上了轨道，但它还不能运用到交通运输上。

"勒努瓦引擎"和"循环引擎"的共同点是两者都使用煤气。1893年，德国人鲁道夫·狄赛尔（1858年至1913年）设计了用石油作燃料的内燃机。这项发明使动力机发生了革命性的变革。狄赛尔的内燃机比起用煤气作燃料的引擎，重量和体积都要小，而且回转快，效率高，适于运用到交通运输工具上。19世纪80年代，德国技师戴姆勒（1834年至1900年）设计了以轻油作燃料的小型内燃机。它非常轻便，可装在各种车上与船上，而且马力很强。他首先把它装在两轮车上，接着又把它装在四轮车上，获得了成功。这世界上最早的汽车载四小时的燃料，时速可达十八公里。但是这种汽车噪音太大，黑烟熏人。1885年，戴姆勒汽车公司成立。从此以后，法国、德国、英国与美国的汽车生产量逐年增加。

戴姆勒发明"汽油引擎"之后，有人开始想把它跟气球结合在一起，以制造飞船。1898年，巴西青年阿尔贝托－桑托斯·杜蒙特（1873年至1932年）迁居巴黎，着手制造可以操纵的、附有发动机的飞船。1900年，德国退役军人齐柏林用铝做骨架，制造了可以操纵的大型飞船——飞艇。飞艇发明后，终于在1903年出现了莱特兄弟所发明的飞机。

19 世纪的铁路

铁路可以运送大批的货物跟旅客，运费也比其他陆上运输工具便宜，因此，铁路在资本主义的发展中已经成为强有力的生产要素，也是在世界各地拓展市场的主要工具。在 19 世纪，铁路对殖民地的开发扮演了非常重要的角色。

1833 年，美国全长一千二百公里、世界最长的铁路连接了北部和西部。1860 年以前，美国全土的铁路全长已达四万八千公里。1869 年，美国完成了连接纽约和旧金山的大西洋铁路，美国大陆已由铁轨横断。

这种长距离铁路的发展因美国各种土木技术与火车的改良才有可能。美国的火车头也跟英国一样，驰名于世界。为了方便长距离的奔驰，1863 年，卧车已在宾夕法尼亚登场。1858 年，蒲鲁曼改良的蒲鲁曼车开始行驶，这种形式的车很快就输入欧洲。

1869 年，威斯汀豪斯发明了气压制动器，再配合上信号系统，使行车更为正确而安全。1867 年，宾夕法尼亚开始使用钢轨。

在铁路建设方面，美国也大胆地把蒸汽机运用在土木机器上。在铁桥与隧道的工程方面，美国的成就最高。纽约的吊桥、密西西比河的拱桥等，是美国 19 世纪工业技术的里程碑。

美国所开拓的铁路技术也传到低开发国家的俄国。1837 年，俄国才敷设四十八公里的铁路。俄国铁路的建材、机车和客车都由英国、比利时及美国的工业所提供。

国内铁路建设停止后，列强接着便把铁路运用到殖民地的开发上。英国和法国在亚洲都有殖民地，因而他们计划从南方敷设铁路到中国。1886 年，缅甸合并于印度之后，英国计划敷设铁路把伊洛瓦底江与长江接连起来，因而不断地派人进入中国，进行调查和探险。同时还计划敷设连接广东和缅甸的铁路，英国军人、技师和企业家遂相继到东方来。另一方面，法国自 1873 年之后，便开始调查，以便开拓西贡到中国内地的通商路线，并计划敷设铁路。但这些计划都伴随有极大的困难，加上获益不多，因而到 19 世纪末叶都销声匿影了。

德国也想敷设从巴尔干半岛经由巴格达到波斯湾的铁路，以扩大自己的势力。1888 年，德国资本家获得土耳其从博斯普鲁斯海峡到安卡拉的铁路敷设权，到 1899 年已延长到巴斯拉。1903 年设立巴格达铁路公司。由此，德国逐渐与英、法、俄三国相对立。巴格达铁路也未见完成。

19 世纪后半叶到 20 世纪初叶，国际铁路公司已逐渐取代贸易公司成为扩大殖民地的新方法。

19世纪的运河

　　法国在加拿大和印度的殖民地竞争中失败后，便进一步想去开辟亚洲的通商路线。18世纪末叶，拿破仑远征埃及，其主要目的之一就是想利用苏伊士运河垄断欧亚间的交通路线。但是，英国却无法容忍。两国之间，为获得苏伊士运河的权利，展开了激烈竞争。1854年，英国从埃及获得亚历山大城与开罗间的铁路敷设权，法国的李西蒲则获得国际苏伊士海洋运河公司的设立权，期限为九十九年。公司资本是两亿法郎，起初本想由各国共同出资，但是各国不愿支持，最后，主要的出资国是埃及和法国。1859年，工事从塞得港开始。这一带地区气候干燥，生活水准低落，所以苏伊士运河的开凿遇到了许多艰难的问题。共费十年的时间，好容易才把这些问题逐一克服，而于1869年开凿完成。开通后的苏伊士运河，使用率很低，获益不大，使埃及政府在财政上陷入窘境。于是，埃及把运河的大部分股份售予英国。英国遂在运河的股份上获得与法国同等的权利。之后，英国逐渐确立了运河的控制权。1888年，运河的自由航行原则在与各国所订的条约中获得认可。

　　苏伊士运河开凿的成功得力于新土木机器的发展甚多。其中，尤以浚渫机器最为有效。同时也使用帮浦的吸引浚渫船，但是用钢爪扒抓的机器最为有效，三百万吨的硬石灰岩也可用这种机器去除。车刀切碎的岩石则可用链形桶搬运。而这些机器的动力都用两百马力的新式蒸汽机运转。

除了苏伊士运河,巴拿马运河一直以来都被认为对世界贸易有极大益处。尤其是美国,自从加利福尼亚发现金矿以来,人口的移动就很频繁。为了和这情形相对应,美国敷设了巴拿马铁路。另一方面,开凿苏伊士运河获得成功的李西蒲也于 1878 年得到巴拿马运河的开凿权,而于 1881 年动工。但是,巴拿马的自然条件比苏伊士远要恶劣,加上疟疾和黄热病的流行,终于使李西蒲的公司遭遇到许多问题而于 1889 年破产。

巴拿马运河的开凿权经过若干次的转折之后,于 1902 年由美国政府购得。美国政府还进一步支持巴拿马人民脱离哥伦比亚的统治而于 1903 年独立。于是,美国与巴拿马签订条约,获得巴拿马运河地区的独占使用权。为了调节太平洋与大西洋的水位之差,巴拿马运河采用闸门式。闸门式在很久以前已为人所知,但大规模使用以这一次为最早。美国鉴于李西蒲的失败,对测量与传染病的预防特别注意,为此就花去了三年的时光。工程于 1914 年才完成。

运河的开凿跟铁路的敷设、造船技术的改进一样,在 19 世纪都是为了便于迅速把本国产品运送到殖民地去,把殖民地的原料运回本国来。所以,运河的开凿和列强的帝国主义政策与殖民政策有密切的关系。

19 世纪造船业的发展

19 世纪欧美的工业发展,主要是为了获取殖民地的原料与推销本国的商品。为了达到此一目的,殖民地和本国之间的货客运送就成为普遍而实际的要求。为了货客运送的确实性与规则性,船只的改进也跟铁路一样重要。在这以前,欧美的对外贸易大都使用帆船。1825 年,用钢铁制造船身、用蒸汽机作推动力的汽船"恩塔布莱号"开始航行于伦敦、加尔各答之间。但是,早期的蒸汽船费煤量惊人,所以使用度并不大。一般仍然重视帆船。其中最著名的就是 19 世纪中叶跟中国进行茶与鸦片贸易时极其活跃的快船,尽是四百吨到七百吨间的小型帆船。快船为了增加速度而采取了减少载运量的方针,它的速度是每小时十四海里。英美两国建造了许多快船,在太平洋与大西洋展开激烈竞争。

把帆船完全改为蒸汽船的过渡期船只,是 1858 年完成的"格莱特·伊斯坦号",它的载货量是一万八千吨,可容纳乘客四千人,排水量是二万七千吨,并用八千三百马力的蒸汽机推动。但是这种巨船由于忽略了当时的货额运送量,而无法流行于世。

19 世纪末叶,船只所用的机器发生了革命性的改变。美国的卡迪斯、英国的派深斯发明蒸汽涡轮机,使船只的航速每小时可达三十四点五海里。此外,木船也改为铁船,再改为钢船。1877 年,英国的钢船开始航行于海上。

船舶的技术革新也运用到军舰上。为了防护世界航路，列强们积极地进行造舰竞争，其中以英德的竞争最为激烈。德皇威廉二世认为德国的未来全系于海上，所以从 19 世纪末便开始建造大军舰。英国为了对抗德国，于 1902 年建造了一万八千吨、用蒸汽涡轮机推动的前所未有的大军舰。列强都模仿英国，纷纷建造类似的大军舰。其中，德国的发展最为迅速。1910 年，德国已有英国四成的海军力，对英国海上霸权的威胁甚大。

"三国同盟"与"三国协约"

20世纪初期,"三国同盟"与"三国协约"的对立,是造成第一次世界大战的主要因素之一。要了解这种对立形成的原因,就必须先了解所谓的俾斯麦体制。

自从1870年以武力打倒法国、统一德国以后,俾斯麦就改变了过去的好战政策,开始运用和平外交。他主要的目的是想利用外交政策来维持德国的统一。当时,德国东边有强敌俄国,西边有一心一意想报普法战争战败之仇的法国。俾斯麦知道法国对德国的仇恨,绝对不是短期间能够消除的;因此,他最关心的问题就是如何孤立法国。俾斯麦的初步计划是联络俄、奥两国。刚好,19世纪末叶,由于俄国沙皇的暴虐,暗杀与革命的危机随时都可能爆发。而奥匈帝国也因为领土内民族众多,民族自立成为很严重的问题。于是,1872年秋天,俾斯麦让俄、奥、德三国的皇帝在柏林会面,不久就签订了"第一次三皇同盟",三国皇帝愿意彼此合作来维持他们自己的统治权,孤立法国的初步计划终于成功。

可是当时的西欧国家都在发展殖民事业,如果德国也同样扩展殖民地,一定会和西欧国家发生冲突,尤其是当时的大国——英国。当时,英国已经明白表示,只要欧陆国家不威胁英国的海外殖民地,英国也不会向欧洲大陆争夺霸权,这就是所谓"光荣的孤立"政策。俾斯麦为了赢取英国的好感,维持欧洲的和平,也就表示德国毫无扩张领土的野心。

1877年，斯拉夫民族中的波斯尼亚人因为反对土耳其的统治而起义，终于演变成俄国与土耳其之间的战争。俄国军队在1878年进逼君士坦丁堡，迫土耳其签订和约，主要内容是土耳其承认巴尔干半岛斯拉夫民族的独立，同时建立一个大保加利亚国。奥地利和英国都很不满，欧洲局势非常紧张，大战似乎一触即发。于是，俾斯麦出来做和事佬，在柏林召开会议，邀请各国代表出席，从中协调。结果，俄国虽然被迫毁弃俄土和约，成立大保加利亚国被拒绝，但是塞尔维亚、黑山、罗马尼亚的独立却获得承认。

对德国来说，这次会议稳定了英国，赢得了奥国，却疏离了俄国。1879年，德奥同盟成立，共同防御俄国的侵略。1872年签订的"三皇同盟"已面临崩溃的局面。但是到了1881年，由于俄国沙皇亚历山大二世被暗杀，俄国皇室非常害怕，又希望能和德国合作，于是，德、奥、俄三国签订"第二次三皇同盟"，如果其中一个国家受到第四国侵略，彼此都要坚守中立。俾斯麦终于巩固了德国在东欧的领导权。

为了完全孤立法国，俾斯麦还需要从西方寻找盟友。刚好在1881年的时候，由于法国把北非的突尼西亚变为保护国，意大利非常气愤。俾斯麦抓住这个机会，首先调和了意大利跟奥地利间的利害冲突，然后在1882年缔结了德、奥、意"三国同盟"。同盟条约规定，如果意大利或德国遭受法国攻击，其他两国就须全面支持；如果受到其他国家攻击，其他两国就得保持中立。这是一个防御同盟。俾斯麦的孤立法国政策（即所谓"俾斯麦体制"）获得全面性的成功。但是，1884年，因为保加利亚王位继承问题，俄奥两国发生冲突，"三皇同盟"已经面临崩溃的局面。

1888年，德皇威廉二世即位。1890年，俾斯麦下野，德皇亲自主政，积极扩展殖民地，并且尽力封锁俄国募集公债，使德俄两国逐渐疏远，给法国打破孤立局面的机会。1888年，法国已经向俄国购买公债，第二年再向俄国购买，法国和俄国开始接近。1891年，"三国同盟"换约；俄法两国也签订政治协定，表示了双方的友好关系。第二年，两国又签订军事协定，军事关系越来越密切。接着，俄国又向法国借款，开始着手兴修西伯利亚铁路。由于政治协定跟军事协定的签订，才促成1894年的俄法同盟。这同盟是为防御三国同盟的攻击才签订的，具有军事协定的色彩。俾斯麦辛辛苦苦建立起来的孤立法国政策，已经崩溃了一角。

进入20世纪以后，因为德国从土耳其获得了兴修柏林到巴格达的铁路的权利，开始加入英俄在中东的殖民地竞争，加上英国在南非的战争不能够博得欧洲国家的同情，使英国很觉孤立，不得已放弃了"光荣的孤立"，积极寻找盟友。当时英国殖民地的竞争对手，在南非和土耳其有德国，在北非、地中海、中非、远东等地有法国，在巴尔干、土耳其、波斯湾等地有俄国。俄法这时已经签订同盟条约，如果跟法国做敌人，就等于和俄、法两国做敌人。总之，当时对英国威胁最大的是德国跟俄法同盟。英国要在欧洲寻找盟友，也只有从这三个国家着手。英国首先向德国表示友好，有意跟它签订英德同盟。但是德国自从三国干涉还辽后，正鼓励俄国向远东发展，而且认为不跟英国签订条约，就可以自由自在地拓展殖民地，所以不愿意跟英国联盟。英德同盟终于没有缔结成功，英国只得把目标转向法国。

在这以前，英国和法国常在非洲发生纠纷。不过，自1901年亲法的英王爱德华七世即位以后，英法两国的来往已经逐渐密切。1903年，英王和法国总统互相拜访，结果双方缔结了利用仲裁来调和殖民地问题的原则。1904年，英法协约成立，英国承认法国在摩洛哥的优越权，法国承认英国在埃及的优越权。从这一点看来，协约并不是军事协防的同盟，而是殖民地利害关系的妥协和调整。在这以前，"三国同盟"虽然在1902年换约，意大利却又和法国秘密签订协约，约定如果法德发生战争，意大利必须坚守中立。在这种状况下，德国已经由以前包围法国的形势变成了被包围的状态。因此,德国为避免在东欧方面受到攻击,有意和俄国联合。但是俄国在波斯湾的势力已经逐渐被德国渗透,加上英国准备和俄国妥协,所以德俄联合没有成功。另一方面,英俄两国在法国的周旋之下,在1907年签订了英俄协约,在中东殖民地的划分上,两国妥协了。"俾斯麦体制"至此已经完全崩溃,德国反而被孤立起来。

俾斯麦为了避免法国报复,并孤立法国,才建立起欧洲的和平体制,缔结包围法国的"三国同盟"。但是,到了20世纪初期前后,逐渐被威廉二世破坏,反而促成了法俄同盟、英法协约、英俄协约的连环关系。在欧洲,终于形成了"三国同盟"和"三国协约"两大壁垒的对立。这是第一次世界大战发生的原因之一。

日俄战争后远东的国际局势

到 19 世纪末叶，列强瓜分世界的局势已告一个段落。20 世纪却在义和团事变与南非第二次布尔战争的展开过程中启幕。列强为压制义和团事变竟然八国共同出兵侵入中国国土。但是，这八个国家在共同出兵对付中国的军事行动中，也彼此互相猜疑与对立，而且有激烈的趋势，重新瓜分世界的战争危机也日益深刻。

日俄战争可以说是在这种国际危机下爆发的。俄国在 1901 年《辛丑条约》签订后并不履行撤兵的义务，反而有加强侵占整个中国东北的趋势。这对日本和英国是一严重的威胁。为了对付俄国此一威胁，日本于 1902 年跟英国订立了日英同盟，日本内阁总理桂太郎决定对俄宣战。因此，日俄战争不单是日俄为夺取中国东北而爆发的战争，其实跟英俄在远东的对立有密切的关系。

当时，英国的外交非常巧妙。日俄战争爆发后不久，英国便与帝俄的盟国法国化解中世纪以来的长久对立关系，缔结英法协商，以免自己跟法国双双卷入日俄战争中。日本从英国获得了这种有利的外交支援。美国为了将其势力推进到东北，防止俄国独占东北，也给日本种种实质上的支援。另一方面，俄国因与法国有同盟关系，又有建筑西伯利亚铁路的融资关系，也间接获得法国的支援。同时，德国为煽动俄国向远东发展，以方便自己对近东的发展，也积极支援俄国。所以，从国际背景观之，日俄战争也可说是反映世界这两大阵营利害关系的战争。

日俄战争在日本获得陆海双方的军事胜利后，经美国总统大罗斯福的调停，终于在1905年9月签订《朴次茅斯条约》。日俄战争结束后，国际关系发生了根本的变化。从欧洲的国际关系来看，俄国的战败，解除了英俄间的对立关系，却使英德的对立更为尖锐化。

日俄战争的结束对远东和太平洋问题也有极深刻的影响。日本和美国的关系发生了根本上的变化。日美关系自明治维新以来一直都很友好，到日俄战争时期达于巅峰。但是，日俄战争后，日本逐渐显露了独占中国利权的倾向，这跟主张"门户开放"的美国政策正相对立。这时，英国为了利用日本来围堵德国，十分尊重日英同盟，因而在对日政策方面，英美的步调并不一致。英国不支持美国的反日政策，这种做法鼓舞了日本对中国的侵略，美国则陷于孤立状态中。

日俄战后，德国在欧洲也陷于英法包围政策的孤立状况中。德国为了突破这种局面，遂想在远东问题上改善自己的国际地位。日本侵略中国，不仅对中国是一大威胁，对美国的远东政策也是一个大障碍。因此，德国在远东政策方面采取了反日方针，以便跟中国和美国合作。

1907年，日本在英俄协商成立前，借导进法国资本，先后跟法、俄签订日法协商和日俄协商，这意味着日本直接参加了反德阵营，使德国大受刺激。于是，在英法俄三国协商成立时，德国为了对抗三国协商，乃于1907年至1908年和1910年至1911年两度向中国活动。又引诱在反日政策上与德国一致的美国，意图组成中美德三国协商。此一计划是由德皇威廉二世于1907年夏天提出的。当时，美国大罗斯福总统有意答应德国的要求，美国奉天总领事斯特雷特也热心要求本国政府支持袁世凯的反日政策。1908年秋天，中国派遣唐绍仪赴美。唐绍仪此行据说即负有进行中美德协商交涉的任务。但是，此一计划因日本外相小村寿太郎先一步采取对美协调政策，签订日美协商，再加上袁世凯于1908年受到清廷的杯葛而告失败。

1909年，德国与拟建湖广铁路的湖广总督张之洞接近。另一方面，1909年底，美国国务卿诺克斯积极推动"满铁中立化"而告失败，这是德国接近美国的一个好机会。德皇威廉二世也认为这是德国接近美国的最好时机，因而于1910年6月邀请到柏林访问的清朝皇族载涛和即将归国的驻德公使荫昌至宫，强调中、美、德结合的重要性。1910年7月4日，第二次日俄协商成立，瓜分中国的流言甚嚣尘上。中国遂派梁敦彦赴柏林，以保全领土完整为目的与美、德协商，并提出币制改革和加强防卫"满洲"等问题，还派盛宣怀赴美商讨单独向美借款问题。在借款问题方面，美国认为中国应向美、英、法、德四国借款团商讨，至于政治协定，美国为避免刺激英国，乃提议缔结德国除外的中美仲裁条约。德国的中、美、德协商的构想至此完全失败。

从1910年到1911年，美国舍弃了德国，坚定了接近英国的态度。英国也逐渐改变以前对美冷淡的态度。1911年7月13日，第三次英日同盟成立时，盟约上附加了一条规定：日美战争发生时，英国可免除支援日本的义务。总之，这时期美国外交的最重要课题便是调整英美关系，美德的接近反成次要。整体而观，日俄战后的远东局势是，中美的反日态度逐渐加强，日本跟俄国的关系日趋密切。诺克斯的"满铁中立化"政策使日俄关系更形密切，而签订第二次日俄协商。为对抗日俄协商所造成的独占中国东北趋势，英美反而更加接近。第一次世界大战后，英国的欧洲强敌已崩溃，日本独占中国的意图益加显露，英美两国并肩采取了反日政策；俄国也因革命而与日本疏离，日本终于走上外交孤立的局面。

第一次世界大战的导火线萨拉热窝事件

奥匈帝国波斯尼亚州的古城萨拉热窝是个颇具历史情趣的美丽城市。1914年6月28日，这座城市发生了奥匈帝国皇位继承人费迪南夫妇被刺杀的事件。这事件构成了第一次世界大战的导火线。

费迪南夫妇参加波斯尼亚大演习后，归途顺便到萨拉热窝，而为大塞尔维亚主义的秘密组织"黑手党"所刺杀。大塞尔维亚主义者刺杀费迪南的理由很多。奥匈帝国是一多民族国家。帝国内除德国人外还有马扎尔人、捷克人、罗马尼亚人、塞尔维亚人、克罗地亚人等南斯拉夫系统的民族。对奥匈帝国来说，大塞尔维亚主义所推动的大塞尔维亚国家一旦成立，就象征着奥匈帝国的瓦解。从另一方面来说，由德人统治的奥匈帝国，也是大塞尔维亚主义者攻击的大目标和憎恶的对象。1908年，奥匈帝国并吞了南斯拉夫民族的波斯尼亚与贝尔采格维纳，使塞尔维亚人更为痛恨。对塞尔维亚人来说，费迪南是奥匈帝国的权力象征，而且费迪南对帝国也有他自己的构想。他想给帝国治下的南斯拉夫人以自治权，使南斯拉夫人在内政上跟德人、马扎尔人有同等的权利，对外则维持统一国家的形式。这就是费迪南奥地利、匈牙利、斯拉夫帝国的构想。这构想一旦付诸实施，对大塞尔维亚主义是极端不利的，所以塞尔维亚人非杀费迪南不可。

就"黑手党"与塞尔维亚政府的关系来说，"黑手党"核心人物是塞尔维亚陆军参谋部的将校。事前，塞尔维亚政府已知悉暗杀费迪南的计划。但是，7月14日维也纳政府所提出的萨拉热窝事件调查报告却说，暗杀者与塞尔维亚政府没有关系。

萨拉热窝事件给全欧极深的冲击。但除奥地利政府外，没有一个国家认为这冲击会引发战争，因为从1914年初到是年夏天，欧洲的国际局势格外平静，英俄都没有战争的意欲。

但是，在奥匈帝国内部，政府虽然保持表面的平静，但暗地里，好战的报章杂志都极力鼓吹用武力彻底解决跟塞尔维亚的关系。当时政府内部主张用武力解决此一问题的是参谋总长康拉特·凡·赫采多夫。和他持不同意见的是奥匈帝国首相狄沙，他从拥护匈牙利人利益的立场，反对采取军事行动，主张采用外交攻势；外相贝尔希特尔的意见较接近康拉特，但不如康拉特激烈。即使是康拉特也不得不考虑一向支持塞尔维亚的俄国的动态。三人妥协的结果，决定采取要求德国支持的立场，因为德国和奥匈帝国都是三国同盟中的国家。于是，奥匈帝国派遣使节团赴德国。

7月5日、6日，奥国使节团与德国政府首脑人物会谈。参加这次会谈的德国政府首脑人物包括德国皇帝威廉二世，首相贝特曼·霍尔维克与代理外相的外交次长梅尔曼。会议席上，德国政府表示无条件支持奥匈帝国政府。依据此一会谈，7月7日的奥匈帝国内阁会议决定向塞尔维亚提出最后通牒，而后采取军事行动。

此后，德国政府便积极支持奥国政府。对奥国政府最后通牒的制作与最后通牒提出日期的决定，德国政府都扮演了很重要的角色。虽然最后通牒的内容是在7月22日通知德国政府，其实在这之前，德国政府已经很熟悉通牒的内容。由德国政府合作制成的最后通牒是极其严厉的。英国外交大臣格雷看到最后通牒内容时说："这次的最后通牒是所有对具有主权的独立国家所提出的最后通牒中最严厉的。"

萨拉热窝事件与列强

奥匈帝国皇储费迪南在萨拉热窝被刺杀后，奥匈帝国获得德国政府的支持，于1914年7月23日向塞尔维亚政府提出严厉的最后通牒。同一天，塞尔维亚政府提出答复。7月25日，俄国发表声明："俄国政府对目前不断发生的事件与最后通牒的缴付深表忧虑。……俄国政府对奥地利与塞尔维亚的纠纷无法漠不关心。"于是，俄国积极地支持塞尔维亚。俄国的态度使俄国与奥地利间的局势顿形紧张，英国政府前后提出若干次仲裁提案，显示英国对这次纠纷积极态度。德国则提出"纠纷局部化政策"，意图把这次纠纷限定在奥地利与塞尔维亚之间，以阻俄国与英国的介入。在这三个国家各持己见的状态下，通牒提出后的国际局势顿形复杂。

最后通牒的内容很严厉。塞尔维亚的答复却极端让步与容忍。但是，奥地利依然认为答复不充分，立即跟塞尔维亚断绝邦交。这使俄国非常愤慨，也使英国深为忧虑。为免事态逐渐严重与深刻，英国开始进行仲裁工作。在仲裁工作的最初阶段，英国跟德国一样采取"局部化"立场。英国对奥地利与塞尔维亚的纠纷本来没有直接的利害关系，如果这纠纷一旦发展为奥俄纠纷，就跟英国有利害关系了。英国7月24日所提出的局部化仲裁提案，德国表示同意，俄国强烈反对，法国则不予答复。7月26日英国的第四次仲裁提案已放弃"局部化"立场。7月27日，英国的仲裁提案表示放弃中立态度。7月29日，英国外交大臣格雷发表声明:"德法参战时,英国将援助法国。"

另一方面,俄国于7月25日发表了积极支持塞尔维亚的强硬声明,接着在前会议中宣言准备总动员,决定动员十三个军团,这一方面显示了俄国不惜以武力支持塞尔维亚的意志,一方面是对德、奥示威。

7月28日,奥匈帝国政府向塞尔维亚宣战。第二天,俄国颁布总动员令。31日,德国向俄国提出最后通牒。8月1日,俄国拒绝答复德国的最后通牒。德国遂颁布总动员令,对俄宣战。至此,事态已经越来越严重,而进入战争状态。德国皇帝威廉二世与俄国沙皇尼古拉二世之间的电报往返也无法阻止这趋向战争的激流。因俄法同盟的关系,德国与俄国的战争也意味着德国与法国的战争。8月1日,德军越过法国国界,8月3日正式向法国宣战。德法的宣战促使英国参战。8月4日,英国以德军侵犯比利时中立为由,宣布与德国进入战争状态中。萨拉热窝事件由此遂导致世界性的大战,整个欧洲结于陷入战争状态中。

萨拉热窝事件本来只是奥地利与塞尔维亚间的民族问题所导致的。但因19世纪末叶到20世纪初叶的殖民地竞争,欧洲各国彼此互相签订盟约,形成两大阵营。德奥同盟再加上德奥民族相同,使德国在萨拉热窝事件中积极支持奥匈帝国。俄国本来就积极地向南方发展,再加上俄国与塞尔维亚同是斯拉夫民族,因而在萨拉热窝事件中,俄国便积极支持塞尔维亚。由于这种关系,萨拉热窝事件终于导致德俄之间的战争,由此而扩大为人类有史以来的世界性第一次大战。

威尔逊与第一次世界大战

1914年，第一次世界大战爆发后，美国第二十八任总统威尔逊于8月要求美国国民对第一次世界大战保持中立态度。但是，在经济上，美国却无法保持超然态度。大战初期，协约国向美国购买物资时，还可利用美国在欧洲的巨额负债，无须借款。可是，随着时间的流逝，这些债款已用光，若在美国不能获得借款或信用贷款，美国和欧洲的贸易势必中止。这种现象已显示出美国中立政策与贸易需要间的矛盾。威尔逊为调整此一现象，于1914年10月暗中通告美国银行家，可以向协约国提供信用贷款。

1915年5月7日发生德国潜艇击沉英国商船"卢西塔尼亚号"事件，一百一十四名美国公民因此死亡，使美国舆论逐渐倾向于对德宣战，一直坚守严正中立政策的国务卿布莱安因此去职，6月，亲英的蓝辛继任。国务卿的更迭可说是美国外交转变的前兆。

蓝辛为适应民间对英法借款的要求，向威尔逊提出了意见，威尔逊于1915年8月允许发行庞大公债，提供给协约国。自此以后，美国资本家开始向威尔逊的中立政策施以压力。1914年8月到1917年4月，美国输出的资本总额大都集中在协约国，输出德国的只占百分之二。以融资中间人积极活动的摩尔根商社于1915年受英国与法国委托担任协约国的通商代表。不仅在订购军需品方面，就是在为协约国提供融资方面，摩尔根商社都居领导地位。1915年9月，摩尔根商社以融资五亿美元贷给英法,接着又贷给俄国一亿二千一百万美元。在这状况下,美国的外交政策不能不与经济有利害的关联。

自1915年"卢西塔尼亚号"等事件发生后,美国反德的气氛非常浓厚。1916年3月,"萨塞克斯号"事件发生后,美国进入极度紧张的局面。就在这时,德国宣布限制潜艇战,向美国表示让步之意。美国的反德情绪立时缓和下来。

反之,英国政府突于1916年7月公布跟德国交易的美国八十五家公司的黑名单,因此激起了美国反英的风潮。英美的外交关系几乎陷入断交的局面,英国公布这黑名单的目的乃在于禁止英国国民跟这些公司发生任何关系。黑名单公布时,连亲英的《纽约时报》都指责英国政府此一行为极其卑鄙。威尔逊对英国此一措施也加以批判。

1916年下半年,英美关系很不顺利,协约国募集债券时,摩尔根商社也无法展开积极的活动。同年11月,美国总统大选,威尔逊以不参加大战为号召,获得连任。威尔逊为重申中立政策,时向金融界施加压力。在当时的美国,英法的有价物件已减少,而缺乏借款的担保,所以英法政府有意出售财政部证券,由摩尔根商社担任中间人。威尔逊却要联邦储备银行声明:只获外国政府保障的证券极为不稳定,希望银行界注意。这声明给美国经济机构打击甚大。但是,美国经济机构跟协约国已有密切关系,因而要求政府对这声明重加考虑。此外,1917年2月初,德国无限制潜艇作战开始实施,美德关系迅速恶化。因此,是年3月,美国联邦储备银行发表声明:支持协约国的借款,明白地显示了美国对协约国借款的态度改变。这可说是威尔逊在美国参战前的金融政策。

在德国宣布实施无限制潜艇作战之前,威尔逊总统还一直希望大战能立刻结束。1916年12月,威尔逊向各交战国政府发出和平电文,希望能靠协定来寻求和平。但是,协约国却希望战胜导致的和平,不肯按威尔逊的愿望做去。虽然如此,威尔逊依然不气馁,仍为和平的实现而努力。1917年1月22日,他在美国上院呼吁"没有胜利的和平"。但是,他的协定谈和的美梦终于在1月31日被德国无限制潜艇作战的通告打碎。威尔逊不得不逐渐加强他的参战意志。

这通告不仅使威尔逊协定谈和的努力付诸东流,也是导致美德断交的直接因素。除了这通告使美国逐渐走上战争之路外,还有其他因素促使美国早日参战。

在2月2日的内阁常会中,威尔逊还说:"为了跟支配中国并与俄订盟的日本对抗,以加强白人的势力和角色,不跟德国断交是为智举。是故,我不考虑跟德国断交,即使认为我胆怯懦弱,我亦不以为意。"到这时期,威尔逊还未完全决定对德宣战。由此看来,由于威尔逊反对日本侵华,他迟迟不肯对德宣战。到2月3日,威尔逊虽然决定对德宣战,但是仍未积极行动。使威尔逊积极参战的是齐默尔曼电报事件(Zimmermann Telegram)。

当时,德国外相齐默尔曼发给德国驻墨西哥公使的密码电报,为英国谍报机关所截获,解读之后通报给美国政府。电报内容刊载于美国报纸,震撼了美国社会。电报内容说,如果美国参战,希望墨西哥能与德国联盟,向美国宣战。德国答应战后把原是墨西哥领地的得克萨斯、新墨西哥、亚利桑那三个州还给墨西哥。同时,德国将与日本单独谈和,然后签订德、日、墨三国同盟。美国政府接到这张密码电报,随即予以发表,主要目的是想借暴露德国此一阴谋,来煽动国民的反德情绪,提高参战舆论。这意图完全达到了。

3月5日,美国驻英大使培吉打紧急电报到华盛顿说,如果美国政府拒绝提供借款,英国将无法购买武器和物资。为了打开这危机,并保护美国所提供的巨额信用贷款,美国必须即时参战。但是,威尔逊对培吉的这项劝告并没有采取特别的措施,因为他对于培吉的过分亲英向来就有很深的恶感。

3月16日,俄国二月革命爆发,罗曼诺夫王朝被推翻。这对美国是一好机会,美国可以公开宣称自己是为拥护民主政治而参战的。

　　威尔逊于1917年1月提倡"没有胜利的和平",2月仍然不敢完全相信德国对美怀有敌意。到了4月2日,在两院联席会中,他却表明了参战意志。4月6日对德宣战。自"卢西塔尼亚号"事件以来,美国舆论对德国的非人道极其愤慨,但到德国通告实施无限制潜艇作战后,两国才正式断交。就威尔逊本人来说,英德借款造成的资本家要求,他是不能忽视的。日本对华政策也间接危及美国,这也是威尔逊所关心的。要解决这些内外问题,美国只有参战一途。只有参战才能促使战争早日结束,并领导世界于战后树立一个和平机构。威尔逊大概是基于这些综合性的判断,才决意对德宣战。

第一次世界大战末期的德国

1918年9月29日，保加利亚脱离同盟国与英、美协约国单独签订休战条约的时候，德军已面临可能全面崩溃的局面。因而当时反对由德国让步与协约国讲和的德国军部、重工业界及德意志帝国内的有力之士也不得不采取对外和平与对内民主化的政策。10月3日，被认为是自由的和平主义者的马可士公爵，应军部之请担任德意志帝国宰相。

然而，军部的领导人物兴登堡跟鲁登道夫，和轻重工业的大资本家，大政党的干部，言论界、学术界、教育界、教会、农业界的领导者及工会干部依然相信"德国民族仍是欧陆的霸者"。一般国民也相信，东欧民族仍应受德国保护并指导。因而多数国民都认为，"战况不利，所以现在可以缔结和约，也可以对民主主义让步，但是，不可失去霸者的地位"。连社会民主党与工会的干部也有这种想法。

马可士公爵的新政府就是在德国国民的这种气氛下诞生的。他压制了军部与保守派的侵略要求，走上"和平与民主"之路。

但是，在德国大多数国民支持下的帝政为什么会崩溃呢？一，英美法等协约国强烈要求德皇与皇太子退位，军部领袖人物辞职；二，由于战败，以前拥有独裁权力的军部已经丧失了它的权威；三，农村逐渐支持反政府势力；四，一般国民由于长期的战争，开始有厌战倾向，强烈要求"面包与自由与和平"。在这些原因中，尤其重要的是农村的动向。

德国农村本是保守派的有力据点。但是，由于长期的战争与总体战的加强，使农民的不满情绪逐渐扩大。谷物最高价格的制订、粮食的强制征收和官僚统治剥夺了农民的利益，而农民所需要的工业产品却价格不断提高，而且很难买到。同时，农村青年都赴战场，农业的操作不能不依靠妇女、未成年人跟老年人。加上官吏们对农民黑市交易与私藏粮食不断揭发，这些都使农民极端愤慨，终于走上反政府路线。他们虽然觉得防卫祖国是他们无条件的义务，但是他们仍希望尽早结束战争，对战时统治势力贵族将校集团也很厌恶。因此，1918年秋天德国发生革命时，农民都积极地予以支持。

1918年秋天，德国人民都对战争极表厌倦。他们所要求的是和平与民主。他们的政治代言人是议会中的多数派——社会民主党、进步人民党、中央党（天主教）、国民自由党。极右派的政策与极"左"的社会运动都遭遇了中产阶级、工人及农民与军队的抵抗。

当时，议会多数派的目标在于确立议会民主制度及签订和约。而且认为这些目标可透过和平的改革来完成，因此准备跟极右派进行妥协与让步。在控制中欧的要求方面，军部反动派跟议会多数派也没有发生任何冲突，只是在达成此一目的的手段方面，两者不断地进行论战。

革命首由水兵的起义引起。海军司令部为切断英国与欧陆的联络，准备进行大海战，海军士兵不肯应从。士兵们认为这次作战是为破坏讲和交涉而计划的，同时觉得这次攻击作战是极右派的侵略主义者对民主和平者的攻击。10月29日和30日，基尔军港的海军士兵因反对这项作战计划，约有六百名士兵被逮捕。没有被逮捕的士兵为了自救，占领了基尔市。陆地上的工人支持他们，组成了工人士兵评议会。这时起义士兵所提出的要求是排除极右派的侵略主义，以保障和平，缓和普鲁士的军规，使之趋于民主化。政府立刻派遣社会民主党干部诺斯格到基尔，很轻易地把运动缓和下来。

　　10月27日奥地利向协约国投降以后，南德的巴伐利亚已经受到敌人的直接威胁，使当地的工人、农民及其他中间阶层大为恐怖。巴伐利亚人都强烈要求尽早结束战争。巴伐利亚人本来就有反普鲁士的倾向，到这时，对柏林的中央政府也极端不满。巴伐利亚的威特斯巴哈家族虽是德国数一数二的名门，但已完全听命于柏林，所以巴伐利亚人认为威特斯巴哈家族已无能自救。11月7日，巴伐利亚人在慕尼黑集会，要求和平、民主与皇帝退位。接着柏林也有同样的要求出现。在这种情况下，德皇威廉二世于9日退位，亡命荷兰。11月11日，德国与英法签订休战条约。

德国皇室的解体

第一次世界大战末期,德国人民厌战求和的气氛非常浓厚。厌战求和的气氛终于引起了反战的革命。革命首先起于基尔,接着由基尔经西德而扩及南德。到1918年11月9日,革命又扩及首都柏林。柏林革命的起因是要求德皇威廉二世退位及皇太子放弃皇位继承权。当时德国的王侯、政治指导人物、工业界、官吏、学术界与言论界为了避免革命,维持君主制,都热切希望德皇退位。但是,威廉二世却以激烈的语词加以拒绝。柏林的工人协议会为要求德皇退位也决定在9日这一天发动革命。当天上午九时,柏林全市实行总罢工;中午,首都已全为工人与士兵占领。宰相马可士公爵也把政权交给社会民主党领袖爱伯特。下午二时,社会民主党的领袖之一夏德曼站在议会图书阅览室的窗口向群众高呼:"社会党政府成立,君主制瓦解,德意志共和国万岁!"

这时,威廉二世在老臣们的包围下,对外界情势的严重性一点也不清楚。11月9日上午十时召开御前军事会议。参谋长兴登堡知道要皇帝退位只有由自己提出,但他无论如何都无法开口。参谋次长格雷纳也只报告军事情形,另一方面,对当时情势根本不了解的老臣许伦堡和布雷森等却主张用武力镇压革命。但德皇威廉二世在格雷纳的局势报告后,对局势有点了解,认为内乱应予避免,愿作某种程度的让步。这时许伦堡提议说:"皇帝可以放弃德皇的帝位,但仍保持普鲁士王与大元帅的地位。"皇帝和若干列席者都表赞成。格雷纳则反对，认为这样仍然无法避免流血和冲突。兴登堡支持格雷纳的意见。下午一时，前线指挥官三十九人也向皇帝提出报告，称士兵们都希望接受协约国德皇退位的要求，缔结休战条约。

其实，在上午十一时，马可士公爵于取得德皇名义上退位的决意后，为拯救帝政，而独断向全国播报说："皇帝已放弃德意志皇及普鲁士王的地位，皇太子也放弃皇位与王位的继承权。现将设立摄政，推荐爱伯特担任宰相。"但为时已晚。夏德曼已擅自宣布共和政治成立。10日清晨，威廉二世亡命荷兰。黄昏时，参谋次长格雷纳与宰相爱伯特取得联络，以反共和维持将校集团在军队内的权力为条件，完成军部与新革命政府的同盟。在群众中，士兵评议会比工人评议会远为有力。士兵们拒绝社会主义政策，支持反共的社会民主党。1919年初，魏玛政府成立。

魏玛共和国的成立

第一次世界大战期间,德国从1918年起就逐渐败退。这一年11月,德国劳工和军队起来革命,反对继续打仗。革命起于基尔军港,很快就扩大到其他城市。11月9日,德皇威廉二世逃亡到荷兰,德国宣布成立共和国,并与协约国进行和谈。

共和国成立后,德国组织临时政府,承认人民的各项自由,并且规定二十岁以上的男女都有选举权。在这以前,大多数国民不是赞成革命派提倡的"和平、民主和面包"的口号,就是保持好意的中立。但是革命后,革命派改变了主张,提倡"无产阶级专制跟社会主义革命",但大多数国民反而赞成温和的社会民主党。这表示临时政府赢得了人民的支持。1919年1月,德国实行大选,确定议会民主制度,社会民主党获得大胜;2月,制宪会议在魏玛召开,选举总统,并成立魏玛联合政府;6月,与协约国签订《凡尔赛条约》;8月,民主共和宪法(即《魏玛宪法》)生效。在政治上,《魏玛宪法》强调人民的主权跟政治自由;在经济上,允许劳工代表参加工厂管理。

魏玛政府成立以后,首先就遭到共产党和其他左派团体的联合反对,他们在各城市和工业要地组织联合政权。起事被平定以后,这年轻的共和国又遭遇了右派的叛离和《凡尔赛条约》的实施问题。

在魏玛政府统治下,国民生活日益艰难,物质缺乏也一天比一天严重。左派与右派对共和国的攻击也越来越尖锐。除上述的左派反抗之外，右派也准备谋反。在这国内局势不安的状况下，《凡尔赛条约》的实施，不仅促成国民生活的恶化，也使德国国民对战胜国的苛刻条约跟胁迫态度表示不满。这股不满情绪最后也转移到对战胜国始终不敢反抗的共和政府之上。在这种情况下，德国内部便产生一种论调，认为德国并不是败在外国人的手里，而是败在国内革命派和叛逆的手里，是这些人从背后用匕首刺倒了德国军人。当时有许多国民跟军人都相信这一套说辞，对魏玛政府越来越不信任。

1920年1月，《凡尔赛条约》开始生效；3月，协约国要求引渡九百名战犯。对这项要求，除左派有条件承认外，德国国民几乎全部反对，甚至不惜与协约国一战。战犯的引渡终于没有实施。接着魏玛政府又接受协约国的要求，宣布解散右派的武装部队，激起了军队暴动。军队占领了首都柏林，树立军事政权。魏玛政府阁员纷纷逃到南德，呼吁全国国民大罢工，反抗暴动军队。几乎所有的官吏跟劳工都一致支持共和政府，英国也极力指责德国暴动军队。最后，暴动军队还是失败了。但是，由于这次军队暴动，加上政府治绩不显著，使德国国民更相信德国之败败在国内敌人的说法。这种论调逐渐扩展以后，右派政党势力因此大增。1920年的大选已经显示了这种趋势。

在魏玛政府统治下，为复兴德国经济，开始引入外资。1930年底，流入德国的外资已经达二百一十亿马克。在外资的运用下，1920年代后半叶，由于国内较安定，德国在化学、电气、光学各方面的技术又居于世界领导地位，生产量超过了1913年的水准。此外，还尽力修建都市住宅、运动场、学校、医院、铁路等等，庞大的独占企业也极度成长，国力因而大增，超过法国，再度成为强国。

德国国力虽然发展迅速，但是因为受到《凡尔赛条约》的限制，不管在军事、外交还是经济上，都不能自主发展，使德国非常难以忍受。因此，反《凡尔赛条约》的团体得以抬头，政府也逐渐右倾。1925年春天，爱登堡得到右派支持，被选为总统，军部、官吏、资本家都在右倾，1928年以后更为显著，到20世纪30年代，由于世界性经济恐慌，繁荣中的德国受到很严重打击，使德国经济趋于破灭。因而导致纳粹党的兴起，造成以后希特勒的恐怖统治时代。

威尔逊与巴黎和会

1918年12月4日,美国总统威尔逊搭上"乔治·华盛顿号"离开纽约的港口,赴巴黎,参加第一次世界大战后的巴黎和会。这是美国史上在任总统亲赴海外的第一次。威尔逊当时被称为"和平的救世主",世人对他的期待甚为殷切,他自己也认为只有他才能使战乱结束。

第一次世界大战爆发后,威尔逊以重建世界和平的调停者自居,对当时的秘密外交采取批判的立场,致力于推行新的外交政策,主张外交公开化。可是,威尔逊所信奉的世界主义终为在世界上有巩固基础的民族主义所挫败。而威尔逊对当时局势缺乏充分的认识,也是他失败的主要原因之一。

但是,威尔逊并未完全忽略欧洲均势对美国的影响,他也不会为重建世界和平,而牺牲美国的国家利益。他认为德国一旦打败英、法,迟早都会向美国伸展势力,因而威尔逊深觉必须把美国从德国的魔手中拯救出来。可是,他反对国务卿蓝辛一味偏袒英国的政策。蓝辛认为彻底打倒德国才是保障未来世界和平的最善之策。威尔逊的见解大致说来仍偏重欧洲的均势。他认为欧洲均势的破坏会威胁到美国的国家利益,为维护美国的安全,必须维持欧洲的均势。这是他反对彻底破坏德国国力与德国民族的主要原因。但是英法两国都希望德国势力彻底削弱,这跟威尔逊的见解是完全相反的。美国虽然站在均势的立场参与第一次世界大战,但大势却朝英、法的方向发展。要维持欧洲的均势显然已不可能。

　　大战期间所签订的各种秘密协定发挥了强大的力量，阻碍了威尔逊外交公开的新政策的执行。譬如说亚洲问题方向，由于威尔逊对秘密外交的预备知识过于贫弱，以致到巴黎前，对日、英、法、意间有关山东问题的秘密协定丝毫不觉。也因为这个缘故，巴黎和会讨论到山东问题时，他激烈地反对日本对山东权益的要求，积极支持中国，终于遭遇到英、法的反对，彻底失败。

　　由此观之，为重建世界和平全力以赴的威尔逊，因他的理想过于不落实才遭遇到种种挫折。

　　与威尔逊完全不同的是巴黎和会的法国代表克列孟梭。克列孟梭为了确保法国的安全而站在近乎冷酷的现实主义立场。德国在第一次世界大战虽然战败，但在军事实力、人口、资源各方面都远胜于法国。克列孟梭为了本国的安全，处心积虑地设法完全破坏德国的一切。他相信，只有具体明确的安全保障制度，与具有明确定义和强制力的条约才是确保法国安全的唯一手法。在这观念里已含着一股极强烈的报复之心。在这主张下，克列孟梭展开了莱茵兰政策，亦即把德国局限在莱茵河右岸，而在莱茵河左岸另外成立一个独立国家，以牵制德国。这政策对德国过于苛刻，不仅跟威尔逊的十四点原则不合，也遭到英国代表劳合乔治的激烈反对。

　　与威尔逊的理想主义不同，也跟克列孟梭的现实主义略有差异的是英国的代表劳合乔治。劳合乔治有时比克列孟梭更现实，有时却没有什么主义。他对局势的变化相当敏感，而且能与这变化相对应。起初，他也主张彻底破坏德国，后来慢慢地转向英国对欧陆的传统政策——维持欧陆的均势，而与克列孟梭对立。

　　克列孟梭遭遇英、美两国的抵制后，为了防止法国在外交上的孤立，而作大幅度的让步。最后，克列孟梭只获两项保障：一，《凡尔赛条约》载明由协约国军队占领莱茵河左岸十五年，并使该地区永久非武装化；二，《凡尔赛条约》签订时，法国同时与英、美两国签订条约，若德国侵略法国，英美两国应支援法国。

  克列孟梭虽然获得了这两项保障，但因美国国会拒绝批准《凡尔赛条约》，英国也拒绝单独与法国签订安全保障条约，克列孟梭的安全保障条约也落了空。

德国与《凡尔赛条约》

1919年6月26日在巴黎凡尔赛镜宫签订的《凡尔赛条约》,究其实是联军跟德国签订的条约。对奥的和约为1919年9月10日签订的《圣日耳曼条约》;对匈牙利的和约是1920年6月4日签订的《特里亚农条约》。

起初,德国认为跟联军的和谈必然以威尔逊的十四点原则为处理战后问题的前提,联军提出条约草案时,德国一定得以申述意见。德国就在这种认识下接受了联军提出的休战条约。可是,当时环绕在德国四周的局势却对德国非常不利。法国为了自己的安全保障,有意让德国陷于永久不能复振的地步。法国代表克列孟梭在这以前便与法国国民约定将从德国获取某些利益,而跟英国联合对抗主张无赔偿主义的美国总统威尔逊。

在这种情况下成立的《凡尔赛条约》便成为胜者向败者单方面压制的条约,德国根本无申述意见的余地,只有被迫接受所谓"命令下的和平"。这种高压手段已明显地表现在《凡尔赛条约》第二百三十一条中:"协约国及其合作国确认德国及其同盟国对它们因侵略战争所造成的一切损害负责,德国承认之。"

因此,德国负起了苛刻的责任。德国失去了整个殖民地:阿尔萨斯和洛林还给法国,奥本和马尔梅迪的一小部分割让给比利时,石勒苏益格北部割让给丹麦,斯塞新的一部分和波森、西普鲁士两州割让给波兰。于是，德国在欧洲失去了两万五千英里以上的领土与六百万以上的居民。进而还以退位的德皇威廉二世为对国际正义与条约神圣的最大侵犯者，想把他送到联军法庭，后因威廉二世的流亡国家荷兰的反对，威廉二世才得免于难。

在赔款方面，联军要德国在两年内支付赔款两百亿马克，但因《凡尔赛条约》对赔款额未作最后决定，所以把它交给联军的赔偿委员会处理。赔偿委员会讨论的结果，于1921年4月27日确定德国的赔款额为一千三百二十亿马克，近乎天文数字。

协约国的自私自利与对德国的苛刻要求，使德国社会陷入不安的局面，促成纳粹的兴起，种下了第二次世界大战的祸根。

华盛顿会议的召开

巴黎和会后的第三年又在华盛顿召开了一次国际会议。巴黎和会后，还有许多世界性的问题尚待解决。中国山东问题、太平洋霸权问题、日英同盟问题等等即属之。

第一次世界大战后，英国、俄国、法国与德国等战前帝国主义都以这次大战为境界线，纷纷从中国和太平洋地区撤离，只有日本不只在太平洋地区和中国继续活动，甚至不断扩大自己的势力。

战后日本对中国的经济侵略更是醒目。譬如在中国的总贸易额中，中日贸易所占的比例在 1918 年为 38.6%，其中中国从日本输入的货品量在 1918 年约占总输入额的 43%。再加上战前从中国获取的租借地、租界及种种利权，及从德国继承的山东利权，日本在中国的政治与经济方面都具有举足轻重的影响力。日本对中国的这种影响力对美国是一极大的威胁力量。

此外，依据 1919 年《凡尔赛条约》的规定，日本获得赤道以北原德国领地的太平洋诸岛委任统治权。这对英国的自治领澳大利亚、新西兰、加拿大，在东南亚有殖民地的荷兰、葡萄牙，在南太平洋有领地的英、法，领有菲律宾、关岛、夏威夷的美国，都构成强大的威胁。总之，第一次大战后，由于欧美各国在东方势力的衰退，造成日本一枝独秀的状况。日本越强大，对欧美国家的威胁便越大。

中国在巴黎和会中曾要求将德国在山东的利权归还中国，要求废除不平等条约等等，美国总统威尔逊曾予极力支持，最后仍归挫败，中国遂拒绝在《凡尔赛条约》上签字。因而，中国跟美国都期望在巴黎和会后另召开一次国际会议，借以抑制日本在亚洲和太平洋地区的称霸。这机会终于在1921年来临，因为当时仍然存在的英日同盟到1922年已届满，就是否须更换盟约或加以废弃，从1920年初以来，英日双方已有所接触。

1911年订立的第三次英日同盟到1922年1月底期限已满。1911年到1920年间，世界局势已经大不相同。因第一次世界大战，战前有极大势力的两大帝国——俄国与德国已经不存在。英国自治领对英国本国的发言权也比战前大。在这些自治领中，面临太平洋的澳大利亚、新西兰、加拿大等对日本有极大的恐惧感，因而英国在重新更换英日同盟时，就不能不考虑这些自治领的意见与舆论。1920年国际联盟成立，这也成为英日两国考虑同盟持续与否的一个重要因素。

起先，英国有意在不违反国际联盟规定的前提下继续维持英日同盟。但是，后来知道美国政府、国会与舆论对英日同盟极表反感，自治领也持反对意见，英国政府遂改变原意，不再签订第四次英日同盟。到1921年7月，英国拟定召开中、日、英、美四国太平洋会议的构想，向日本提出。这是中、美两国所期待的新国际会议，也是它们意图解决巴黎和会以来尚未解决之问题的一个大好机会。

这次国际会议是依据英国对日本的提议，在美国政府主办下召开的。地点在美国的华盛顿，故称为华盛顿会议。这次会议，除美国外，有中国、日本、英国、法国、意大利、比利时、荷兰、葡萄牙等国参加。会议始于1921年11月12日，终于1922年2月6日。在这未满三个月的会议期间，共开大会七次，裁军委员会二十一次，东亚及太平洋问题委员会三十一次，各种小委员会及分组会议七十六次，合计一百三十五次，签订七个条约，作成十二个决议案。

在这次国际会议中订立的七个条约与十二个决议案中最重要的是：

一，英、美、日、法、意大利五国有关海军裁军（主力舰保存量为零）的条约；二，参加会议国共同签订的"对中国之原则与政策的《九国公约》"；三，英、美、法、日签订的"有关太平洋方面之岛屿属地与岛屿领地的《四国条约》"。

在裁军方面，对陆军及主力舰以外之军舰的限制，在会议席上虽曾讨论，但是，最后只对主力舰的象征——航空母舰的保有吨数，以一定比例加以限制。在这以前，日本海军向以美国为假想敌，主张保持强大的海军力量。但是，日本全权代表、海军大臣加藤友三郎却果断地承认日、英、美的保有舰队吨数为三、五、五之比。

在《九国公约》中，日本把山东利权归中国，废除"二十一条"的部分条款，会议参加国允许维持中国独立与领土完整，答应中国扩大关税自主权。《四国条约》则规定维持四国在太平洋上的领土现状。英日同盟与《蓝辛－石井协定》随之废除。

国际联盟及其试练

1918年11月11日，第一次世界大战结束时，全世界的人的最大愿望是不要再发生这种惨事，也就是说，希望能创出一个没有战争的世界和平政治机构。人们的这种希望都寄托在大战结束后所召开的巴黎和会上。

巴黎和会的基本精神是美国总统威尔逊于1918年1月发表的"十四点原则"。十四点原则的最后一点是设立国际联盟。因而在巴黎和会中特设一个特别委员会，以便草拟国际联盟规约。威尔逊自任议长，以实现此一构想。当时在第一次世界大战期间保持中立的十三个国家都因此被邀请赴巴黎，参加非正式的会谈。和会中通过的国际联盟规约收入了《凡尔赛条约》的第一编二十六条，可见它是跟和约不可分离的。1920年1月10日，《凡尔赛条约》生效，国际联盟于焉诞生。

国际联盟是为确立世界和平，提高人类文化而设的史上第一次常设的国际机构，其主要的工作是裁军，维持世界各国的独立与领土完整，和平解决国际纠纷，共同发展社会的人道事业。它的结构是以国际联盟大会、由四五个国家担任常任理事国的联盟理事与常设事务局等三机构为中央机关，附设的自主机关有常设国际法庭与国际劳工机构，此外还有临时或常设的补助机构。国际联盟希望借这些机构的活动，和平解决国际纠纷。

但是，这个国际机构自始就有很大的缺陷，那就是不许德国和苏联参加，美国亦因国内事情而没有参加，因而很难说它是道道地地的世界性的国际组织。国际联盟虽有制裁侵略的规定，却无执行的权力，因而它的制裁等于是有名无实。

国际联盟组成后，就受到了种种挑战。首先是德国问题。第一次世界大战后，由于支付巨额的战争赔款，德国人民的生活越来越艰难。1921年5月，由于旧协约国的最后通牒，德国被迫承认一千三百二十亿马克的巨额赔款，但是，一年半以后，法国与比利时以德国延纳实物赔偿为由，占领鲁尔地区。对此，德国采取了"被动的反抗"，命令鲁尔地区停止生产工业产品，并以纸币支给当地居民的生活费及其他经费，导致德国史上著名的通货膨胀。

在这前所未有的通货膨胀下，德国人民的生活至穷困的极点，社会秩序因而混乱。1923年秋天，德国各地发生暴动与罢工。希特勒与鲁登道夫也在这时候发动慕尼黑暴动。面对德国此一局面，英美为避免德国内部的危机，共同合作以压制法国，并表示决意解决赔偿问题。另一方面，德国政府也中止了对法国的抵抗，镇压了共产党所建立的地方政府与右翼的反共活动。这时，决定德国内外政策的指导人物是施特雷泽曼。他于1923年8月组阁后不久，就下命停止对法国的"被动的抵抗"，并积极推展对外的协调外交。旧协约国也采取协调的态度，为减轻德国的赔偿，采用了"道斯计划"。这计划从1924年9月开始实施。法国与比利时的军队也从鲁尔地区撤退，国际协调的时机逐渐成熟。1925年10月，由法国、德国、英国三国外相共同提倡的国际会议终于在瑞士洛迦诺召开，开启了国际和平的新机运。

在洛迦诺会议中，除原先的三个提倡国之外又加上了意大利、比利时、波兰、捷克四国，签订了七个条约。这些条约主要是集团保障《凡尔赛条约》所规定的各国疆界的不可侵犯与彼此间的安全，同时也允诺德国加入国际联盟。结果，德国于1926年9月加入国际联盟，且被选为常任理事国。

接着，法国外相布里安还进一步把这类集体安全保障体制扩大到欧洲以外国家，乃在 1927 年向美国国务卿格洛克提议签订两国非战条约。这提议深获美国国民赞同。格洛克提议将这条约扩大到其他国家。1928 年 8 月终于签订了国际性的非战条约，参加的国家有英、美、法、德、意、日本等十五国，后来又加入苏联等六十三国。国际联盟和平解决国际纠纷的工作至此获得条约保证。

但是，1929 年开始的世界性经济大恐慌使国际和平的希望逐渐破灭。各国为解决经济恐慌，强行制订货物输出政策，而在国际市场上发生激烈的经济竞争，由此形成政治上的国际竞争。

在这国际竞争中，日本因为害怕中国的民族统一与利权收回运动，而于 1931 年发动"九・一八事变"，1932 年初更欲占领中国东北。于是，中国国民展开了激烈的抵制外货运动。中国政府则采取不抵抗方针，向国际联盟提出控诉，要求美国支援。

国际联盟接到中国政府的控诉之后，即主张日本在东三省的行动违反国际联盟规约，也违反 1922 年的《九国公约》及 1928 年的非战条约，国联参与国也纷予斥责。于是有李顿调查团的派遣。但日本却在李顿调查团到达之前，于 1932 年 3 月成立伪满洲国，并率先予以承认，以便造成既成事实。李顿调查团于是年 4 月到 6 月进行调查，并形成报告书，向国联提出。国联大会于 1933 年根据这报告书制订决议书，要日军从中国东北撤退，并取消承认伪满洲国。这时，日本全权代表松冈洋右退席，最后日本终于退出国际联盟。是年 10 月，德国退出联盟。1937 年，意大利退出。德日意轴心国也成立。国际联盟已经无法发挥其维持世界和平的功能。

经济恐慌与纳粹党

从 1924 年以后,德国的经济非常繁荣,外国资本纷纷流入,使德国再度成为一个强国。

但是,从 1929 年以后,由于美国纽约证券所发生恐慌,使德国丧失了美国资本的支持,而陷于经济恐慌的局面。德国的资本主义遭受极大打击,而趋于崩溃,于是,德国的大部分统治势力要求废除民主政治,避免引起社会革命,还要求独裁政治,逐渐右倾。另一方面,为恐慌所困扰的中产阶级跟农民,都已舍弃中间派政党,走向极右派的纳粹党。本来支持社会民主党的劳工们逐渐转向共产党。

1928 年组成的社会民主党内阁,到 1930 年 3 月,因为无法赢得国防军、土地贵族跟大资本家的支持而没落。从这以后,在德国已经没有一个政党和内阁能够和纳粹党对抗,任何一个内阁都需要先跟纳粹党取得协议,才能存在。甚至当时支持共和体制的中央党,从 1931 年夏天起,也想和纳粹组织联合内阁。

如果旧有的政治势力不承认纳粹的独裁政治,那就只有走向军部独裁,但军部独裁没有群众基础,内部又有强大的亲纳粹党派,所以军部独裁是不大可能的。何况这时候的共产党势力已经逐渐扩展,造成了 1932 年夏天以后纳粹党的衰退,这样,很可能会形成社会革命。金融资本家、重工业资本家、土地贵族和大地主基于上述理由,从 1932 年 11 月开始,渐渐倾向于支持纳粹。1933 年 1 月 3 日,终于出现了希特勒内阁。但是这是由纳粹党与保守帝政派组成的联合内阁。当时，对纳粹政权支持最热烈的是重工业资本家和土地贵族，其他大资本家大都采取暧昧或怀疑的态度，农民和中小资本家却都支持纳粹。

希特勒掌握政权以后，利用暴力或恐吓手段，压制保守帝政派，成立一党内阁。接着又去迫害社会民主党、共产党跟其他政党，终于确立了自己的独裁政权。

希特勒的崛起

德国从魏玛共和国后期以后,右派势力就逐渐壮大,到 20 世纪 30 年代,终于造成极右派纳粹党的崛起,到希特勒掌握政权以后,德国就在希特勒的领导下逐渐走上战争的路线。

希特勒的全名是阿道夫·希特勒。他的祖先是奥地利的农夫。父亲阿洛依斯·希特勒是私生子,长大后,到维也纳作鞋匠的徒弟。十八岁的时候,任职奥地利财政部专司税关业务,因为工作努力,虽然只小学毕业,也从雇员升到了税关的最高长官,直到 1895 年才退休。由于有相当丰厚的积蓄,加上退休金,所以生活很富裕。他一共结婚三次,生有二男二女。阿道夫是他第三位妻子所生的第二个儿子。

阿洛依斯是个很严肃的人,家务都委托妻子一人担负。在思想上,他是一个自由主义者,不是极端的民族主义者。长子生活不检,很早就离家出走,所以,他把一切希望都寄托在次子阿道夫的身上。阿道夫在小学的时候成绩很好,而且擅长绘画。他父亲很希望他进职业学校,以便将来做个商人或技师。但是,1903 年初,阿洛依斯去世了,当时阿道夫·希特勒才只有十三岁。

根据希特勒传记载,父亲曾要他从政做官,但是阿道夫却想做画家,因此学业成绩一落千丈,以表示抗议。按当时情形来看,职业学校是不讲授法律和拉丁文的,毕业后,根本就没有做官从政的可能。所以传记所说,因为父亲要他从政,成绩才一落千丈的说法是不正确的。事实上，希特勒在职业学校里曾经留级两次，因而被迫转学。转学后，又因成绩不良被勒令退学。

1907年秋天和第二年秋天，他曾到维也纳去投考造型美术大学绘画系，没有考取。但是，不能因此就断定希特勒没有艺术天才。1907年底母亲去世以后，他就在维也纳过着流浪生活，住在公营单身宿舍，不肯接受家庭的资助，仅靠变卖自己的绘画来维持生活，因此使他逐渐了解了一般群众的心理。这是他以后能够抓住群众的主要原因之一。

希特勒在年轻的时候，因为生活在下层社会中，深受奥匈帝国内民族斗争的刺激，再加上谢涅勒德国民族至上主义的影响，形成了他的民族主义。谢涅勒主张排斥基督教国际主义，振兴纯日耳曼传统，排斥外来文化，奥匈帝国内德国人应合并于德意志帝国等等，同时还提倡反犹太主义。希特勒非常崇拜他。因此，对于无国籍和主张世界主义的人，希特勒都非常讨厌，因而形成了他反共产主义、反犹太的思想。

1912年，他因为逃避兵役而被通缉，1913年逃往慕尼黑。在慕尼黑，他还是靠画广告画和图案来维持生活，一直到1914年第一次世界大战发生，他从军的时候为止。在军队的严紧生活中，他深深地体验了团队精神的重要性。这是他后来利用团队精神组合纳粹党的主要根源。

第一次世界大战结束后，他没有退伍，还过着军队生活，积极参加德国劳工党（1919年1月组成）的活动，发挥了他的雄辩天才，赢得了对共产主义和魏玛政府不满的军人与下层中产阶级的拥护。这时候，希特勒的主张是反对《凡尔赛条约》，排斥犹太人，以及反对民主共和制度这三点。

1920年2月底，希特勒发表公开演说，宣布德国劳工党（一般通称为纳粹党）的二十五条纲领。在这些纲领中，希特勒努力实施的是帝国主义和独裁的要求，也就是说，合并奥地利，合并所有德人居住的地方，否认《凡尔赛条约》，迫害犹太人，重整军备，实施强有力的中央集权国家，彻底取缔言论和学术的自由等等。

这时候的希特勒并不是纳粹党的党魁，而是党的煽动者。1921年7月，希特勒才被推举为纳粹党党魁。

罗斯福总统的"新政"

1933年3月，罗斯福总统就职的时候，美国已经陷入经济大恐慌的最恶劣状态。许多工厂关闭了，还没关闭的工厂也只能生产很少量的物品。商船都停留在码头，卡车也没货可载，失业的人数达一千五百万人。从罗斯福总统就职前一周开始，全国银行几乎全部关上了大门，经济恐慌已经达到极点。新总统宣誓以后，就作强有力的就职演说，激励国民，并且用充满自信的话唤起了人民的自信心。于是，他开始实施一连串突破恐慌的"新政"。

罗斯福总统就职后，命令全国银行停业四天，颁布银行紧急救济法案。根据这个法案，他命令财政部长调查银行。调查通过的，由政府给予补助，让它重新开业。在一个礼拜之间，全国大约有五分之四的银行重新开业。从这里可以看出人民对罗斯福总统新政的信赖。

接着，罗斯福政府又去救济失业的青年。首先对青年施以技术训练，然后让他们担任建筑道路、预防山林火灾、改良土壤、造林等国营工作。对那些十六岁到二十五岁中途因贫休学的学生，尽量给予工读机会或奖学金。因此，1937年4月，有六十三万学生免于休学。此外，政府为解决失业问题，还大量筑路架桥，改造都市贫民街，建政府大厦。从1935年到1942年，八年之间，大约有九百万人因此获得工作，政府也投入了一百一十亿美元。而且因为政府督导非常严格，不曾发生一起贪污事件，人民真正获得了实惠。

为了根本解决失业问题，罗斯福政府还颁布了全国产业复兴法案。它的主要目的是增进购买力，提高劳工生活，并复兴产业。因此，政府准备限制劳工的工作时间跟企业间的竞争，并准备规定工资与生产价格。但是，美国最高法院认为这项法案违反宪法，因为行政权侵犯了立法权，因此，在实施上没有收到很大的效果。

对于救济农民，罗斯福政府采取了低利贷款和限制生产的方法。农产品生产过剩，往往是农产品价格下跌的最主要因素。因此，凡是超过消费量的农产品，政府都加以限制，不让它大量生产。为了补偿农民无法大量生产的损失，政府给予赔偿金。经过这些政策的实施，农产品价格逐渐上扬，农民购买力逐渐提高，凋零的农村因而获得解救。

除了上面的救济和复兴政策之外，罗斯福政府还实施了跟上面两项有密切关联的改革政策。第一项是金融信用制度的改革。凡是银行存款达五千美元的，都由政府保证。并且制订联邦有价证券法案，保护投资人，以抑制银行的营利投机。第二项改革是颁布公共建设股份公司法案。这项改革中最著名的就是田纳西流域管理局，利用田纳西河上的激流，兴筑水坝发电。第四项改革是制订社会保障法案，实施退休金制度，救济老人。同时还实施失业保险制度，提高富人的所得税率，提高土地资产税，使财富能够平均分配。

总而言之，新政是一种计划经济制度。它挽救了美国的经济恐慌，也使西方的传统民主制度不致破产。